Militärgeschichtlicher Reiseführer

Dolomiten

Österreichische Festungen in Oberitalien
Von den Sieben Gemeinden bis zur Flitscher Klause

Wilhelm Nußstein

Dolomiten

Österreichische Festungen in Oberitalien
Von den Sieben Gemeinden
bis zur Flitscher Klause

MILITÄRGESCHICHTLICHER
REISEFÜHRER

Herausgeber:
Horst Rohde und Robert Ostrovsky

SEIT 1789

Verlag E.S. Mittler & Sohn · Hamburg · Berlin · Bonn

Bildnachweis:
Farbfotos und Karten: Wilhelm Nußstein;
Archiv Nußstein: Fotos auf S. 150 und 159;
Bildarchiv der Österreichischen Nationalbibliothek, Wien: S. 116, 134, 138 oben, 139, 141, 143 und 146;
Kriegsarchiv Wien: Foto auf S. 103 links, Skizzen auf S. 70/71, 92 und 102
Recher, M: Foto S. 103 rechts.

Umschlagvorderseite:
Fort Plätzwiese, Foto Wilhelm Nußstein
Umschlagrückseite:
Bei Lusern – Soldatenfriedhof, Foto Wilhelm Nußstein

Die Deutsche Bibliothek - CIP-Einheitsaufnahme

Nußstein, Wilhelm :
Dolomiten: österreichische Festungen in Oberitalien von den Sieben Gemeinden bis zur Flitscher Klause / Wilhelm Nußstein. – Hamburg ; Berlin ; Bonn : Mittler, 1997
(Militärgeschichtlicher Reiseführer)
ISBN 3-8132-0496-0

ISBN 3 8132 0496 0; Warengruppe 61

Layout und Produktion: Alexandra Busch
Umschlaglayout: Alexandra Busch, nach einer Reihengestaltung von Wolfgang Ronstadt, Alfter
Lithografie und Belichtung: Einsatz Creative Production, Hamburg
Druck und Bindung: Freiburger Graphische Betriebe, Freiburg
Printed in Germany

Inhalt

I. Vorwort

Die Front zwischen Österreich-Ungarn und Italien war eines der wichtigen Kampfgebiete des Ersten Weltkrieges.
Die heute auf italienischem Gebiet befindlichen Festungen, die vom Generalstab der k.u.k. Monarchie seit der Mitte des 19. Jahrhunderts errichtet wurden, widerspiegeln noch heute die militärischen, politischen und ethnischen Konflikte dieser Zeit.

Für den militärhistorisch und bautechnisch Interessierten ist dieses Buch nicht nur ein Ausflug in die Vergangenheit, sondern auch ein touristisches Erlebnis. Die Befestigungen liegen inmitten reizvoller Berglandschaften und sind mit wenigen Ausnahmen leicht – zum Teil mit dem Auto direkt – erreichbar.

Alle Festungen, die sich in einem relativ guten Zustand befinden, sind genau beschrieben. Einige sind heute gänzlich verfallen oder sie existieren nicht mehr, doch die Schönheit der Umgebung ist geblieben. Diejenigen, die sich im Privatbesitz befinden und nicht mehr betretbar sind, werden gesondert erwähnt.

Diese Arbeit und die Publikation über die in der Umgebung des Gardasees gelegenen Festungen weichen vom konzeptionellen Rahmen der Militärgeschichtlichen Reiseführer ab. Aufgrund der Fülle des Archivmaterials, der umfangreichen Informationen, die ich dankenswerter Weise von allen einschlägigen Archiven erhielt, habe ich mich entschlossen, relativ viele Originalquellen zu verwenden.

Die Schilderung der politischen und militärischen Ereignisse des Ersten Weltkrieges wurde beiden Bänden vorangestellt, weil das Kampfgeschehen an der gesamten österreichisch-italienischen Front nicht voneinander zu trennen ist.

Ich hoffe, daß diese beiden Ausgaben des Militärgeschichtlichen Reiseführers über die alten österreichischen Befestigungen an der 600 Kilometer langen Grenze zwischen Hochfinstermünz und der Flitscher Klause das Geschehen dieser Zeit und die Denkstruktur der verantwortlichen Militärs mit hoher Authentizität dokumentieren.

München, im Sommer 1997 *Wilhelm Nußstein*

Hinweise zum Betreten der Festungen

Da die meisten Forts mit schwerster Artillerie beschossen wurden, 305-mm- und 280-mm-Haubitzen, kann man sich vorstellen, daß sie in den Grundfesten heftig erschüttert wurden. Die Besatzungen mußten unvorstellbare Leiden erdulden.

Giftige Sprenggase, einstürzende Decken, Schreie von Verwundeten und verstümmelte Leichen waren keine Seltenheit.

Durch die Einwirkung der Artillerie wurden in weiten Teilen die Boden- und Deckenkonstruktionen schwer in Mitleidenschaft gezogen.

Die Tragfähigkeit kann bei einem Besuch nicht festgestellt werden. Grundsätzlich sollte man Kinder niemals ein Werk allein betreten lassen. Eine gute Taschenlampe bzw. eine zweite sind unerläßlich.

Lassen Sie sich nicht zum Betreten eines äußerlich nach gut erhaltenen Forts verleiten, gehen Sie lieber auf die Abdeckung eines Werkes, das auch instruktive Einblicke vermittelt. Beachten Sie auch die innerhalb der Anlage befindlichen Warntafeln. Besonders gefährlich sind senkrechte Schächte und zerstörte Treppen, sie gehen in Tiefen, die lebensgefährlich sein können. Meditieren Sie in diesen großartigen Landschaften und gedenken Sie der Menschen, die hier ihr Leben verloren.

II. Der Krieg gegen Italien und sein Stellenwert im Ersten Weltkrieg

Vom Dreibundvertrag zum Kriegsausbruch

Der deutsch-österreichisch-ungarische Beistands- und Neutralitätsvertrag (Zweibund von 1879), der hauptsächlich als Defensivbündnis gegen Rußland gedacht war, erhielt durch die Erweiterung zum Dreibund von 1882 eine mehr antifranzösische Note. Für Italien bedeutete der Beitritt innenpolitisch eine Stärkung seiner jungen Monarchie und außenpolitisch den Weg aus der Isolation und die Möglichkeit, sich kolonialen Ambitionen zuzuwenden. Bismarck wollte vor allem Wien den Rücken frei halten. Der militärische Bündniswert Italiens – etwa gegen Frankreich, mit dem wegen seiner maghrebinischen Kolonialpolitik und wirtschaftlichen Superiorität die Spannungen wuchsen – war freilich begrenzt.

Bei einer Neufassung des Dreibundvertrages im Jahre 1887 (verlängert 1902 und 1912) wurden die Bestimmungen deutlich gestrafft. Deutschland ging dabei die weitgehende Verpflichtung ein, Italien in fast allen Fällen gegen Frankreich zu unterstützen. Die Italiener machten ihre militärischen Hilfeleistungen umgekehrt – aufgrund ihrer geographischen Lage – von der Haltung der britischen Seemacht abhängig. Nachdem sie einsahen, daß eine selbständige Offensive über Hochsavoyen nach Südfrankreich hinein auf schier unüberwindliche Geländehindernisse stoßen mußte, planten sie für den Fall eines gemeinsamen Krieges gegen Frankreich, die Hälfte ihres Heeres ins Elsaß zu schicken, um im Anschluß an die deutschen Truppen vorzugehen, und den Rest als Deckungsstreitmacht vor den Westalpen und zum Küstenschutz zurückzulassen. Diese an sich unverbindlichen Absprachen materialisierten sich einzig in der deutsch-italienischen Militäreisenbahn-Konvention von 1888, die die Transportfrage – allerdings ohne Österreich – regelte. Es tauchte auch der Vorschlag auf, die italienischen Soldaten mit Rücksicht auf die Stammesverwandtschaft im Bedarfsfalle den rumänischen Verbündeten zu Hilfe zu schicken.

Die österreichisch-ungarische Politik verhielt sich gegenüber dem südlichen Dreibundpartner äußerst mißtrauisch, aber immerhin wurde ab 1886 für zehn Jahre keine Neubearbeitung der Aufmarschpläne gegen Italien mehr vorgenommen. Dann änderte sich mit der Katastrophe der italienischen Kolonialpolitik in Eritrea in der Schlacht von Adua 1896 das diplomatische Klima. Hatte Frankreich im Verein mit Rußland den äthiopischen Kaiser Menelik II. noch offen unterstützt, so blieben doch Italiens Handels- und Kulturbeziehungen zu seinem westlichen Nachbarn intensiver als zu den beiden Dreibundpartnern. Die unaufhaltsame Annäherung der beiden romanischen Mittelmeerländer gipfelte im Prinetti-Barrêre-Abkommen von 1902, einer Art »Rückversicherungsvertrag«, nachdem die Differenzen um die beidseitigen Interessensphären an der nordafrikanischen Küste ausgeräumt waren. Mit dem Abschluß der englisch-französischen Entente cordiale 1904 war die innere Abkehr Italiens vom Dreibund vorgezeichnet.

Das Desaster von Adua und das Ende der abessinischen Kolonialbestrebungen hatten zum Sturz des dreibundfreundlichen Kabinetts Crispi geführt. Von da an trieb der Irredentismus wieder ungehindert seine Blüten, zu deren treibenden Kräften besonders die Welschtiroler Sozialisten unter Cesare Battisti, der 1916 als Deserteur von der österreichischen Militärjustiz gehängt wurde, gehörten. Die cisleithanische Regierung hatte zwar keine harte, aber nicht immer glückliche Hand mit ihren knapp 700 000 italienischen Untertanen (zu denen Rom auch die 30 000 Ladiner rechnete, die sich selbst allerdings nicht als Italiener verstanden). Vorläufiger Höhepunkt der Auseinandersetzung wurde der Universitätskrawall in Innsbruck im November 1904; aber was war das im Vergleich zu den Unruhen in Mailand im Jahre 1898, als das für die öffentliche Sicherheit zuständige italienische Militär 80 revoltierende Arbeiter erschoß, wofür zwei Jahre später König Umberto I. einem anarchistischen Racheakt zum Opfer fiel? Dies waren deutliche Symptome für die wirtschaftlichen und sozialen Schwierigkeiten des jungen Apenninstaates.

Das hinderte die Nachfolger Crispis nicht, sich eifrig in die Balkanpolitik zu mischen. Österreich-Ungarn hatte bewußt auf überseeische Kolonialbestrebungen verzichtet und betrachtete als seinen einzigen Expansionsraum den Balkan. Die schrittweise Auflösung des Osmanischen Reiches und die Entstehung neuer Staaten mit variierenden Grenzen boten genügend Handlungsbedarf. Im Jahre 1885 war Serbien in einem Angriffskrieg der bulgarischen Armee so vernichtend unterlegen, daß es nur durch die Intervention Wiens gerettet wurde. Die anhaltende Schwäche der Türkei lud andere Mächte förmlich zur Einmischung ein. Eine zögerliche Annäherung Wiens an Rußlands und das Angebot zur Unterstützung bei der Revision der Dardanellen-Vereinbarung ließ in Rom Ängste vor dem Erscheinen einer russischen Mittelmeerflotte aufkommen. Andernteils fürchtete man in Triest und Pola aus flottenstrategischen Gründen ständig die italienische Besetzung der albanischen Küste als »Kompensation« für die Okkupation Bosniens.

Die Satelliten Rußlands, Serbien und Montenegro, galten seit dem barbarischen Königsmord in Belgrad 1903 als sichere Feinde der Donaumonarchie, und 1906 kam es zum Handelskrieg (»Schweinekrieg«). Dabei blieb Serbien aufgrund seines aggressiven Expansionsdranges und wegen der zunehmenden panslawistischen Rückendeckung durch Rußland ein gefährlicher Unsicherheitsfaktor. Im Zweiten Balkankrieg 1913 konnte es sein Territorium verdoppeln und besetzte kurzerhand Skutari, um sich einen Zugang zum Meer zu sichern. Ein erster Zusammenstoß mit dem Habsburgerreich war die Folge, als die k.u.k. Kriegsmarine im Oktober den Abzug der serbischen Truppen aus Albanien erzwang, was aber sofort das Mißtrauen der italienischen Konkurrenz hervorrief.

Italien hatte seinen Bündnispartner Deutschland auf der Konferenz von Algeciras nach der ersten Marokkokrise im Stich gelassen, und spätestens seit dem englisch-russischen Orientvertrag von 1907 sahen sich Berlin und Wien einer Einheitsfront der Großmächte und einem politisch ausgehöhlten Dreibund gegenüber. Den Aufstand in Mazedonien von 1908, der innerhalb von vier Jahren zum Zusammenbruch der europäischen Osmanenherrschaft führen sollte, und die jungtürkischen Reformbestrebungen beantwortete Wien zum Entsetzen Berlins mit der Annexion von Bosnien-Herzegowina, dessen Einwohner zu 40 Prozent Serben waren. Italien konnte immerhin noch für eine neutrale Haltung gewonnen werden, aber Rußland wurde auf das Schärfste gekränkt.

Die Balkankrise sorgte für Zündstoff, der sich 1912 im Ersten Balkankrieg entlud. Im darauffolgenden Jahr sorgte der oben genannte Vorstoß Serbiens zur Adria für eine vorübergehende außenpolitische Kooperation zwischen Rom und Wien, die beide die staatliche Selbständigkeit Albaniens gesichert wissen wollten. Obwohl die Wiederberufung Franz Conrads v. Hötzendorf zum Chef des k.u.k. Generalstabes Ende 1912 in Italien als Provokation empfunden wurde, ging eine letzte Annäherung der Dreibundmitglieder ausgerechnet von den Spitzenmilitärs aus. Der bündnistreue Generalleutnant Alberto Pollio ergriff die Initiative zu konkreten Generalstabsabsprachen, und der jüngere Moltke versuchte nachdrücklich, seinen Wiener Kollegen von der vertragsgemäßen Haltung Roms zu überzeugen. Der überraschte Conrad war von dieser Wendung so beeindruckt, daß er für ein ganzes Jahr auf einen beinahe italienfreundlichen Kurs einschwenkte.

Ein reger brieflicher Gedankenaustausch begann, und im September 1913 trafen die drei Generalstabschefs im Beisein Kaiser Wilhelms II. in Schlesien zusammen. In Berlin veranschlagte man den militärischen Wert des italienischen Heeres nicht hoch, aber es lag alles daran, Habsburg den Rücken freizuhalten. Im Juni war sogar eine italienisch-österreichisch-ungarische Flottenkonvention abgeschlossen worden. Freilich war Conrad klar, daß die Freundschaft Italiens einzig auf der Person General Pollios beruhte. Als im März 1914 der langjährige indifferent-neutralistische Ministerpräsident Giovanni Giolitti (seit 1900) dem wilden Annexionisten Antonio Salandra weichen mußte und Pollio am 1. Juli starb, platzte die Seifenblase schnell. Der Dreibund konnte Italien kaum mehr Vorteile bringen, und im Kriegsfall würde die Bedrohung der langen Küstenlinien durch die englische und französische Flotte allgegenwärtig sein, zumindest dann, wenn es nicht gelang, England wenigstens neutral zu halten.

Das erste Kriegsjahr und Italiens Neutralität

Schon Ende 1912 hatte Pollio seine Generalstabsverhandlungen mit dem Eingeständnis eröffnet, daß Italien aufgrund seines Engagements in Libyen und seiner akuten Küstenbedrohung außerstande sei, in absehbarer Zeit seine 3. Armee vertragsgemäß ins Elsaß zu entsenden. Trotzdem prüfte sein Nachfolger Luigi Conte Cadorna, der von seiner Regierung im unklaren über die politischen Absichten gelassen wurde, immerhin die Möglichkeit zum Transport von drei Korps und zwei Kavalleriedivisionen an den Rhein.

Nach dem Attentat von Sarajewo nahm der italienische Ministerrat das österreichische Ultimatum und die folgende Kriegserklärung zum Anlaß, seine Neutralität zu erklären (31. Juli, offiziell 3. August), weil Rom nicht rechtzeitig über die Absichten Wiens informiert worden sei. Damit entfiele der Casus foederis. Der k.u.k. Außenminister Leopold Graf Berchthold rechnete nicht gerade mit einem Mitwirken Italiens auf seiten der Mittelmächte, aber bald zeigte sich, daß im besten Falle mit einer erpresserischen Neutralität, ansonsten mit offener Feindschaft zu rechnen war. In den Hauptstädten der Entente erhielten die italienischen Gesandten lockende Offerten.

Gemäß Salandras Schlagwort vom »sacro egoismo« wartete die italienische Regierung mit einem abenteuerlichen Wunschzettel auf. Für den Übertritt zur Entente verlangte sie ganz Südtirol bis zum Brenner, die Grafschaften Görz und Gradisca, Istrien, Dalmatien, die Bucht von Valona (Albanien), Südanatolien im Falle der Aufteilung der Türkei, die seit dem Tripolis-Krieg besetzten Dodekanes-Inseln, Kompensationen in Afrika bei der Aufteilung des deutschen Kolonialbesitzes und anteilige

Kriegsentschädigung, dazu einen Milliardenkredit und andere politische Zusagen. Zunächst nahmen die Ententemächte die Forderungen mit Zurückhaltung auf, besonders Rußland, da Italien es bereits als seine proleptisch von der Donaumonarchie geerbte Aufgabe ansah, dem Vordringen der Slawen ans Mittelmeer einen Riegel vorzuschieben.

Zum Schein verhandelte der italienische Botschafter weiterhin mit Berchthold, und in Unkenntnis der ebengenannten Forderungen beschwor die deutsche Reichsregierung händeringend Wien, auf die Zumutungen Roms einzugehen. Die Monarchie war aber allenfalls bereit, über die Abtretung des Trentino zu reden.

Dabei lief der Krieg für die Mittelmächte im Jahre 1914 zunächst schlecht. Die laut Schlieffenplan alles entscheidende deutsche Offensive in Frankreich war an der Marne gescheitert, drei mit Übermacht vorgetragene österreichisch-ungarische Invasionen in Serbien hatten als blamable Niederlagen geendet (August, September und November/Dezember 1914). Als Ergebnis der Marneschlacht sahen sich die Deutschen außerstande, die vage Zusage Moltkes an Conrad einzuhalten und namhafte Teile des Westheeres nach Ostpreußen zu verlegen, um den geplanten österreichischen Vorstoß aus Galizien von Norden her zu unterstützen; die »kleine Zange« in Polen sollte erst im folgenden Jahr zustande kommen. Im Alleingang erfochten die 1., 4. und 3. k.u.k. Armee zwar einige Siege auf russischem Gebiet (Krasnik 23.–25. August und Komarov 26. August – 1. September), doch mußten sie dann vor dem Druck der zaristischen Übermacht bis in die Karpaten ausweichen und verloren dabei die Blüte ihres Heeres. Den einzigen Lichtblick für die Verbündeten bildeten die erstaunlichen Abwehrsiege v. Hindenburgs und Ludendorffs bei Tannenberg (26.–30. August) und in Masuren (7.–13. September) zur Wiederbefreiung Ostpreußens.

Ein mit schwacher deutscher Hilfe unternommener zweiter Offensivstoß aus Galizien brachte ebenfalls keine Entscheidung, stabilisierte aber immerhin die Ostfront. Trotz der Geländegewinne in Belgien/Fankreich und Russisch-Polen war eine für die Mittelmächte gefährliche Pattsituation eingetreten, die Italien nicht gerade zur Erfüllung seiner Bündnisverpflichtungen verlocken mußte, zumal Rom der deutschen Führung vorwarf, daß es England als Feind in den Krieg gezogen hätte. Die österreichisch-ungarischen Verbände waren ausnahmslos auf entlegenen Kriegsschauplätzen gebunden und stellten keine Bedrohung Italiens dar; vielmehr lud dagegen die ungeschützte Alpengrenze förmlich zur Invasion ein.

Im Jahre 1915 hatte die deutsche Zweite OHL (Oberste Heeresleitung) unter v. Falkenhayn dem einvernehmlichen Druck v. Hindenburgs, Ludendorffs und Conrads nachgegeben und den strategischen Schwerpunkt nach Osten verlagert. Die Bereitstellung sieben deutscher Armeen vom Baltikum bis Galizien und die Zerschlagung der 10. russischen Armee in der Masurischen Winterschlacht (7.–18. Februar) ließen die Entente nichts Gutes ahnen. Daher planten die Engländer und Franzosen, im Mai mit einer kombinierten Offensive in Flandern die Schwächung des deutschen Westheeres auszunutzen. Gleichzeitig hatte der Erste Seelord Winston Churchill ein kühnes Landeunternehmen bei Gallipoli zur Forcierung der Dardanellen eingesetzt, um zum gefährdeten Zarenreich eine direkte Kommunikation durch das Schwarze Meer zu eröffnen (April 1915).

Der Kurswert Italiens stieg in dieser Lage beträchtlich. Als die britische Flotte den Krieg ins Mittelmeer trug, ließ Außenminister Georgio Sidney Sonnino eilig am 3. März Italiens Forderungen in London vorlegen. Auch wenn die Diplomaten der Entente diese Wunschliste für maßlos hielten, und sie eher bescheidene Erwartungen auf die militärischen Gegenleistungen hegten, drängten die Militärs, da sie mit einer starken moralischen Wirkung des erklärten Kriegseintritts Italiens auf Freund und Feind rechneten und hofften, daß neutrale Staaten wie Rumänien und Bulgarien davon mitgerissen würden. Am 26. April wurden durch den Londoner Geheimvertrag Italiens Wünsche anerkannt, und am 4. Mai kündigte Rom den Dreibundvertrag. Bis zum 10. Mai schloß es mit der Entente eine Marine- und Militärkonvention, am 21. Mai folgte eine spezielle Militärkonvention mit Rußland, und am 23. Mai 1915 erklärte Italien Österreich-Ungarn den Krieg. Gegen das Deutsche Reich ließ es sich mit dem Schritt noch fünfzehn Monate Zeit, ohne daß Berlin offizielle Maßnahmen ergriff.

Der Kriegseintritt Italiens

Am 4. Mai, dem Tag der Aufkündigung des Dreibundvertrages, begann zunächst noch verdeckt der Aufmarsch gegen Österreich. Kriegsminister Vittorio Zupelli und Generalstabschef Cadorna war es gelungen, der schlimmsten materiellen und organisatorischen Schwierigkeiten Herr zu werden und zwei neue Korps (XIII. und XIV.) aufzustellen. Abzüglich der etwa 60 000 in Libyen und Albanien stationierten Soldaten erreichte das Heer eine Stärke von rund 1 Million Mann, 215 000 Pferden mit 600 Maschinengewehren und 1 800 Geschützen. Etwa die Hälfte dieser Kopfzahl befand sich schließlich als effektive Kampftruppe im Operationsgebiet.

Angesichts der italienischen Interessen kam nur eine offensive Kriegführung in Frage. Dabei bot sich der Stoß über den Isonzofluß in Richtung Laibach und Triest an, mit dem Ziel eines strategischen Zusammenwirkens mit den serbischen Streitkräften. Den Hauptangriff auf ein anderes Ziel – etwa Südtirol – zu lenken, um dort die noch »unerlösten« Gebiete zu »befreien«, verboten die Geländeschwierigkeiten und die dortigen österreichischen Gebirgsbefestigungen.

Dreiviertel der 600 Kilometer langen Front zogen sich durchs Hochgebirge. Die geographischen Gegebenheiten zwangen die italienischen Angriffstruppen zum Aufmarsch in dem schmalen Sack von Friaul, der vom Golf von Venedig im Süden und der Tiroler Dolomitengrenze im Nordwesten begrenzt wurde und bei einem gegnerischen Stoß aus dem Trentino heraus in Richtung Venedig rasch zur Falle werden konnte.

Die Hälfte der verfügbaren italienischen Streitkräfte rückte staffelweise an die Alpengrenze, um diese lange Flanke zu decken: zunächst von der Schweizer Grenze ganz Südtirol umgreifend die 1. Armee (Genlt. Roberto Brusati), daran nordöstlich anschließend bis vor die Karnischen Alpen die 4. Armee (Genlt. Luigi Nava) und im unwegsamen Gebiet der Zona Carnia das durch zwei Alpinibrigaden verstärkte XII. Korps unter Gentl. Clemento Lequio bis zum Isonzoknie bei Flitsch (Bovec). Erst hier, wo die Grenze entlang des Isonzoflusses in südlicher Richtung bis zur Adria verläuft, drängten sich auf 90 Kilometern die beiden Angriffsarmeen, die 2. (Genlt. Pietro Frugoni) bis nördlich Görz und die 3. bis zum Meer unter dem Herzog v. Aosta, einem Verwandten des Königs. Eine starke Heeresreserve von drei Korps deckte die wichtigen Eisenbahnknotenpunkte von Vicenca und Treviso.

Die politisch und militärische Entwicklung war für die österreichisch-ungarische Führung keineswegs überraschend gekommen, aber bei der angespannten Personallage konnte eine ausreichende Vorsorge kaum getroffen werden. Zwar war bereits im August 1914 ein Landesverteidigungskommando Tirol unter General der Kavallerie Franz v. Rohr mit den beiden Korpskommandos Innsbruck und Graz (XIV. und III. Korps) aufgestellt worden, aber nach und nach wurden alle einsatzfähigen Truppenteile an die schwer ringenden Fronten Galiziens und des Balkan abgezogen. Aufrufe in Kärnten, Salzburg, Oberösterreich und Triest brachten 26 600 junge Freiwillige außerhalb des wehrpflichtigen Alters zusammen. Tirol und Vorarlberg, die auf eine vierhundertjährige Miliztradition zurückblicken konnten, stellten trotz vieler Reibereien mit den örtlichen Behörden 35 000 Standschützen ins Feld. Tirol wurde in fünf Verteidigungsrayons eingeteilt, die sich auf die permanenten Befestigungen stützten. Die modernsten Werke lagen in den Rayons II (Tonale) und III (Folgaria-Lavarone). Bis Mai 1915 rückten die für den Festungskampf ausgebildeten Detachements der Kaiserschützen und Gebirgsschützen sowie die Festungsartilleriekompanien in die Werke ein. Die dringend nötigen Feldbefestigungen, die die fehlenden Panzerwerke ersetzen mußten, wurden zur Vermeidung von Provokationen nur langsam erstellt, an der Isonzofront überhaupt erst am 27. April begonnen.

Bis Ende Mai gelang es Erzherzog Eugen, der neben der Balkanfront nun auch den Oberbefehl an der italienischen Grenze mit übernahm, einschließlich des VII. Korps als Eingreifreserve 224 500 Gewehrträger, 3 000 Reiter und 640 mobile Geschütze zu versammeln. Das Kommando in Tirol erhielt General der Kavallerie Victor v. Dankl, die Verteidigung der Kärntner Grenze übernahm General v. Rohr, und im Schwerpunkt am Isonzo ging General der Infanterie (später Feldmarschall) Svetozar Boroević v. Bojna mit den acht Divisonen seiner 5. Armee in Stellung. Dazu kam die Aufgabe des Küstenschutzes von Pola und Triest. Aber im Gegensatz zur k.u.k. Kriegsflotte, die sogleich nach Bekanntwerden der Kriegserklärung vor Venedig, Rimini und Ancona erschien und dort Arsenale, Brücken und Bahnen beschoß, blieb die italienische Marine untätig.

Die gezackten Grenzausläufer an den Rändern Südtirols konnten mit den vorhandenen Kräften nicht verteidigt werden und mußten zugunsten einer kürzeren hochalpinen Hauptkampflinie aufgegeben werden. Die Tragik solcher Sachzwänge zeigt eindrucksvoll Luis Trenkers Schwarz-Weiß-Film »Berge in Flammen« von 1931. Eine Besonderheit bei der Verteidigung der Dolomiten stellte der etwas merkwürdige Einsatz des deutschen Alpenkorps dar. Diese gerade aufgestellte divisionsstarke deutsche Gebirgstruppe unter Genlt. Konrad Krafft v. Dellmensingen verteilte sich auf einer Front von 100 Kilometern regimentsweise zwischen die k.u.k. Verbände, eingestreut mit dem Auftrag des Grenzschutzes, aber mit dem strikten Verbot, italienisches Gebiet zu betreten, da offiziell zwischen dem Deutschen Reich und Italien kein Kriegszustand herrschte.

Italien sucht die Entscheidung

Kurz vor Ausbruch der Feindseligkeiten mit Italien hatte Generalstabschef Conrad v. Hötzendorf die deutsche OHL beschworen, ihm zehn Divisionen zur Verfügung zu stellen, die er zusammen mit zehn eigenen Divisionen zwischen Marburg (Maribor) und Agram (Zagreb) versammeln wollte, wenn die Italiener ihren Angriff aus dem Friaul heraus ins Herzogtum Krain (Südslowenien) unternähmen. Unter gleichzeitiger Deckung der Karawanken zum Schutze von Villach und Klagenfurt wollte er die Invasoren das Gebirgsland ungehindert passieren lassen und sie beim Austritt in die Laibacher Saveebene überfallen und vernichten. General v. Falkenhayn lehnte den Plan rundweg ab, da mit dem Durchbruch von Gorlice (1.–10. Mai) soeben die entscheidungssuchende Offensive gegen die zaristische Armee eröffnet worden war, die bis Mitte August an den Bug und Ende September zur Eroberung Russisch-Polens und Kurlands führen sollte. Was an sonstigen Reserven noch greifbar war, brachte man an der Westfront zur Abwehr der sukzessiven englisch-französischen Angriffe. Also setzte man österreichischerseits auf eine starre, möglichst grenznahe Verteidigung mit dem Ziel, den Angreifern keine Gelegenheit zu Erfolgen zu geben, mit Rücksicht auf den Eindruck, den ein Anzeichen militärischer Schwäche bei den Balkanstaaten hinterlassen würde.

Bereits am 24. Mai trieb Cadorna die Spitzen seiner beiden Angriffsarmeen gegen den Isonzo vor. Hinhaltend fechtend räumten die österreichischen Grenzhuten den Bogen von Karfreit (Caporetto, heute Kobarid), bis sich der Widerstand vor Tarvis, dem Schlüssel zu Kärnten, Flitsch (Plezzo, heute Bovec) und Tolmein versteifte. Als endlich die ersten regulären k.u.k. Verbände erschienen, war der Landsturm am Verbluten. An diesem Abschnitt vor der 2. italienischen Armee sollte sich bis Herbst 1917 nichts mehr bewegen.

Im Süden ließ Borocvić das Mündungsdelta des Isonzo räumen und ging auf das Karstgebirge zurück. Der Hauptstoß der 3. italienischen Armee richtete sich gegen die Nordflanke des Kessels von Görz. Mit dem linken Flügel überschritt sie den Isonzo und stürmte die kahlen Hänge des Kuk hinauf. Im letzten Moment eintreffende österreichische Gebirgstruppen retteten den Görzer Brückenkopf, und als am 26. Mai zum ersten Mal zusammengefaßtes Geschützfeuer den Berg hinabdonnerte, zog sich der Herzog von Aosta zurück. Die verkürzte Frontlinie verlief nun von Tarvis bis Monfalcone am Golf von Triest.

Die Einleitungskämpfe um Tirol und die Karnischen Alpen hatte den Italienern deutlich gezeigt, daß an ein weitergestecktes Operationsziel wie Trient, Toblach oder Villach überhaupt nicht zu denken war. Illusionslos führten sie den grausamen Hochgebirgskrieg mit Kämpfen um einzelne Bergspitzen und Täler unter Inkaufnahme von erschütternden Verlusten weiter, ohne bis zum Kriegsende nennenswerten Gewinn erwarten zu können. Nur noch einmal versuchten italienische Truppen massiert in die Verteidigung einzubrechen, doch die am 24. August beginnenden Sturmangriffe auf die Hochfläche von Lafraun (Lavarone) wurden vor Lavarone und Folgaria blutig abgewiesen, und ein Angriff durch das Suganatal prallte an den Sperrfesten von Panarotta zwischen Borgo und Levico ab.

Die Entscheidung suchte Cadorna zweieinhalb Jahre lang am Isonzo. Mit der ersten Offensive wartete er dreißig Tage, die Erzherzog Eugen Zeit ließen, seine Front aufzubauen. Der Doppelangriff vom 29. Juni–5. Juli brachte dem italienischen Oberkommando außer blutigen Verlusten nur die Erkenntnis, daß der nächste Versuch auf eine breitere Grundlage gestellt werden mußte. Dazu wurde Aostas Armee auf 23 Divisionen gegenüber elf der Verteidiger verstärkt. Ergebnis der Zweiten Isonzoschlacht (17. Juli–10. August): keines. Die aufgebrachten Entente-Verbündeten drängten, denn alle ihre eigenen Angriffe in der Champagne und in Flandern waren abgeschlagen worden, und die Offenisve der Mittelmächte hatte die russischen Armeen bereits 200 Kilometer zurückgeworfen.

Während die Westmächte an den Schauplätzen ihrer Frühjahrsoffensiven zwei gewaltige Durchbruchsangriffe vorbereiteten (21. September–20. Oktober), trat Frugoni mit seiner 2. Armee zur dritten Schlacht an (6. September–12. Oktober), die aber nur der Vorbereitung zu einer allgemeinen Offensive diente (Vierte Isonzoschlacht ab 14. Oktober). Am 24. November besetzten Truppen Aostas bei Podgora den Höhenkamm vor Görz, doch dann zerflatterte die Schlacht und versank in den Regen- und Schneestürmen des Dezember. Mittlerweile hatte sich Bulgarien am 6. September den Mittelmächten angeschlossen, einen Monat später begann die sorgfältig vorbereitete Offensive deutscher, österreichischer und bulgarischer Streitkräfte gegen Serbien, am 9. Oktober kapitulierte Belgrad und Ende November war ganz Serbien-Montenegro trotz englisch-französischer Landungen bei Saloniki unter der Kontrolle der Angreifer. Da bereits im August das englische Gallipoli-Unternehmen nach schweren Verlusten an Soldaten und Schiffen als aussichtslos abgebrochen werden mußte, endete das Kriegsjahr 1915 mit einem vollen Mißerfolg der Entente und einer schweren Enttäuschung für Italien. Die erschütterten Kräfte Rußlands schienen zu keiner Anstrengung mehr fähig.

Österreich-Ungarns Alleingang

Den Winter nutzte Cadorna zu Organisationsmaßnahmen; Dutzende von Führungsstellen wurden umbesetzt und neue Kampfvorschriften erlassen. Von englischem und französischem Geschütz und Gerät unterstützt konnte er ruhig in die Zukunft blicken, solange er die Initiative behielt. So sah es auch das k.u.k. Oberkommando und schlug den Deutschen eine gemeinsame Offensive aus Südtirol vor. Doch v. Falkenhayn hatte bereits beschlossen, die Entscheidung des Jahres 1916 vor Verdun zu suchen, um allen Bedrohungen der Westfront zuvorzukommen und die französische Armee an diesem prestigeträchtigen Frontknie bis zur Kampfunfähigkeit »ausbluten« zu lassen. Am 21. Februar begann der Angriff an der Maas; Italien erschien dagegen als Nebenkriegsschauplatz.

Conrad entschloß sich zum Alleingang. Aus Polen wurde die 3. Armee unter Generaloberst Hermann Kövess v. Kövesshása abberufen und bildete zusammen mit der neu aufgestellten 11. Armee (v. Dankl) eine Südtiroler Heeresgruppe unter Erzherzog Eugen und seinem Stabschef Alfred Krauss. Im Eschtal marschierten die Sturmtruppen auf. Wegen hohen Schnees mußte der Angriffstermin von der ersten Märzhälfte um vier Wochen auf April und schließlich auf Mitte Mai verschoben werden. Darunter litt freilich die Geheimhaltung. Die Italiener traten sogar am 11. März zu einer fünften Schlacht am Isonzo an. Bis zum 19. März folgte Sturm auf Sturm, ehe sich die ergebnislosen Angriffe in Grabenkämpfen verloren. Allzu besorgt brauchte Cadorna trotzdem nicht zu sein, denn der Kanonendonner von Verdun zeigte ihm deutlich, daß die beiden verbündeten Kaiserreiche nun getrennte Wege beschritten, und er wußte, daß die Donaumonarchie allenfalls begrenzte Kräfte gegen Italien bereitstellen konnte.

Viele Kritiker beurteilen Conrads einsamen Entschluß als Fehler. So schwer es ihm gefallen wäre, er hätte die Offensive bis zu einem günstigeren Zeitpunkt zurückstellen müssen. Zudem war ein Großangriff im Hochgebirge bisher ohne Beispiel in der Geschichte. Als nach eintägigem Trommelfeuer am 15. Mai die beiden Armeen mit dem XX. Korps unter dem jungen Thronfolger Erzherzog Karl an der Spitze vorgingen, waren die Verteidiger bereits schwer erschüttert. Am 18. Mai waren die italienischen Linien durchbrochen und die Panzerwerke Campomolon und Torano ausgeschaltet. Unter unsäglichen Mühen wurde das schwere Geschütz mitgeschleppt, und der Angriff ging über die Berge weiter. Am 30. Mai fielen Arsiero und Asiago, und der Feldbericht meldete 30 000 Gefangene und 300 erbeutete Geschütze. Ein Viertel der Strecke nach Venedig war bereits zurückgelegt, die Falle im Rücken der italienischen Armeen verengte sich, wenn auch die Flügel der Angreifer noch weit zurückhingen.

Da brach am 4. Juni mit voller Urgewalt in Weißrußland die Brussilow-Offensive über die südliche Hälfte der langen Ostfront herein. Im ersten Anlauf stampften die Russen bei Luck ein 50 Kilometer breites Loch in die österreichisch-ungarische Linie. Hunderttausende von Gefangenen wurden gemacht; das Erschreckende daran war die geringe Widerstandskraft, die die k.u.k. Verbände gezeigt hatten. Die mitbetroffene deutsche Südarmee (v. Bothmer) hatte die Angriffe glatt abgeschlagen. Im Süden ging Ostgalizien mit Czernowitz verloren. Jede verfügbare österreichische und deutsche Division mußte in den Einbruchsraum geworfen werden. Schweren Herzens mußte Conrad die Arsiero-Asiago-Offensive abbrechen und die 3. Armee herausziehen.

Die zurückgebliebenen Verbände bezogen eine Verteidigungslinie zehn Kilometer vorwärts der Ausgangsstellungen vor dem Angriff – aber immerhin teilweise auf italienischem Gebiet.

Während die deutschen Armeen nach der Katastrophe von Luck im Osten und an der Westfront vor Verdun, wo das Inferno seinen Höhepunkt erreicht hatte, festgelegt waren, und die deutsche Hochseeflotte den zweiten Versuch der Engländer, diesmal im Norden Europas, mit dem Zarenreich direkte Verbindung aufzunehmen, in der Seeschlacht am Skagerrak vereitelt hatte (31. Mai–1. Juni 1916), eröffneten die englischen Landstreitkräfte am 24. Juni mit einem siebentätigen Trommelfeuer ihren Großangriff an der Somme. Die Schlacht weitete sich aus und verschlang auf beiden Seiten unermeßlichen Nachschub an Menschen und Material, als am 27. August auch noch Rumänien – von dem Entente-Versprechen über Siebenbürgen verlockt – den Mittelmächten den Krieg erklärte. Damit war eine neue Wunde aufgerissen und die wankende österreichische Galizienfront hing plötzlich in der Luft.

Die Isonzo-Front wankt

Der Entente war es somit zum ersten Mal im Weltkrieg gelungen, ihre zahlenmäßige Übermacht zur Geltung zu bringen und die Mittelmächte von allen Seiten gleichzeitig zu bedrängen. Auch Italien mußte seinen Beitrag leisten und trat mit einem unerhörten Artillerieschlag zur sechsten Großoffensive im Isonzo an (4.–16. August). Die Übermacht von Aostas Truppen war diesmal so drückend, daß er den Brückenkopf von Podgora überrennen konnte; der beherrschende Monte Sabotino nördlich von Görz wurde erstürmt, und die zerschossene Stadt mußte am 8. August geräumt werden. Der Hauptangriff führte die Italiener weiter südlich zur Eroberung des San Michele und des Plateaus von Doberdo und brachte die Front bis zur Adria zum Einsturz. Boroevic mußte seine Truppen einige Kilometer zurücknehmen, und Cadorna war seinem Ziel Triest näher gekommen.

Das Jahr 1917 begann mit einigen Veränderungen der strategischen Lage. In Nordfrankreich räumten die deutschen Truppen einen breiten Stellungsabschnitt zwischen Soissons und Arras und zogen sich auf die kürzere, stark ausgebaute Hindenburglinie zurück. Während sie die Entente-Divisionen vor wegelosen Gräben und Wüsteneien stehen ließen, sollte das einzige Angriffsmittel im Westen für dieses Jahr der am 1. Februar erklärte uneingeschränkte U-Boot-Krieg sein, der freilich am 4. April die Kriegserklärung Amerikas an Deutschland nach sich zog (an Österreich-Ungarn erst am 7. Dezember 1917). Im Osten war Rumänien bei Jahresbeginn überrannt und praktisch ausgeschaltet. Im März brach in St. Petersburg die russische Februarrevolution aus, und die neue Dritte OHL v. Hindenburg/Ludendorff durfte hoffen, mit diesem Gegner gänzlich fertig zu werden und einen freien Rücken für die endgültige Entscheidung im Westen zu gewinnen.

Im April ließ Haig bei Arras stürmen, und Nivelle startete zwischen Soissons und Reims seine erfolglosen Großangriffe an der Aisne, die die französische Armee bald an die Grenze des moralischen Zusammenbruchs drängen sollten. Cadorna wartete mit seiner Offensive bis zum 12. Mai, nachdem zuvor Außenminister Sonnino in Frankreich auf einer Konferenz die Versuche der anderen Ententestaaten, Rom zu bescheideneren Kriegszielen zu bekehren, abgewiesen hatte, und außerdem Gerüchte über Separatfriedensverhandlungen zwischen England/Frankreich und Kaiser Karl aufgetaucht waren (die berüchtigte Sixtus-Mission vom März 1917).

Drei Tage dauerte das Trommelfeuer, unter dem die österreichischen-ungarischen Verteidiger entsetzlich litten. Boroević erwartete den Angriff im Süden, wo Triest gerade noch 20 Kilometer von den italienischen Stellungen entfernt lag. Statt dessen überquerte die 2. Armee – nun unter Generalleutnant Luigi Capello – im Norden den Isonzo und bestürmte den Kuk, dessen große Batterie jahrelang das Steilufer des Flusses und die umgebende Hochfläche der Bainsizza beherrscht hatte. Italienisches Artilleriefeuer zwang sie nieder.

Nach zweiwöchigem wilden Kampf war der Kuk erobert und die Österreicher fielen auf die Klosterruinen des Monte Santo und den San Gabriele am Südrand der Bainsizza zurück. Eine Woche nach Capello griff der Herzog v. Aosta an, eroberte Iamino, kämpfte sich an die Trümmer von Constanjevica im Herzen der Südfront heran und erstieg die Westflanke des Hermadamassivs, der letzten Barriere auf dem Weg nach Triest. Zusammengewürfelte Reserven retteten im letzten Moment den Berg. Als Aostas 3. Armee am 30. Mai noch einen Überfall auf Medeazza versuchte, wurde sie abgewiesen, und ein verzweifelter Ansturm buntgemischter k.u.k.Verbände warf drei Tage später die Italiener aus den Vorbergen der Hermada auf San Giovanni zurück.

Am 7. Juni begannen die Engländer, in Flandern wieder aktiv zu werden. Mit gewaltigen Minensprengungen jagten sie die deutschen Gräben von Wytschaete in die Luft und rannten bis Jahresende trotz deprimierend geringer Geländegewinne endlos gegen die deutschen Stellungen an. Zum Monatswechsel versuchten die Russen unter der Kerenski-Regierung, die das zaristische Regime abgelöst hatte, ihre allerletzte Offensive, die bereits nach wenigen Tagen weit hinter ihre Ausgangslinie zurückgeworfen wurde. Cadorna brauchte noch bis Mitte August, ehe sich seine Truppen erholt hatten. Dann hatte er eine Million Soldaten und 4 000 Geschütze am Isonzo versammelt, um die Entscheidung herbeizuführen. Selbst der fähige Boroević, der »Löwe vom Isonszo«, hatte die furchtbare Methodik nicht durchschaut, mit der sich Cadorna planmäßig unter Inkaufnahme jeglicher Verluste an die letzten Barrieren der Verteidigung herangeschoben hatte.

Ein gewaltiger Feuerschlag aus allen Rohren eröffnete am 17. August die elfte Schlacht an den Ufern des blutigen Flusses, und zwei Tage später erhob sich die italienische Infanterie zum Angriff auf der ganzen Linie. Erst als Boroević überall gefesselt war, ließ Cadorna die Maske fallen und die Schwerpunkte erkennen. Während Capellos 2. Armee am 22. August die Bainsizza im Nordkarst von Nordwesten her überflutete und die Verteidiger des Monte Santo und des San Gabriele in Flanke und Rücken bedrohte, kämpfte sich der Horzog v. Aosta im Süden an die Hermada heran und versuchte, die Hänge des Massivs zu stürmen. Zwei Wochen dauerten die erbitterten Kämpfe, bis ein österreichischer Gegenangriff am 4. September den Berg freikämpfte. Nördlich von Görz dagegen ging der Monte Santo im schweren Artilleriefeuer verloren, und zeitweise erreichten italienische Verbände den Gipfel des San Michele. Nach zweitägigen opfervollen Stürmen gelang es Boroević am 11. September, den Berg zurückzuerobern und zu behaupten.

Doch die Bainsizza-Hochebene war fast verloren, und die k.u.k. Verteidiger hielten mit der Lokveclinie gerade noch den östlichen Steilrand des Nordkarstes. Sobald Cadorna seine Truppen reorganisiert hatte, war abzusehen, wann den Verteidigern der Absturz ins Chiapparonetal (Čepovantal) drohte. Arthur Arz v. Straußenburg, seit einem knappen Jahr als Nachfolger Conrads Chef des k.u.k. Generalstabes, erkannte deutlich, daß dies den Durchbruch und den Verlust der Küstenland-Barriere bedeutete. Zähneknirschend wandte sich Kaiser Karl an die deutsche OHL um Unterstützung.

Der Sieg von Karfreit (Caporetto)

In den von gegenseitigem Mißtrauen begleiteten Beratungen, bei denen Wien sich stets von deutscher Bevormundung freihalten wollte, Berlin aber umgekehrt seinen Verbündeten latenter Separatfriedensabsichten verdächtigte, setzte sich die deutsche OHL mit dem Plan einer begrenzten Entlastungsoffensive unter deutscher Beteiligung durch. Da ein Angriff auf Riga unerwartet schnellen Erfolg zeitigte (1.–5. September), konnten sieben deutsche Divisionen aus dem Baltikum abgezogen und mit acht österreichisch-ungarischen Divisionen zur 14. Armee unter dem deutschen General Otto v. Below vereint werden. Diese wurde Mitte September zwischen Flitsch (10. Armee unter Feldzeugmeister Alexander v. Krobatin) und dem Nordrand der Bainsizza (v. Boroević) eingeschoben und hatte den Auftrag, die italienischen Truppen etwa 50 Kilometer weit hinter den Tagliamento-Fluß nach Westen abzudrängen. In der Wartezeit bis zum Losschlagen übte die Truppe mit der Infiltrationstaktik ein neuartiges, soeben erst bei Riga erprobtes Angriffsverfahren ein, das auch bei der deutschen Frühjahrsoffensive in Frankreich im kommenden Jahr zu erstaunlichen Erfolgen führen sollte. Der Aufmarsch konnte natürlich nicht geheim bleiben, doch Einzelheiten wie der Angriffstermin und -schwerpunkt blieben Cadorna verborgen.

In der Nacht zum 24. Oktober brach ein sechsstündiges Trommelfeuer los, und um 8.00 Uhr traten die Sturmtruppen an. Gegen Abend stand das rechte Flügelkorps unter dem entschlossenen k.u.k. General Alfred Krauss bereits im Kampf um den Stol. Dieses Massiv mit dem Monte Maggiore bildete zusammen mit dem Colovrat-Höhenzug gegenüber der Bainsizza eine halbkreisförmige Sicherungslinie im Rücken der italienischen Angriffstruppen, deren Schlüssel eben der Stol war. Die linken Flügelkorps der 14. Armee öffneten das Isonzotal und drangen tief im Rücken der Bainsizza und der 2. Armee Capellos durch die Täler des Judrio und des Natisone nach Süden vor. Die Artillerie und besonders die Gasgranaten, gegen deren Gifthauch die italienischen Soldaten völlig unzureichend geschützt waren, hatten in den italienischen Stellungen furchtbar gewütet, und nun zeigte sich die verheerende moralische Wirkung der entsetzlichen Verluste des zweieinhalbjährigen Ringens. Etwa 770 000 Angreifer hatten am Isonzo in elf Schlachten ihr Leben lassen müssen – für einen Geländegewinn von zwölf Kilometern, gegenüber einem Gesamtverlust von 430 000 Mann bei der k.u.k. Armee. Am Abend des 25. Oktober meldete sich General Capello krank.

Die Offensive schien sich etwas zu verlangsamen. Weder Cadorna noch Capellos Nachfolger Montuori hatten erfaßt, daß die Deutschen hinter der Nordflanke der 2. Armee auf den Höhen vordrangen. Am Abend des 25. fiel der Kuk, in der Nacht wurde der Monte Cragonza erobert, und am 26. erstürmte der junge Oberleutnant Rommel den Monte Matajur, das letzte Ziel auf dem Colovrat, während das Korps Krauss am anderen Flügel über den Stol vorstieß.

Nun gab es kein Halten mehr. Die 2. Armee strömte unaufhaltsam in die Ebene zurück, und weder der Torre noch der Tagliamento mit seinen Panzerwerken boten Schutz. Der Angriff der 14. Armee hatte längst den vorgegebenen Rahmen gesprengt und reifte zur Umfassung des geschlagenen Gegners. Cadorna opferte die am Ostufer des Tagliamento fechtenden Trümmer der 3. Armee – 60 000 Mann und 200 Geschütze – um Aostas 2. Armee zu retten. Doch auch diese wäre verloren gewesen, hätte nicht ein sinnloser Kompetenzstreit zwischen Boroević und versehentlich während der hitzigen Verfolgung in seinen Befehlsbereich geratenden deutschen Divisionen zu einer Verzögerung geführt. Am 7. November setzte der Hochwasser führende Piave dem Vordringen eine Grenze, doch blieben 265 000 Gefangene und 3 000 Geschütze in der Hand der Sieger, während die Italiener weitere 40 000 Mann blutige Verluste hatten und dazu das königliche Hauptquartier in Udine und das gesamte Friaul räumen mußten.

Von der Katastrophe aufgeschreckt waren zehn englische und französische Divisionen an den Piave entsandt worden, und am 8. November übernahm anstelle Cadornas Generalleutnant Armando Diaz das Kommando. Die weiteren österreichischen Angriffe bis zum Abzug der deutschen Divisionen zum Jahreswechel scheiterten an der inzwischen gefestigten Verteidigung. Italien war im Rennen geblieben und bildete künftig den rechten Flügel der Westmächte zur Bindung starker Kräfte der Donaumonarchie.

Das letzte Kriegsjahr

Das Kriegsjahr 1918 begann die Entente zunächst in vorsichtiger Defensive, da sich der Kriegseintritt Amerikas personell noch nicht auswirkte.

Fort Pizzo di Vezzena (Cima di Vezzena)

Fort Tra i Sassi

Fort di Campo Luserna (Tafel)

Fort di Campo Luserna (Lusern)

Fort Verle (Gesamtansicht)

Fort Verle

Fort San Sebastiano (Cherle)

Werk Landro

Fort Plätzwiese

Sperrfort Mitterberg

Fort Gschwent (Belvedere)

Fort Gschwent

Fort Gschwent (Zinnsärge)

Nach der Unterzeichnung des Friedens von Brest-Litowsk am 3. März zog die deutsche OHL Division um Division aus Rußland ab, um die große Entscheidung im Westen noch rechtzeitig herbeizuführen. Die niederschmetternd raschen Erfolge der deutschen Somme-Offensive (21. März–3. April) veranlaßte die geschockten Regierungen der Westmächte, am 25. März ein interalliiertes Oberkommando unter Marschall Foch einzurichten. Die Aisne-Offensive (27. Mai–4. Juni) führte die Angreifer bis auf 60 Kilometer an Paris heran. Diesen Zeitpunkt wollte das k.u.k. Armeeoberkommando unter Arz v. Straußenburg zu einer neuen Offensive in Italien nutzen. Denn die Veröffentlichung der verräterischen Sixtus-Briefe durch Clemenceau am 12. April 1918, über deren Inhalt Kaiser Karl seinem eigenen Außenminister Graf Czernin ehrenwörtlich falsche Angaben gemacht hatte, mußte im deutschen Hauptquartier verständlicherweise tiefstes Befremden auslösen. Wien mußte schleunigst seine angeschlagene Glaubwürdigkeit als Verbündeter unter Beweis stellen.

Die 5. und 6. k.u.k. Armee, die die Heeresgruppe Boroević bildeten, und die linke (11.) Flügelarmee der Tiroler Heeresgruppe Conrad sollten aus dem flachen Stellungsbogen zwischen dem Unterlauf der Piave und den Lessinischen Alpen bei Arsiero konzentrisch in allgemeiner Südrichtung angreifen mit der Etsch als Fernziel. Feldmarschall v. Conrad machte vergeblich Gegenvorstellungen, da er die Truppen für ein Vorgehen auf so breiter Front als zu schwach ansah und die Angriffsdivisionen lieber an einem Punkt konzentriert hätte. Als das Artilleriefeuer des 15. Juni verklang, schaffte er prompt überhaupt keinen Erfolg, während Boroević bis zum 19. einige Geländegewinne vor der Lagune von Venedig verbuchen konnte. Da setzten plötzlich endlos andauernde Regengüsse ein, die Flüsse schwollen an, rissen Brücken weg und überschwemmten das Land zwischen Piave und Sile völlig. Die Truppen mußten den Naturgewalten weichen. Damit war Österreich-Ungarns letzte Offensive gescheitert.

Mit dem Verebben der deutschen Champagne-Offensive (15.–17. Juli) schwand auch in Frankreich die letzte Hoffnung auf eine positive Entscheidung, ehe eineinhalb Millionen US-Soldaten an die Front rückten. Immer rascher kehrte sich nun das Kriegsglück gegen die Mittelmächte. Am 7. Juli 1918 brach das italienische Expeditionskorps aus seinem albanischen Brückenkopf Valona aus, und am 15. September starteten englisch-französisch-griechisch-serbische Truppen ihre Offensive an der Salonikifront, die binnen zweier Wochen zur Auflösung des bulgarischen Heeres führte. Am 30. September schloß Bulgarien einen Waffenstillstand und isolierte damit das Osmanenreich, das – hart bedrängt – am

31. Oktober ebenfalls den Kampf einstellte. Wegen des Ausscheidens Bulgariens mußte die k.u.k. Orientarmee unter Generaloberst Karl v. Pflanzer-Baltin bis an die Donaugrenze Ungarns zurückgehen, worauf Generalfeldmarschall v. Mackensen gezwungen war, die Walachei zu räumen.

Im Oktober kam es an der Italienfront aufgrund des akuten Mangels an allen Versorgungsgütern zu ersten Befehlsverweigerungen; ungarische und kroatische Truppenteile verließen auftragswidrig ihre Schützengräben. Die Ententemächte verlangten endlich einen entscheidenden italienischen Einsatz, doch Generalstabschef Diaz zögerte, bis das Habsburgerreich unter den Händen des machtlosen Kaisers Karl zerfiel, und sich in den Großstädten der Monarchie sogenannte Nationalräte konstituierten. Am Jahrestag der Niederlage von Karfreit (Caporetto) griffen die Italiener in das allgemeine Chaos auf österreichischer Seite hinein an. Am Grappa und am Piave hielten die Verteidiger dennoch stand, bis Boroević zum Monatsende den Rückzug auf Vittorio Veneto befahl. Gleichzeitig beauftragte das Armeeoberkommando in Baden bei Wien den General Viktor Weber mit Waffenstillstandsverhandlungen.

Hierbei kam es zu einem fatalen Mißverständnis. Während Weber den Waffenstillstand in Padua für den 4. November, 15.00 Uhr, unterzeichnete, glaubte man in Wien aufgrund der schlechten telephonischen Verbindung, daß mit der Annahme der italienischen Bedingungen sofort die Waffenruhe einkehren werde. In der Nacht vom 2. auf den 3. November befahl Baden das »Feuer einstellen!«, woraufhin die Heeresgruppe Boroević ihre Waffen ablegte und sich auf den Rückmarsch zur Grenze machte. Sogleich ging die italienische Armee zur umfassenden Verfolgung über und erklärte kurzerhand 400 000 k.u.k. Soldaten zu Gefangenen. Das war der »Sieg« von Vittorio Veneto.

Am 4. November gab es allerdings schon kein Österreich-Ungarn mehr. Die stolze k.u.k. Kriegsflotte war am letzten Oktobertag ungeschlagen dem neugebildeten südslawischen Staat übergeben worden. Am 11. November dankte Kaiser Karl ab, ohne für die Soldaten seines Vielvölkerheeres ein einziges Wort des Dankes zu finden. Franz Grillparzer hatte 70 Jahre zuvor ahnungsvoll über die tapfere österreichische Armee Radetzkys gedichtet:

»In einem Lager ist Österreich,
Wir Andern sind einzelne Trümmer.
Aus Torheit und aus Eitelkeit
Sind wir in uns zerfallen...«

Zur Taktik im Gebirgskrieg

Vor dem Ersten Weltkrieg galten Hochgebirge und bewaldete Mittelgebirge bestenfalls als potenzielle Nebenkriegsschauplätze, da man das Gelände zu größeren Angriffshandlungen für ungeeignet hielt. Die erfolgreiche Verteidigung Tirols durch den österreichischen Generalmajor Franz v. Kuhnenfeld im Jahre 1866 schien diese Ansicht zu bestätigen. Die Italiener zogen aus ihrem Mißerfolg als erste die Folgerung, daß eine Spezialtruppe für das Gebirge geschaffen werden müsse; so stellten sie 1872 die ersten Alpinitruppen auf.

Österreich-Ungarns Militärs beschäftigten sich seit dem Okkupationsfeldzug in Bosnien-Herzegowina 1878 mit Fragen des Vorgehens in Gebirgslandschaften, doch sollte es dreißig Jahre dauern, bis sich die Überlegungen zu Theorien verdichteten.

Während in Deutschland der General Wilhelm v. Blume noch 1912 jeden Angriff und besonders die Verteidigung von Höhen im Gebirge als aussichtslos ablehnte und den Verteidigern empfahl, das Austreten des Angreifers aus dem Bergland zum operativen Überfall zu nützen (wie es Conrad 1915 anfangs gegen die 2. und 3. italienische Armee plante), brachte der später bedeutende k.u.k. General Alfred Krauss das Problem des Angriffs auf die kontroverse Fragestellung »Höhenangriff oder Talstoß«. Obwohl Krauss selber von jeder Einseitigkeit frei war, wurde diese Streitfrage von anderen militärischen Führern verabsolutiert, die sich als Anhänger dieser oder jener Theorie bekannten. Dabei wies der k.u.k. Feldmarschall-Leutnant Kasimir v. Lütgendorf bereits 1909 in seinem Buch »Der Gebirgskrieg« den rechten Weg:

»Ob die Hauptkolonne im Tale vorrücken und durchstoßen soll oder ob sie auf einem der begleitenden Höhenrücken vorzugehen habe, darüber entscheiden die jeweiligen Verhältnisse, insbesondere die Breite des betreffenden Tales, die Beschaffenheit der begleitenden Höhen hinsichtlich der Waffenwirkung von denselben usw. Bei einem 2 000 bis 3 000 Schritte breiten Tale, dessen Begleithöhen nur einzelnen Fußgängern das Fortkommen erlauben, wird die Entscheidung imTale gesucht werden; bei schmalen und von gangbaren und wegsamen Höhen begleitetem Tale wird die Entscheidung zumeist auf einer starken, auf einem Begleitrücken vorgehenden Kolonne gewärtigt werden dürfen.«

An den in Frage kommenden Abschnitten Südtirols gab es beispielsweise nur ein einziges Tal, das breit genug für die Entwicklung einer Division zum Angriff war: das Val Sugana. V. Lütgendorfs Erkenntnis bestätigte sich am deutlichsten in der 12. Isonzoschlacht (dem Durchbruch von Karfreit/Caporetto), nachdem der Zwang zur operativen Entscheidung zu einer Revolutionierung des taktischen Denkens geführt hatte. Die von den Deutschen neuentwickelte Infiltrationstaktik manifestierte sich im Friaul als eine Kombination von Talstoß und Höhenangriff. Anfangs drangen die vier Korps der 14. Armee durch drei Flußtäler im Rücken der italienischen 2. Armee, die mit Masse auf der Bainsizza-Hochebene konzentriert war, vor, ohne sich allzusehr von den Bergstellungen aufhalten zu lassen. Erst in den nächsten Tagen griffen die Truppen der Mittelmächte die teilweise eingeschlossenen Widerstandsnester auf den Höhen an und nahmen die demoralisierten Verteidiger gefangen.

So zeigt sich, daß theoretisch kein fundamentaler Unterschied zwischen Gebirgskrieg und dem Kampf im flacheren Gelände besteht – mit Ausnahme der ungleich größeren physischen Belastung bei allen Bewegungen auf den Höhen und den furchtbaren geographisch und klimatisch bedingten Härten des Aufenthalts im Hochgebirge. Da zudem alle Truppenbewegungen durch die geringe Anzahl von Straßen und gangbaren Wegen viel mehr kanalisiert werden als in der Ebene, kommt den permanenten Befestigungen und anderen Sperren eine ungleich höhere Bedeutung zu.

III. Der Krieg in den Alpen 1915–1918

Es entspringt dem Wunsch vieler Touristen, über den »klassischen Gebirgskrieg«, der mit aller Zähigkeit von beiden einstigen Gegnern an den Grenzen Tirols geführt wurde, einen Überblick zu gewinnen. Viele in diesem Raum erfaßte Orts-, Paß- und Bergnamen sind mit den Ereignissen des Ersten Weltkrieges, die das Leben der Völker und das Bild der Landschaft stark beeinflußt haben, aufs engste verknüpft. Der nachstehende Abriß beschränkt sich nur auf das Wichtigste, was zum besseren Verständnis beitragen soll.

Geschichtliche Entwicklung des Gebirgskrieges

Es ist ein uralter Völkerweg, der über den Brenner durch die beiden deutschen Teile Tirols und des Trentino nach Venetien führt. In den Ostalpen ist der Brenner mit 1370 Metern Seehöhe der niedrigste Übergang des Hauptkammes, und ihn benutzten schon germanische Völkerstämme, als sie auf Raub und Beute bedacht nach dem sonnigen Süden zogen. In nördlicher Richtung waren es römische Legionen, die nach Rätien und Germanien marschierten, um diese Länder dem Imperium anzugliedern. Die Römer schufen auch im Alpengebiet gute, kunstgerechte Straßen, und verschiedentlich sind die Spuren altrömischer Straßenbautechnik noch heute zu sehen. So auch am Brenner selbst. Fast bis in die Neuzeit führten diese alten Straßen und Wege nur in die Haupttäler oder über Jöcher; das Hochgebirge galt für den zivilen und militärischen Verkehr als unwegsam, bis der österreichische Feldherr Prinz Eugen von Savoyen in diese Anschauung eine Bresche schlug, als er im Frühjahr 1703 im Spanischen Erbfolgekrieg mit 30 000 Mann samt Geschützen und Troß von Rovereto aus auf Saumpfaden über die Lessinischen Alpen zog und den die Festung Verona belagernden Franzosen mit dieser für die damalige Zeit unglaublichen Umgehungsoperation in den Rücken fiel, sie zur Aufgabe der Belagerung und schließlich auch zur Räumung Venetiens zwang.

Auch die Kämpfe in dem Raum südlich und nördlich des Brenners von 1797 angefangen, beschränkten sich in der Hauptsache wieder auf die Sicherung und Behauptung der Talstraßen. In den Tiroler Freiheitskämpfen von 1797–1809 galt es für die Tiroler Landstürmer, die Straßen vor dem heranrückenden Feind zu sperren und ihn möglichst zu vernichten. Beispiele hierfür sind die Überfälle bei der Pontlatzer Brücke im Oberinntal und in der Sachsenklemme im oberen Eisacktal. Auch die Stellungen auf dem Berg Isel bei Innsbruck sperrten die Hauptstraße, und von ihm aus schlug Andreas Hofer den Feind »ins Tal hinab«. Der Heldenkampf des Tiroler Volkes spielte sich nicht im Hochgebirge ab, er war auch kein Partisanenkrieg in der heutigen Bedeutung.

Nicht viel anders war es in den Kriegsjahren 1848, 1849, 1859 und 1866. Während die österreichischen Armeen in der venezianischen und lombardischen Ebene gegen Piemontesen und Franzosen (1859) kämpften, wurden die von Süden in das Trentino führenden Straßen nur durch schwächere Truppenabteilungen und Tiroler Landstürmer gesperrt. Zu größeren Kampfhandlungen kam es dabei nicht, doch war es im Jahre 1866 der Landesverteidiger von Tirol und spätere österreichische Kriegsminister General Kuhn, der das erste Werk über Erfahrungen im Gebirgskrieg schrieb. Ein Krieg im Hochgebirge wurde bereits damals in den Bereich militärischer Erwägungen einbezogen.

Kriegsvorbereitungen und operativer Aufmarsch

Erst als General Franz Conrad von Hötzendorf im November 1906 zum Chef des österreichisch-ungarischen Generalstabes ernannt wurde, begann sich in immer stürmischerem Tempo die Auffassung Bahn zu brechen, daß man das Hochgebirge in offensive und defensive Kriegshandlungen einbeziehen und die strategischen Planungen danach einrichten müßte. Conrad Hötzendorf bereitete daraufhin seinen Gebirgskrieg in der »Felsenbastion Tirol« gründlich vor. Wirft man einen Blick auf die Karte, so wird man sofort gewahr, daß die einstige Gefürstete Grafschaft Tirol, die auch das Trentino umfaßte, mit ihrem Südteil wie ein fester, breiter Keil in die italienischen Ebene einzigartige strategische Ausgangspositionen für einen Offensivstoß in das ebene Land des damaligen Gegners bildete.

Wo aber konnte die österreichische Offensivarmee, die von Tirol aus operieren sollte, aufmarschieren? Wieder ein Blick auf die Karte Tirols: es bietet sich hierfür nach der Lage von 1914 die Hochfläche von Folgaria und Lavarone geradezu an. Von hier aus ist Venedig nur 80 Kilometer Luftlinie entfernt. Einen italienischen Vorstoß aus dem Raum von Verona in das Etschtal konnte mit genügender Verläßlichkeit die starke österreichische Gürtelfestung Trient sperren. Der Aufmarschraum von Folgaria und Lavarone mußte aber vorsorglich durch ein System neuzeitlicher Festungswerke gesichert werden, denn jenseits der altösterreichischen Grenze waren in überragenden Höhenstellungen schon acht italienische Festungswerke mit modernsten Geschützen gegen den vorgesehenen österreichisch-ungarischen Aufmarschraum gerichtet. Daher wurden von 1907 bis 1914 österreichischerseits 20 Millionen Kronen für die Befestigung der Hochfläche von Folgaria und Lavarone aufgewendet. Man baute auf der 1908 Meter hohen Cima di Vezzena, auch »Pizzo di Levico« genannt, das höchstgelegene altösterreichische Panzerwerk Vezzena kühn über einer gewaltigen Felswand; es diente hauptsächlich der Beobachtung, denn die Cima di Vezzena ist ein ganz hervorragender Aussichtspunkt, welcher bei klarem Wetter eine Fernsicht bis Venedig gestattet; auch ist der Blick von diesem Gipfel auf die Kette der Brenta-Dolomiten ohne Beispiel. Man erreicht die am Rande der Val Sugana sich erhebende Cima di Vezzena bequem vom Vezzenasattel (1402 Meter) aus, der an der Straße Lavarone-Asiago liegt. Ca. 400 Meter tiefer entstand das Panzerwerk Verle, welches man vom Vezzenasattel aus sieht. Weiter südlich wurde das Panzerwerk Lusern auf dem Campo di Luserna (1551 Meter) mit seinen beiden Nahkampfwerken Viaz und Oberwiesen errichtet. Diese Forts kann man vom Dorf Luserna (1333 Meter) aus erreichen; zu diesem führt von der ebenfalls an der Straße Lavarone-Asiago gelegenen Osteria Monte Rovere ein Fahrweg. Zusammen mit dem Panzerwerk Gschwendt hatte das Werk Lusern die Aufgabe, das Asticotal zu sperren. Den drei Panzerwerken Serrada, Sommo und San Sebatiano hingegen, die sich im Süden und Osten von Folgaria gruppierten, oblag die Flankensicherung des Etschtales; ihnen gegenüber lag die starke Gruppe von vier italienischen Forts mit dem Hauptwerk Campomolon. Auf dem Gipfel des Sommo Alto (1641 Meter) steht heute in großartiger Aussichtslage das Rifugio Stella d'Italia, das man mit einer Sesselbahn von der Häusergruppe Francolini aus bequem erreichen kann. Ein weiteres österreichisches Werk war geplant und auch im Bau begriffen, jedoch bei Kriegsausbruch nicht fertig geworden: Valmorbia. Es hätte die Vallarsa sperren und damit die Kette zwischen Brentafluß und Etsch schließen sollen.

Der Krieg gestaltete sich überhaupt ganz anders, als es sich Conrad von Hötzendorf im Jahre 1907 vorgestellt hatte. Ein – voraussichtlich siegreicher – Alleingang Österreichs mit Italien kam nicht zustande, Italien scherte – was nicht überraschte – aus dem Dreibund aus und wechselte bereits im Mai 1915 in das Lager der Entente, wofür ihm als Lohn unter anderem die Brennergrenze zugesagt wurde.

Zu dieser Zeit standen die deutschen und österreichisch-ungarischen Armeen schon seit Monaten in schweren und verlustreichen Kämpfen an der West- und an der Ostfront. Als Ende Mai 1915 die italienische Regierung der österreichisch-ungarischen Monarchie den Krieg erklärte, gab es an der schwerstbedrohten österreichischen Südgrenze nur ungefähr 200 000 Verteidiger mit 160 vorwiegend alten Geschützen aus den Jahren 1861 und 1875. Und diese »Armee«, bestehend aus 28 Marschbataillonen, 74 Landsturmbataillonen und 60 Tiroler Standschützenkompanien, war alles, was das k.u.k. Oberkommando dem neuen (eigentlich alten) Feind fürs erste entgegenstellen konnte. Wie froh war man da über die modernen Festungswerke auf der Hochfläche von Lavarone und Folgaria mit ihren immerhin fast 10 Kilometer weit tragenden 10-cm-Turmhaubitzen, dem damals modernsten Panzergeschütz!

Natürlich gab es in Tirol auch noch andere Befestigungen. Die ältesten, Franzensfeste, Nauders und Gomagoi – sie sperrten die Brennerstraße, die Straßen über das Reschenscheideck und über das Stilfser Joch – stammten noch aus den Jahren 1835 und 1846, und die Mündungen ihrer Kanonen zeigten nicht nach Süden, sondern nach Norden, denn in den Jahrzehnten nach dem Wiener Kongreß witterte Metternich mehr Gefahr vom Norden als vom Süden. In den Jahren von 1875–1900 entstanden dann im Raum der Julischen, Karnischen, Tirolischen und Tridentinischen Alpen auf österreichischer Seite noch insgesamt 37 Festungswerke, die – bis auf die vier den Tonalepaß in Welschtirol sperrenden – zu Beginn des Krieges mit Italien total veraltet waren. Dennoch erfüllten die Besatzungen anfangs todesmutig ihre Aufgabe; auf einzelne dieser Werke gingen Tausende schwerer Granaten nieder, bis die örtlichen Abschnittskommandos die Erlaubnis erwirkten, die Werke aufzugeben und die Geschütze auszubauen, um sie im offenen Gelände günstig getarnt zu plazieren, wo sie noch lange nützlich wirken konnten.

Zum Verständnis der weiteren Betrachtungen ist es notwendig, darzulegen, wie die alte Grenze der österreichisch-ungarischen Monarchie verlief, soweit sie den sogenannten »Südwestlichen Kriegsschauplatz«, also die Front gegen Italien, betraf.

Wir halten uns an bekannte Gipfel und Talorte. Die Grenze begann an der Adria im Golf von Marano, ca. 35 Kilometer nordwestlich von Triest. Gegen Nord zu verlief sie nordwestlich von Aquileja und Cervignano, wenig östlich der Stadt Cividale, westlich von Karfreit (Caporetto) und dem Becken von Flitsch (Bovec). Westlich des Raibler Sees nahm die alte Grenze ihren Verlauf über den 2 752 Meter hohen Bramkofel/Col di Montasio und überquerte bei Pontebba das Kanaltal, um nach Westen längs des Karnischen Kammes über den Plöckenpaß bis zum Monte Paralba (2 694 Meter) zu ziehen. Dann wandte sich die altösterreichische Grenze den Dolomiten zu. Beginnend am Kreuzbergsattel, verlief sie über den Elferkofel, Zwölferkofel, die Drei Zinnen zum Monte Piana, überquerte das Val Popena zum Monte Cristallo (3 199 Meter), berührte die Straßengabel südlich des Misurinasees, um zuerst im Ansieeital ziehend, zum Sorapis abzubiegen. Das Ampezzotal wurde südlich Cortina bei der heute noch bestehenden Bahnstation »Dogana Vecchia« von der Grenze überquert. Sie führte dann über die Croda da Lago und den Nuvolau südlich und fast parallel zur »Großen Dolomitenstraße«; Selva di Cadore und Caprile waren Grenzorte. Sich weiter dem von Cordevole durchflossenen Buchensteintal zuwendend, bog die Grenze zum Fedaiapaß ab, zog über die Marmolata und, östlich des San-Pellegrino-Passes vorbei, zum Passo di Valles, um Richtung auf die Palagruppe nach Süden zu nehmen. Dort verlief sie südlich des Rollepasses über den Cimone della Pala (3 185 Meter) und die Croda Grande. Der Grenzverlauf entsprach in diesem Abschnitt den heutigen Grenzen der Provinzen Belluno und Trento. Südlich des Broconpasses führte die Grenze gegen das Brentatal, das westlich von Primolano überschritten wurde. Weiter südlich, parallel zum Val Sugana, zog sie über die Cima Dodici und östlich des Sattels von Vezzena auf das Asticotal zu. Südlich Lavarone verlief sie über den Monte Maggio, dann über den Borgolapaß zum Monte Pasubio, querte den Piano delle Fugazze und berührte den Campogrossopaß, um sich im Norden der Lessinischen Berge an das Etschtal heranzuschieben, das sie südlich Ala überquerte. Dann, über den Rücken des Monte Baldo (Monte Altissimo di Nago) verlaufend, erreichte die Grenze zwischen Torbole und Navene den Gardasee. Sie querte den See, zog über den Monte Guil, Passo di Nota und Tremalzopaß in Richtung Idrosee. Von dessen Nordspitze nahm die altösterreichische Grenze einen zielstrebigen Kurs nach Norden, zuerst östlich des Adamello zum Tonalepaß, dann über die Dreiherrenspitze und die Zufallspitze/Monte Cevedale zum Dreiländereck am Stilfser Joch.

Wer den gesamten Grenzverlauf betrachtet, wird daraus ersehen, daß der wichtigste Raum im Nordosten Italiens, die Ebene Venetiens und des Friauls von der Etsch bis zum Tagliamento, von Österreich wie mit einer gewaltigen Klammer umfaßt wurde. Daraus ergaben sich für die operativen Planungen des k.u.k. Generalstabes weitere Möglichkeiten, für den königlich-italienischen Generalstab aber geographisch bedingte Gefahren. Denn jede an der befestigten Tagliamentolinie aufmarschierende italienische Armee konnte von Kärnten her in der Flanke und von Tirol auch im Rücken bedroht werden. Sogar im Frühsommer 1915 war der italienische Oberbefehlshaber, Cadorna, trotz der militärischen Entblößung der österreichischen Grenze besorgt, daß sein gegen Laibach-Graz-Wien mit zehn Korps geplanter Vorstoß nicht von Kärnten und Tirol gefährdet werden könnte. Und diese Sorge wurde vermehrt durch

Kundschaftermeldungen, wonach im Drautal, aber auch im Etschtal, deutsche Truppen konzentriert seien. Wahr daran war, daß einige österreichische Formationen mit deutschen Helmen auffallende Demonstrationsfahrten in den genannten Tälern vornahmen und das Gerücht verbreiteten, dies seien Vorausabteilungen größerer deutscher Heereskörper. Man glaubte es in Österreich, weil man es glauben wollte, Cadorna nahm es als Wahrheit hin, weil er es von vornherein befürchtet hatte.

Die Kampfhandlungen im Ersten Weltkrieg

Cadorna war als Feldherr zögernd und zaudernd. Es brauchte lange, bis er einen Entschluß faßte, war es aber einmal so weit, so bestand er hartnäckig auf seiner Ausführung, was oft sehr viel Blut kostete. Ein Durchstoß durch Tirol von Verona aus erschien Cadorna zu schwierig zu sein, man begnügte sich damit, das kleine Grenzstädtchen Ala zu besetzen. Das Erreichen des Drautales von den Dolomiten oder vom Karnischen Kamm her (Plöckenpaß) war aussichtsreicher, die öffentliche Meinung in Italien forderte aber sofort einen Erfolg. Und wo lag er näher, als hinter dem Plateau von Doberdo: das »unerlöste Triest«! Nach vielem Hin und Her wurde es Mitte Juni 1915, als von seiten der Italiener zögernd Kampfhandlungen am Isonzo, an der karnischen Front, in Tirol und im Trentino begannen. Bis dahin wurde an der österreichischen Grenze, die in ihrem Verlauf durch schwache Gendarmerie- und Zollwache-Gruppen mit Landsturmassistenz geschützt war, nur geplänkelt und kanoniert, wobei die Sperrforts ihre Feuertaufe erhielten. Auf der Hochfläche von Lavarone und Folgaria bombardierten schwere italienische Geschütze die neuen, halbfertigen österreichischen Stützpunkte, die zum Teil noch eiligst ausgebaut wurden.

Mitte Juni 1915 wurden aber von der russischen und auch von der serbischen Front Truppen abgezogen und an die italienische Grenze geworfen. Die österreichischen Verteidiger richteten sich von den Karnischen Alpen bis zu den Gletschern des Ortlers soweit wie möglich auf eine elastische Verteidigung ein. Heimatlicher Boden wurde preisgegeben, wenn es aus taktischen Gründen notwendig war. Höhenstellungen, die weite Einsicht in das vom Feind besetzte Gebiet ermöglichten, wurden gleich besetzt und gehalten, oft länger als notwendig, was bisweilen große Blutopfer erforderte. Wir werden auf diese erbitterten Stellungskämpfe noch zurückkommen. So bildeten sich die Widerstandslinien an der karnischen und julischen Front auf den Grenzkämmen; am Isonzo und auf Doberdo kämpfte man um jede Handbreit Boden, weil es die Deckung von Triest erforderte.

In Tirol und im Trentino war für die Verteidiger die Bergwelt groß und weit, und nahezu jeder Kompanieführer hatte »seinen« Berg zu verteidigen. In Tirol bildete sich erst nach und nach ein System von Widerstandslinien aus, benannt nach den Gebirgszügen. Diese Front war nicht zusammenhängend, auch wechselte sie wiederholt ihren Verlauf. In der Technik der Ausnützung des gebirgigen Geländes hatten es die Truppen bald zu einer Meisterschaft gebracht. Auf beiden Seiten! Denn auch die Italiener leisteten Hervorragendes: die Alpini standen den Kaiserjägern und Kaiserschützen nicht nach.

Am Col di Lana befehligte der Alpinigeneral Rossi die besten Regimenter dieser italienischen Elitetruppe. Rossi war ein Nachkomme des italienischen Freiheitshelden Garibaldi, und er hatte es sich in den Kopf gesetzt, über den Col di Lana in das Gadertal und von dort in das Pustertal vorzustürmen. Der Gedanke war kühn und an sich ausführbar. Er führte zu blutigen Kämpfen, die in die Kriegsgeschichte Eingang gefunden haben. 106mal wurde der Gipfel des Col di Lana von den Italienern gestürmt, alle Angriffe aber abgewiesen. Der Vorstoß in das Pustertal gelang nie.

Über den Minenkammpf am Col di Lana gibt der Schriftsteller Fritz Weber, der den ganzen Krieg als Artillerieoffizier an der Front mitgemacht hat, in seinem Werk »Alpenkrieg« folgendes Bild: »Der Aufmarsch der Österreicher zur geplanten Offensive von Lavarone-Folgaria zieht von der Dolomitenfront Truppen ab. Die Italiener erkennen es und verdoppeln ihren Eifer, den Gipfel in die Hand zu bekommen. Die Natur kommt ih nen zu Hilfe. Es schneit so heftig, daß die österreichische Besatzung keine Maßnahmen gegen den längst erkannten Minenkrieg der Italiener treffen kann. Am 12. April 1916 ist der italienische Hauptstollen fertig; er ist 52 Meter lang, am oberen Ende durch einen U-förmigen Querstollen abgeschlossen. Er wird links und rechts zu einer Querkammer erweitert, dann erfolgt das Laden der Minen. In der Nacht vom 15. auf den 16. April schaffen die Italiener 5 000 Kilogramm Nitrogelatine in den Berg, 3 000 für die rechte, 2 000 für die linke Sprengkammer. Die Arbeit erfordert eiserne Nerven, am 17. April war die Mine sprengreif. Obwohl die Italiener sicher sein können, daß sich ihnen niemand entgegenstellt, gehen sie so vor, als ob sie den Berg im offenen Anlauf stürmen müßten. Zwei Bataillone Sturmtruppen warten in der gedeckten Galerie am Stolleneingang, 111 mittlere und 28 schwere Geschütze feuern seit 14 Tagen auf die Spitze des Col di Lana und sollen nach der Sprengung sofort ein neues Trommelfeuer niedergehen lassen... Mittlerweile hat die österreichische Besatzung die höchsten Qualen eines langsamen Todes zu erdulden. Sie besteht aus ungefähr 140 Mann der Tiroler Kaiserjäger sowie etwa aus 20 Artilleristen, die Beobachter sind und eine Gebirgskanone bedienen, ferner aus 60 Sappeuren, einer MG-Abteilung, alles in allem etwa 250 Menschen ...

Der letzte Tag des Col di Lana, der 17. April, beginnt mit einem Feuersturm. Plötzlich erstirbt das Feuer, es ist 9.00 Uhr abends, die Ruhe ist verdächtig. 11 Uhr 30 nachts: der Boden erschüttert, als schlüge von unten her ein riesiger Hammer gegen den Fels. Die Mine wurde gezündet! Statt des Gipfels gähnt ein riesiger Krater, die Hänge sind weitum mit Trümmern und Blöcken besät, die Kampfstellung ist zur Gänze verschwunden... Neues Trommelfeuer setzt ein... der Kampf um den Col di Lana ist zu Ende... Die Reste der am Leben gebliebenen Österreicher, keine 40 Mann, verlassen das Innere des unseligen Berges... Zwei Tage versuchen die Italiener, über den Siefgrat weiter nach Norden vorzustoßen. Vergeblich, sie haben nichts als ein Massengrab erobert. Auf beiden Seiten fielen im Laufe der Kämpfe um diesen einen Gipfel ungefähr 18 000 Menschen. Für alle Zeiten gähnt aber der Sprengtrichter gegen den Himmel als das Grabmal einer Heldenschar von Männern.«

Eine neue Bewährungsprobe begann für die Kaierjäger im Pasubiogebiet. Es gab bei den Kämpfen um den berühmten Pasubio zwei wesentliche Gebirgsstellungen der Gegner, um die lange und hart gekämpft wurde. Heute besuchen viele Touristen diese früheren Kampfzonen, die sich als »Österreichische Platte« und »Italienische Platte« gegenüberliegen und durch einen seichten Sattel, »Eselsrücken« genannt, verbunden sind. Die Italiener nannten diese beiden Abschnitte »Dente austriaco« und »Dente italiano«, den österreichischen und den italienischen Zahn.

Bei den anfänglichen Kämpfen standen sich zwei Gegner gegenüber, die sich in dieser Hochgebirgsfront feste und harte Ziele gesetzt hatten. Während die österreichisch-ungarische Heeresleitung, und hier die berühmten Kaiserjäger, die ganze Pasubiohochfläche in Besitz nehmen wollten, führten dagegen die Italiener eine aktive Verteidigung durch, um ihre Linien vorzuverlegen und der Verteidigung Rückhalt zu geben.

1914 befand sich die Anlage von Befestigungen mit dem Ausbau von Militärstraßen und Unterkünften in den ersten Anfängen. Erst nach den Kämpfen vom Oktober 1916 und einem Winter mit furchtbaren Schneestürmen und opfervollen Lawinenstürzen wurde der weitere Ausbau des Pasubioplateaus zur Festung veranlaßt, damit die Stellungen standhalten könnten. Erst

1917/18 wurden diese Arbeiten auf beiden Seiten so durchgeführt, daß der »Kaiserjägerberg«, wie der Pasubio auch in historischen Quellen genannt wird, als befestigtes Hochplateau bezeichnet werden kann, auf dem die berühmtesten Hochgebirgskämpfe des Ersten Weltkrieges stattfanden.

Ganz besonders waren diese Kampfhandlungen aber neben zahlreichen Stellungsgefechten und gegenseitigem Beschuß mit schweren Waffen durch eine einmalige »unterirdische Offensive« ab 1916 gekennzeichnet. Die Österreicher begannen mit ihren Mineuren und Ingenieuren bereits 1916, einen Stollen unterhalb des »Eselsrückens« unter die italienischen Stellungen zu treiben. Diese Aktivitäten wurden durch den italienischen Horchdienst entdeckt, und es wurden gleiche Gegenmaßnahmen von italienischer Seite angeordnet. So entstand hier ein »unterirdischer Stollenkrieg« mit einer Reihe von Sprengungen bestimmter Stellungen der Gegner.

Am 29. September 1917 erfolgte die erste österreichische Sprengung, die drei Tage später mit einer italienischen beantwortet wurde. Eine weitere Sprengung war von beiden Seiten für den 13. März 1918 angesetzt, von den Österreichern um 4.30 Uhr früh, von den Italienern um 8.00 Uhr, so daß eine Zeitspanne von dreieinhalb Stunden in diesem Gebiet zu einem entscheidenden Kampfereignis wurde. Die Vorbereitungen der Österreicher für eine letzte Sprengung aus dem weit unter das italienische Plateau vorgetragenen »Elison-Hauptstollen« liefen planmäßig ab, und es gelang, die Italiener auch bei anderen Nebenstollen so zu täuschen, daß alle Gegenmaßnahmen nicht mehr wirksam werden konnten. Zur angesetzten Zeit um 4.30 Uhr früh wurde eine große Menge Sprengstoff zur Entzündung gebracht, und mit gewaltigem Donnern und mit Stichflammen brach eine Hälfte des italienischen Plateaus zusammen und machte den Gegner für lange Zeit kampfunfähig. Selbst diese große Zerstörung vom 13. März 1918 konnte dem Kampf in den Bergen keine entscheidende Wendung bringen. Der erhoffte Durchbruch in die Venezianische Ebene blieb den Österreichern versagt. Die berühmte »Pasubiohöhe« wurde erst nach dem Waffenstillstand 1918 von den Kaiserjägern geräumt, und ein Denkmal ehrenhafter militärischer Taten der beidseitigen Gebirgstruppen blieb hier zurück.

Es befindet sich in diesem Alpengebiet südlich und östlich des Pasubio ein Netz von Touristenstraßen mit einem reizvollen Blick auf das Voralpengebiet und bei guter Sicht in die Ebene bis nach Venedig und die Adriaküste. 1943/44 wurden diese Straßen aus dem Ersten Weltkrieg von deutscher Seite teilweise wieder als strategische Auffangstraßen für die Südfront ausgebaut und in die geplante »Alpenfestung« einbezogen. Sie sind heute noch befahrbar.

An anderen Teilen der Alpenfront kam es im Ersten Weltkrieg zu kleineren Kampfhandlungen bei denen Minen eingesetzt wurden. Von diesen verdient lediglich die Sprengung am Kleinen Lagazuoi im Januar 1917 Erwähnung. Dabei wurden von österreichischen Sappeuren in 2 550 Meter Höhe 4 000 Kilogramm Sprengstoff verwendet, um 13 000 Kubikmeter hängenden Fels auszubrechen. Die damit zerstörte westliche Felsbandstellung am Kleinen Lagazuoi oberhalb des Falzaregopasses konnte von den Italienern nicht wiederhergestellt werden; obwohl sie am 20. Juni 1917 eine Vorkuppe mit 33 000 Kilogramm Sprengstoff zerstörten, und 240 Österreicher hier den Tod fanden. Die Italiener bezogen eine neue Stellung auf dem östlichen Felsband des Lagazuoi. Eine österreichische Mine zerschmetterte sie am 16. September 1917. Im darauffolgenden Oktober brach das Ringen um den Lagazuoi plötzlich ab. Die deutsch-österreichische Offensive von Flitsch-Tolmein wirkte sich aus und zwang die Italiener zum raschen Rückzug. Ein zweieinhalb Jahre lang geführter Minenkampf von unerhörter Härte um diesen einen Stützpunkt fand auch hier, ohne ein meßbares Ergebnis gebracht zu haben, sein Ende. Auch der Gipfel des Monte Cimone wurde von den Österreichern in die Luft gesprengt, um den Krater wurde aber weitergekämpft.

An unzähligen Stellen wurden an der Gebirgsfront Kavernen in den Felsen gebohrt und gesprengt, um schußsichere Deckungen für Mann, Munition und Material zu gewinnen. Ganze Kavernengruppen, aber auch Grabenstellungen sind noch heute nach 80 Jahren im ehemaligen Kampfgebiet der Dolomiten und auch anderswo erhalten und als solche gut zu erkennen. Vielfach waren die Eingänge in die Kavernen nur mit Leitern zu erreichen. Manches militärische Ausrüstungsstück blieb in diesen Kavernen zurück und ging als »Kriegsandenken« durch schwunghaften Handel bis in ferne Länder.

In den Kämpfen an der Dolomitenfront stand dem österreichischen Verteidiger zeitweise eine deutsche Eliteformation, das Deutsche Alpenkorps, zur Seite. Leider erfolgte dieser Einsatz nur in den Sommermonaten 1915 und auch da nur unter der Einschränkung, daß italienischer Boden nicht betreten werden dürfe, weil das kaiserliche Deutschland und das königliche Italien sich damals noch im Friedenszustand befanden. Die Kriegserklärung erfolgte erst 1916. Die deutsch-österreichische Waffenbrüderschaft war hervorragend, und sie verbürgte das verläßliche Halten wichtiger Dolomitenstellungen. Der Korpsführer, General Krafft von Delmensingen, hatte im Mai 1915 Gelegenheit, sich die Tiroler Standschützen aus Innsbruck anzusehen. Dem erfahrenen Soldaten fiel sofort auf, daß unter den Ausziehenden 15- und 16jährige Jungen, aber auch

70jährige Greise waren. Er fragte, wie das möglich sei und erhielt vom österreichischen General Koennen-Horak die Auskunft: »Die Tiroler Wehrverfassung bestimmt es so!«

Zweimal setzten die Verteidiger der Südwestfront zu größeren Angriffen an: im Mai 1916 aus dem Aufmarschraum Folgaria-Lavarone und den ihn umgebenden Tälern und im Oktober 1917 aus dem Karst bei Flitsch-Tolmein. Im Frühjahr 1916 wurden die besten Edelweißtruppen, über die die österreichisch-ungarische Monarchie verfügte, zum Großangriff angesetzt. Unterstützt von schwerer und schwerster Artillerie, rollte der Angriff lawinenartig ab: Über 300 italienische Geschütze und 45 000 Gefangene waren das Ergebnis der ersten Angriffswochen. An die 20 italienischen Sperrforts und Panzerwerke lagen zertrümmert im Rücken des Angreifers, bis sich am Ende der vierten Woche entsetzliche Gerüchte bestätigten: die österreichische Offensive muß eingestellt werden, weil in Rußland die Brussilow-Offensive die deutsch-österreichische Front durchbrochen hatte und vom Süden Hilfe heranrollen mußte. Der Krieg an der Tiroler Front erstarrte nun auch im Abschnitt der Sieben Gemeinden in zum Teil neuen Stellungen, um die ebenso erbittert gekämpft wurde wie eh und je auf diesem Kriegsschauplatz. Eine neue »Menschenmühle« entstand: die Widerstandslinie zwischen Brenta und Etsch mit dem Pasubio als Brennpunkt, der ganze Divisionen an sich zog und ein Bataillon nach dem anderen zermalmte.

Bis mindestens an die Etsch hätte die große Offensive vom Oktober 1917 fortgeführt werden müssen, um die auf den Höhen zwischen Brenta und Etsch erstarrte österreichische Gebirgsfront mobil zu machen. Aus eigener Kraft vermochten diese geschwächten und schlecht ausgerüsteten Truppen relativ kurzen Vorstoß in die Ebene nicht mehr auszuführen. Das geplante Zusammenwirken der Großoffensive vom Isonzo aus und der kleinen Offensive vom Trentino aus kam nicht mehr zustande, schon gar nicht bei den im Jahre 1918 von den Österreichern allein geführten Angriffen. In seinen Erinnerungswerken kritisierte Conrad von Hötzendorf scharf das Durcheinander der Befehlsgebung im k.u.k. Armeeoberkommando.

Eine ausgeprägte Hochgebirgsfront des Ersten Weltkrieges hatte sich im Ortlergebiet entwickelt. Ihre Grundlagen waren fast durchweg Fels, Schnee und ewiges Eis, und in diesen Elementen vollzog sich nicht nur das tägliche harte Leben der Soldaten, sondern sie bildeten auch den Schauplatz der Kämpfe, die gleichzeitig militärische als auch bergsteigerische Großtaten erforderten. Schon einzelne Bergnamen und Höhen jenes

Frontgebietes lassen dies erkennen: Dreisprachenspitze (2 843 Meter), Stilfser Joch (2 760 Meter), Monte Scorluzzo (3 094 Meter), Naglerspitzen (3 259 Meter), Geisterspitze (3 476 Meter), Kristallspitzen (3 480 Meter), Madatschpaß (3 340 Meter) Trafoier Eiswand (3 553 Meter), Ortlervorgipfel (3 860 Meter), Ortlerspitze (3 904 Meter), Königsspitze (3 857 Meter), Cevedalepaß (3 267 Meter), Monte Cevedale (3 774 Meter).

Von Oktober bis Juli war in diesen Regionen der Nachschub nur durch motorisierte Seilbahnen und Verteilungsaufzüge möglich, denn der Winter in diesem zum Großteil vergletscherten Hochgebirge hat an Härte in Europa nicht viel seinesgleichen. Da hausten die Truppen in Eisstollen, Schneelöchern und Felskavernen, und wenn sie einen gezimmerten Unterstand hatten, so klebte dieser in den eisgepanzerten Felswänden, und der Zugang war von den feindlichen Geschossen und von den Tücken der Natur gefährdet.

Um die Härte des Kampfes zu schildern, möchten wir nur zwei wichtige militärische Ereignisse an diesem Frontabschnitt herausgreifen: Erstens die Eroberung der Hohen Schneid (3 341 Meter) am 17. März 1917 durch die Österreicher, die aber die Erstürmung des Monte Scorluzzo, des Madatschjoches samt Hinterem Madatsch und der Tukettspitze und des feindlichen Artilleriebeobachtungspostens auf dem Gipfel der Trafoier Eiswand zur Voraussetzung hatte. Ferner erwähnen wir die Erstürmung des Gletschergipfels Punta San Matteo (3 692 Meter) am 3. November 1917.

Die Kämpfe auf diesen infernalen Schaupätzen spielten sich in schwindelerregenden Felswänden, auf Gletscherfeldern, um Eisstollen und Kavernen ab. Auf österreichischer Seite waren daran in hervorragendem Maße Kaiserschützen, spezielle Hochgebirgskompanien und Bergführerpatrouillen beteiligt; und natürlich die Kaiserjäger. Selbstverständlich hatten auch die Italiener ihre besten Gebirgstruppen eingesetzt. So kam es, daß manche Stellung des öfteren ihren Besitzer wechselte, denn taktische Erfordernisse – oft auch soldatischer Ehrgeiz – trieben die Beteiligten immer wieder dazu, den und jeden markanten und wichtigen Punkt in die Hand zu bekommen.

Während im Zweiten Weltkrieg die Luftwaffe die wirkungsvollste Teilstreitkraft war, war es im Ersten Weltkrieg die Truppengattung Artillerie; was sie im Gebirgskrieg leistete, war einzigartig in der Kriegsgeschichte. Zu Beginn der Kämpfe an der Südwestfront verfügte der Verteidiger allerdings nur über wenige, total veraltete Geschütze. In einem Gebirgskrieg vervielfacht sich die Zahl der artilleristischen Aufgaben, und schwere Waffen hatte die Infanterie während des Ersten Weltkrieges noch nicht; erst in den letzten Kriegsjahren verwendete man in steigender Zahl Minen- und Flammenwerfer. So wollte jede Gipfelstellung ihr Gebirgsgeschütz, hüben und drüben. Die Italiener verstanden es ganz meisterhaft, in Felskammern Gebirgsgeschütze so einzubauen, daß man ihnen kaum beikommen konnte. Auch die österreichischen Gebirgs- und leichten Feldkanonen wurden in mühsamsten Transport in beherrschende Höhenstellungen gebracht, so im Ortlergebiet, auf der Presanella, am Monte Paralba, um nur die höchsten in rund 3 700 Metern (!) gelegenen österreichischen Artilleriestellungen zu nennen. Es gab keinen Abschnitt an der ganzen Gebirgsfront, der nicht solche Positionsbatterien in Höhen von über 2 000 Metern hatte. Auch schwere Mörser und Langrohrgeschütze wurden in den höchstmöglichen Stellungen plaziert, was große technische Vorbereitungen und vor allem Wege- und Straßenbauten erforderte.

Österreichische Artillerie-Generale, die im Ersten Weltkrieg bekannt und berühmt wurden, wandten sich schon vor dem Krieg gegen die hohen, für die permanenten Befestigungen verwendeten Ausgaben und schlugen vor, statt ihrer ein taktisches Straßensystem zu errichten, das der mobilen Artillerie einen raschen Einsatz ermöglichen sollte, besonders den schweren motorisierten Steilfeuergeschützen. Eine Generalskonferenz im Mai 1908 lehnte die Forderung mangels Mitteln ab; war man doch froh, die erforderlichen Millionen für die Panzerwerke von den österreichisch-ungarischen Delegationen bewilligt zu erhalten. So unterblieb vor 1914 ein militärischer Straßenbau am südwestlichen Kriegsschauplatz.

Hunderttausende Landsturmarbeiter und auch russische und serbische Kriegsgefangene wurden schon vor dem Eintritt Italiens in den Krieg für militärische Wegebauten, besonders im tirolischen und tridentinischen Grenzgebiet, eingesetzt. Als im Herbst 1943 die Organisation Todt den Auftrag erhielt, den Südrand der »Alpenfestung Tirol« zu befestigen, erübrigten sich neue Wegebauten zu den vorgesehenen Stützpunkten des »Alpenwalles«, weil sie im Ersten Weltkrieg bereits angelegt waren. So beschränkte sich der Wegebau auf die Instandsetzung halb verfallener Kriegsstraßen im Pasubiogebiet, in den Sieben Gemeinden und am Gardasee. Einer im österreichischen Kriegsarchiv aufbewahrten Aufstellung über »Wege- und Straßenbauten in Südtirol« (zu dem damals das Trentino gehörte) ist zu entnehmen, daß für militärische Zwecke ab September 1914 an folgenden Straßen verschiedene Arbeitseinsätze erfolgten: Sellajoch, Grödnerjoch, Eggental (Karerpaßstraße), Kreuzbergsattel, Pordoijoch, Falzaregopaß, Rollepaß, Gadertal (Ladinienstraße), Tre-Coce-Paß, Ponalestraße, Molvenostraße (Andalosattel). Campolongopaß,

Toblinostraße (Sarcatal), Brentatalstraße (Valsugana) und noch an 46 anderen Stellen. Hinzu kommen noch die sogenannten taktischen Wegbauten, die die Abschnittskommandos später in ihrem Befehlsbereich mit eigenen Kräften ausführten. Auch Kampftruppen standen im Wegbau unmittelbar hinter den Stellungen, und wenn ein schwieriger Geschütztransport auszuführen war, wurden eigene Armierungswegbaukommandos, versehen mit allen technischen Hilfsmitteln, gebildet. So entstand im Laufe vieler Monate in Millionen Arbeitsschichten im ganzen Gebiet ein weitverzweigtes Wege- und Straßennetz, das heute den Autotourismus ermöglicht.

An die schweren Kämpfe erinnern im ganzen rund 7 500 Quadratkilometer umfassendes Kriegsgebiet von einst noch 210 vom Schwarzen Kreuz evident gehaltene und von der beiderseitigen Kriegsgräberfürsorge betreute Kriegsfriedhöfe und Ossarien. Die Gegner von einst fanden sich in der Nachkriegszeit wiederholt zu würdigen Gedenkfeiern auf diesen wahrlich blutgetränkten Kampfstätten zusammen. Auf diesen Friedhöfen ruhen zum Teil auch die Opfer vieler Naturkatastrophen, denen die Kämpfer von hüben und drüben besonders in den Wintermonaten ausgesetzt waren. Ein Lawinensturz von der Ostwand der Marmolata am 14. Dezember 1916 forderte allein unter den Österreichern 80 Tote, 140 Verwundete und 170 Vermißte. Man muß daran erinnnern, daß Österreicher und Italiener planmäßig Lawinen mit Geschützen losgeschossen haben und beide Teile es darin zu einer großen Fertigkeit brachten. Das war geradezu ein »Wintersport« an der Front. So brachten die Wintermonate, obwohl die Kampftätigkeit eingeschränkt war, den Frontkämpfern mehr Verluste als die Sommermonate. Auch unzählige Träger- und Arbeiterkolonnen wurden während des Krieges unter den Lawinen begraben.

80 Jahre sind seit diesem blutigen Gebirgskrieg vergangen. Den Soldaten der österreichisch-ungarischen Monarchie war es nicht vergönnt, sich am Ende Sieger zu nennen. Die Front zerbrach von selbst, als die nicht deutschen Regimenter der k.u.k. Armee ihre Stellungen verließen, weil sie von ihren selbständig gewordenen Nationalräten abberufen wurden.

Das heutige Tirol nördlich des Hauptkammes der Zillertaler, Tuxer, Stubaier und Ötztaler Alpen blieb mit 430 000 Einwohnern und ca. der Hälfte des vor 1914 ungeteilten Landes Tirol bei Österreich. Lange lastete diese Zerstückelung auf den Herzen der heimattreuen Tiroler. Die Nachfahren mußten erst lernen, innerhalb der neuen Grenzen zu leben. Ein vereintes Europa soll das erstrebenswerte und langersehnte Ziel sein, zu dem der Tourismus eine wichtige Brücke bauen kann.

IV. Die Alpen

In der ersten Hälfte des 19. Jahrhunderts spielte die Befestigungsfrage im Bereich der Alpen nur eine geringe Rolle. Erst nach dem Feldzug von 1859, der den Verlust der Lombardei zur Folge hatte, noch mehr aber, als 1866 Venetien von der Donau-Monarchie abgetrennt worden war, gewannen die Alpeneingänge gegenüber Italien sprunghaft an Bedeutung. Bis dahin erschienen die Alpen durch den mit zahlreichen festen Plätzen versehenen oberitalienischen Landbesitz, wobei nach 1848/49 das Festungsviereck Verona, Mantua, Legnano und Peschiera zeitgemäß ausgebaut wurde, ausreichend gesichert.

Allerdings hatte bereits Erzherzog Johann 1820 den Ausbau von Trient und Brixen als rückwärtige Operationsbasis gefordert. Da aber vor 1866 dazu keine zwingende Notwendigkeit bestand, wurde diesem Vorhaben vorläufig nicht näher getreten.

Man beschränkte sich darauf, zur Sicherung des Brenners und der Verbindung ins Pustertal die Franzensfeste (1835–38) als Teil einer geplanten Befestigung des Zentralraumes um Brixen (auch mit Front gegen Norden) sowie zur Abriegelung des oberen Inntales gegen die Schweiz, die Sperren Nauders (1834/35), ebenfalls mit Front gegen Nord und Süd, zu errichten.

Aufgrund der im Jahre 1850 von der Zentralbefestigungskommission gestellten Anträge, wurde die Befestigung des Süd-Westraumes Tirols begonnen. So wurden Stilfser Joch, Paß Tonale sowie das Judicarien-Tal mit Sperren versehen.

Der bereits 1860 begonnene Ausbau Trients zur Festung wurde in den Jahren 1880 bis 1884 weitergeführt. In dieser Zeit entstand der Hauptteil des Gürtels in einer sehr sparsamen Bauweise, auch Trientiner Stil genannt. Die räumlich sehr beengte Lagerfestung Trient war als zentraler Punkt für die Verteidigung Südtirols vorgesehen.

Von der Mitte der achtziger bis Ende der neunziger Jahre erfolgte der weitere Ausbau der Befestigungen gegenüber Italien, welche praktisch ganz Südtirol mit einem Sperrgürtel umgaben.

Diese Bauperiode wurde nach dem damaligen Präsidenten des technischen und administrativen Militärkomitees als die »Periode FML Vogl« bezeichnet.

In Kärnten wurden die 1809 heldenmutig verteidigten Blockhäuser von Malborgeth aufgrund der Anträge von FZM Hess in den fünfziger Jahren als »Fort Hensel« neu errichtet und bis in die neunziger Jahre hinein als ein großartig angelegtes Panzerwerk modernisiert und ergänzt. Er sperrte das als Haupteinbruchsweg nach Kärnten anzusehende Canal-Tal.

Die alte Straßensperre Predil wurde in den dreißiger Jahren als ein hoch aufgezogenes, mehrstöckiges zur Gewehr- und Geschützverteidigung eingerichtetes Werk neu erbaut. Es hatte die Aufgabe, die Wege aus dem Isonzotal über den Predilsattel nach Tarvis zu sperren und damit eine Umgehung von Malborgeth zu verhindern.
Dieses nunmehr veraltete Werk wurde in den achtziger Jahren durch die Seebachtal-Sperre, eine Panzerbatterie am Raibler See sowie Ende der neunziger Jahre durch eine zweite am Predilsattel mit Wirkung in das Roccolanaltal ergänzt.
Mit der Sperre Flitsch, die aus einer Straßensperre aus den achtziger Jahren bestand und dem Fort Hermann, ein Ende der neunziger Jahre vollendetes Panzerwerk, wurde das obere Isonzotal abgesichert.
Flitsch bildete damit das äußerste Glied der Sperrkette gegen Italien.

Von diesem Punkt, längs des Isonzo, bis zum Meer, waren keinerlei weitere Befestigungen errichtet worden, da man grundsätzlich daran dachte, von hier aus offensiv gegen Italien vorzugehen.

Die Befestigungen der Alpeneingänge sollten hierbei als Flankensicherung dienen. Lediglich aus dem Raum von Trient sollte mit schwächeren Heeresteilen, in südöstlicher Richtung, zur Unterstützung der Hauptoffensive am Isonzo, in die Ebene vorgestoßen werden.

Knapp nach der Jahrhundertwende trat ein gewisser Stillstand des Befestigungsbaues im Alpenbereich ein. Erst mit der Übernahme des Amtes des Generalstabschefs durch Franz Conrad v. Hötzendorf wurde der Ausbau der Befestigungen wieder weiter vorangetrieben. Er plante, die inzwischen überalterten Festungen den Erfordernissen entsprechend zu erneuern oder überhaupt durch Neubauten zu ersetzen sowie die noch zu schaffenden Anlagen derart zu gestalten, daß sie die aus Südtirol zu führende Offensive optimal unterstützen könnten.
Aus diesem Grunde wurden alle Festungen, welche von 1907 bis zum Ausbruch des Krieges errichtet wurden, ausschließlich im Bereich des Südzipfels Tirols und möglichst nahe der Grenze erbaut.
Der operativen Zielsetzung Conrads v. Hötzendorf gemäß wurden sie vorwiegend als Offensivsperren gestaltet.

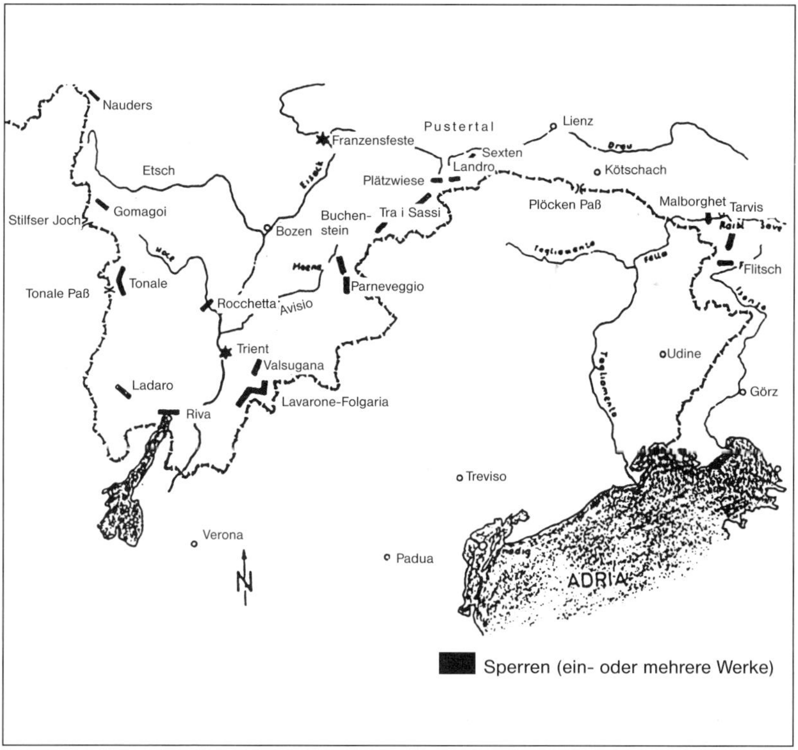

Die Alpengrenze

Geschichtlicher Abriß des Gebietes um Lavarone

Die geschichtlichen Anfänge der Hochebene von Lavarone verlieren sich im Dunkel der Vergangenheit. Man vermutet, daß dieser Teil des Trentino schon in vorgeschichtlicher Zeit durch einen Weg mit dem Gebiet des Vicentino verbunden war. Einige Gelehrte sind der Ansicht, daß sich im Ortsteil Chiesa und am Monte Rust frühe Siedlungen befunden haben. Bei jüngsten Ausgrabungen sind im Gebiet von Lusern Spuren von Schmelzöfen mit Keramiken aus der Eisenzeit nachgewiesen worden. Außerdem wurden zahlreiche Münzen aus der Römerzeit gefunden. Lavarone wird im Jahr 1184 erstmals urkundlich erwähnt. Schon damals wird es als altes Lehen der Kirche von Trient bezeichnet, mit dem der Bischof Konrad von Beseno die Herren von Caldonazzo belehnt hatte. Aus den Dokumenten geht hervor, daß die Bewohner dieser Gegend »Kohle erzeugten und Holz fällten«, und daß sie dem Bischof von Trient Pachtgeld zu entrichten hatten. Schon damals wanderten deutschsprachige Siedler als Bergknappen ein, und eben diese Bergwerkstätigkeit führte zu intensiven Handelsbeziehungen mit den anderen Bergbaugebieten des oberen Suganatals. Doch das Gebiet scheint noch nicht dicht besiedelt gewesen zu sein; denn in den kirchlichen Archiven findet sich noch keine Erwähnung.

Von erheblicher Bedeutung war eine Veränderung, die gegen Ende des 15. Jahrhunderts eintrat. Die Bevölkerung, die bisher rechtlich vom Bischof von Trient – als Vertreter der deutschen Herren und später der Habsburger – abhing, kam auf eigenen Wunsch unter die Herrschaft der Republik Venedig (1487). Gleichzeitig erhielten die Bewohner von Lavarone vom Bischof von Feltre die Erlaubnis, eine Kirche zu errichten und sie von der Pfarrei Calceranica abzutrennen. Diese Kirche ersetzte die alte Florianskapelle im Pilgerhospiz von Chiesa, das an der Straße von Trient-Vicenza lag. Doch die venetische Herrschaft war nur von kurzer Dauer: Schon während des Krieges, der auf die Liga von Cambrai folgte, mußte Venedig auf dieses Gebiet verzichten (1508). Nach langen Streitigkeiten kehrte es im Jahr 1535 zum Fürstbistum Trient zurück, wobei es der Gerichtsbarkeit der Grafen Trapp aus Caldonazzo unterstellt wurde. Aus Urkunden im Gemeindearchiv von Lavarone geht hervor, daß sich die Bevölkerung zu einer freien Generalgemeinde zusammengeschlossen hatte. An ihrer Spitze standen der Herrscher und sein in Caldonazzo residierender Hauptmann; es folgten dann zwei Bürgermeister und zwölf von der gesamten Einwohnerschaft gewählte Geschworene. Im Jahr 1278 wird die Kirche St. Florian von Lavarone in der Diözese Feltre erwähnt. Ursprünglich Kuratie der Pfarrkirche von Calceranica, wurde sie 1667 zur Pfarrei erhoben. Sie hing bis 1785 von der Diözese Feltre ab und kam dann zur Diözese Trient. Lavarone und Lusern bildeten eine zeitlang (70 Jahre) eine Gemeinschaft, aber 1780 trennten sie sich erneut und bildeten zwei unabhängige Gemeinden. In eben diesem Jahr wird erstmals die »Gemeinschaft Lavarone« mit verschiedenen Ortsteilen erwähnt: mit der Pfarrkirche und der neuen Kirche (Kapelle). Im Jahr 1748 lebten in dieser Gemeinde 171 Familien, woraus man auf eine Bevölkerung von 800–900 Personen schließen kann.

Aufgrund seiner strategisch günstigen Lage wurde Lavarone zwischen 1908 und 1914 in ein Bollwerk verwandelt, um das sich ein mächtiger Festungsring zog. Während des Ersten Weltkrieges bildete es daher einen der Hauptstützpunkte zur Verteidigung des südöstlichen Trentinos und zum Angriff auf die venetische Ebene. Vom Gebiet von Lavarone gingen die drei berühmten Offensiven der Österreicher im Frühjahr 1915, im Herbst 1917 und im Frühjahr 1918 aus. Die Bevölkerung war hauptsächlich nach Braunau in Oberösterreich evakuiert worden.

Die Bevölkerung lebte überwiegend von Viehzucht und Baugewerbe. Die Bewohner von Lavarone waren als tüchtige Arbeiter bei der Anlage von Straßen, der Eindämmung von Flüssen und bei der Bearbeitung von Steinen ganz allgemein bekannt.
Schon im vorigen Jahrhundert wurde Lavarone zum Ziel der Touristen, und zu Beginn unseres Jahrhunderts entstanden die ersten großen Hotels, die von Angehörigen des habsburgischen Kaiserhauses und vom österreichischen Adel besucht wurden. Zu den berühmtesten Gästen dieser Zeit gehört auch Sigmund Freud.

Sehenswürdigkeiten

Fort Belvedere

Einen Kilometer vom Platz von Cappella entfernt gelegen, ist es mit dem Auto zu erreichen. Hier sind gut erhaltene Überreste des von den Österreichern zwischen 1907 und 1914 errichteten Forts zu besichtigen. Im Inneren befindet sich ein kleines Museum mit Erinnerungsgegenständen und einer umfangreichen fotografischen Dokumentation zum Ersten Weltkrieg.

Das Fort Belvedere war ein sehr wichtiger Stützpunkt der befestigten Linie, die das österreichisch-ungarische Kaiserreich im Hinblick auf einen möglichen Krieg mit Italien angelegt hatte. Vom Fort aus, das sich auf einem Felsen über der Valdastico erhebt, sind mehrere andere Festungen sichtbar, mit denen es durch optische Signale in Verbindung stand. Von hier ging die Strafexpedition aus, die das österreichische Heer im Jahr 1916 unternahm. Eine Besichtigung des Forts vermittelt einen Eindruck vom Typ dieser Festungsanlagen, die so errichtet waren, daß sie den größten Bomben jener Zeit wiederstehen und über einen langen Zeitraum völlig autonom leben konnten. Das Fort war mit drei hunderter Haubitzen und 22 Maschinengewehren ausgestattet. Im Erdgeschoß befanden sich die Räume für die Gefallenen, die Stellungen der Geschütze, die Stromzentrale, die Küche mit dem Backofen und die Mensa. In den oberen Stockwerken lagen die Kommandoräume, die Meldestellen und die Schlafräume.

Österreichisch-Ungarischer Beobachtungsstand

Der Gipfel des Monte Rust (1282 Meter) bietet einen ausgezeichneten Blick auf die gesamte Hochebene, die Adamellogruppe und die Brenta. Die Österreicher hatten hier einen militärischen Beobachtungsstand errichtet, von dem aus sie das gesamte Gebiet kontrollieren und optische Signale an die anderen Festungen weitergeben konnten. Hier war ein Apparat eingebaut, der die optischen Signale von allen Forts empfangen und weitergeben konnte.

Ehemaliges österreichisch-ungarisches Kommando
Von Chiesa in Richtung Carbonare, kurz vor dem Ortsteil Virti zweigt rechts eine Militärstraße ab, die zum Sitz des ehemaligen österreichisch-ungarischen Kommandos führt, von dem aus Generalfeldmarschall Franz Conrad von Hötzendorf die Kampfhandlungen während des Ersten Weltkrieges an dieser Front koordinierte. Links von der Straße dehnt sich ein rechteckiges, in den Felsen geschlagenes Plateau aus; hier stand die Baracke mit dem »Kaiserzimmer«, in dem sich der österreichische Thronfolger Karl von Habsburg aufgehalten haben soll. Jetzt sind nur noch die Grundmauern sichtbar. Seitlich davon befinden sich die Eingänge zu mehreren im Fels gelegenen Räumen, in denen u.a. die Telefon- und die Stromzentrale untergebracht waren.

Soldatenfriedhof
Der Friedhof liegt in der Nähe des Ortsteils Slaghenaufi (1 280 Meter) auf einem kleinen Plateau am Waldrand. Hier wurden 750 Soldaten der österreichisch-ungarischen Armee begraben. In der Nähe befand sich ein Feldlazarett, das vermutlich vom Malteserorden betreut wurde. Etwas höher liegt noch eine ganz aus Holz erbaute, für diese Zeit charakteristische Kapelle.

Höhlenburg von Rio Malo
In der Nähe des Ortsteils Piccoli trifft man, wenn man der schmalen Straße am Fuß der Felswand folgt, auf eine interessante Höhle: auf den sogenannten »Covelo del Rio Malo«, eine Art Höhlenburg, wie man sie im Trentino des öfteren vorfindet. Von den rund ein Dutzend Anlagen dieser Art, die in ganz Europa bekannt sind, befinden sich allein fünf im Trentino. Es handelt sich um alte, schwer zugängliche Befestigungsanlagen, die in natürlichen Höhlen mit oft senkrechten Felswänden errichtet worden sind. Diese Höhlenburg, die nur mit einer Leiter zugänglich ist, liegt etwa zehn Meter oberhalb der Straße. Sie besteht aus zwei großen, etwa 30 Meter langen, miteinander verbundenen Räumen. Die Anlage hatte eine gewisse militärische Bedeutung, und hier wurde auch Zoll erhoben. Im Mittelalter gehörte sie den Bischöfen von Trient, die die Trentiner Familie Belenzani damit belehnt hatten. Von dieser Höhle aus konnte die Straße zwischen Brancafora (Valdastico) und Lavarone gut kontrolliert werden.

In Piccoli
Eine interessante Rundkirche, die sich auf einem mächtigen Felsblock erhebt. Die steinerne Freitreppe führt zum Portikus. Im Inneren befindet sich ein gutes Gemälde aus dem 19. Jahrhundert, das die Jungfrau von Salette darstellt, der die Kirche geweiht ist. Unterhalb von Piccoli befin-

det sich der Ortsteil »Tre vescovi« (Drei Bischöfe), den schon Caldogno, ein Inspektor der venezianischen Republik, erwähnt: »Man sieht hier an der Straße drei mächtige Steine, die im Volksmund »Drei Bischöfe« genannt werden, weil hier von Osten die Diözese Padua (Brancafora), von Norden die Diözese Feltre (Calceranica und Lavarone) und von Westen Diözese Trient (Folgaria) aufeinandertreffen.

Der See
In einer Höhe von 1114 Metern dehnt er sich in einer reizvollen Talsenke aus, die ganz in Grün getaucht ist. Es handelt sich um einen Karstsee, der 350 Meter lang, 225 Meter breit und 16 Meter tief ist. Er wird von mehreren, meist an der Erdoberfläche entspringenden Quellen gespeist. Sein Abfluß versickert nach rund hundert Metern in der Erde, um am rechten Rand des Tals von Centa, wo er den Wasserfall von Valsempach bildet, wieder zutage zu treten. Die vielen Baumstämme, die auf dem Grund des Sees sichtbar sind, haben zu einer Sage von zwei Brüdern Anlaß gegeben, die um den Besitz eines Waldes stritten. Zur Strafe hat Gott den Wald in einen See verwandelt. Untersuchungen mit der Radiokarbonmethode haben ergeben, daß der See vor etwa 2170 Jahren entstanden ist. In jüngster Zeit haben Taucher auf dem Grund ein hölzernes Boot entdeckt, das aus dem Mittelalter stammt.

Die Geschichte Südtirols

Erste Siedlungsspuren in Südtirol weisen in die Zeit um 2000 v. Chr. Sie liegen in den sogenannten Steinkistengräbern von Eppan (Überetsch). Etwa 500 Jahre später, in der Bronzezeit, stiegen die Siedlungen höher hinauf, und auf der Suche nach Kupfererzen wurde der Brenner überschritten. Die Mellauner Kultur, nach Gräberfunden bei Brixen benannt, bildete um 1000 v. Chr. eine einheitliche Kultur beiderseits des Alpenhauptkammes. Nach der Hallstattperiode findet sich eine Fortsetzung in der bis zur Zeit vor Christi Geburt andauernden Fritzens-Sanzeno-Kultur. Von den Namen der damaligen Bevölkerung weiß man nichts. In der Zeit 113–102 v. Chr. kamen die Kimbern auf ihrem Zug nach Italien hier entlang und 16/15 v. Chr. besetzten die Römer unter Kaiser Augustus das Gebiet. Dabei kam das Bozener Tal bis zur Eisackschlucht und zur Talstufe der Töll bei Meran zur italienischen Region Venetia et Histria. Der größte Teil wurde der Provinz Raetien mit der Hauptstadt Augsburg (Augusta Vindelicorum) eingegliedert. Das untere Pustertal und das Inntal kamen zur Provinz Noricum. Tridentum (Trient) lag schon damals an den wichtigsten Straßen der Römer, die über den Brenner und den Reschen nach Augsburg führten. Nach dem Zusammenbruch des Weströmischen

Reiches im Jahre 476 herrschten Odoaker und anschließend die Ostgoten unter Theoderich dem Großen, der in der Sage als Dietrich von Bern (Verona) fortlebt, in diesem Gebiet.
Als vor dem Jahr 600 die Bajuwaren nach Süden vordrangen, stießen sie bei Bozen auf das langobardische Herzogtum Trient. Um Bozen herum fanden die Bajuwaren ein dünn besiedeltes Gebiet mit einer romanisierten Bevölkerung vor. Deren Nachfahren sind die heutigen Ladiner. In Bozen wird Ende des 7. Jahrhunderts ein bayerischer Grenzgraf erwähnt und Anfang des 8. Jahrhunderts ist auch das Meraner Becken bayerisch. Nachdem Karl der Große Bayern und die Langobarden unterworfen hatte, wurde das Land fränkisch. Kaiser Otto I. dehnte die Herrschaft des Heiligen Römischen Reiches bis Treviso aus. Konrad II. übergab dem Bischof von Trient die Grafschaft Trient und Vinschgau, dem Bischof von Brixen die Grafschaften im Inn- und Eisacktal, später auch im Pustertal. Beide blieben unmittelbare deutsche Reichsfürsten bis zur Säkularisation (1803). Schon mit der bayerischen Einwanderung begann im 7. Jahrhundert die deutsche Besiedlung Südtirols.

Seit 1142 nannten sich die Vinschgauer Grafen nach ihrer Burg Tirol »Grafen von Tirol«. 1253 starben jedoch die Grafen von Tirol mit Graf Albert III. aus. Erben der Tiroler Grafen waren Meinhard I. († 1258) und Meinhard II. (1268–1295), der die geistlichen Fürstentümer Trient und Bozen zur Grafschaft Tirol vereinigte, de jure verblieben die Fürstbischöfe jedoch reichsunmittelbar. Die letzte Erbin, Margarete Maultasch, übergab Tirol 1336 an den Habsburger Herzog Rudolf IV. von Österreich. Im Jahre 1420 wurde Meran von Innsbruck als Hauptstadt Tirols abgelöst. Kaiser Maximilian I. erwarb das Pustertal für Österreich, und im Jahre 1516 kamen noch die Gebiete von Rovereto, Riva, Ala und Ampezzo an Tirol. In diesen Grenzen blieb das Land bis 1919. 1655 starb die Tiroler Linie der Habsburger aus, und Tirol wurde dann von Wien aus verwaltet. Die Säkularisation im Jahre 1803, war für die geistlichen Fürsten ein folgenschweres Datum. Die Fürstbischöfe von Trient und Brixen verloren nun auch de jure ihre Gebiete, die schon lange von Tirol verwaltet wurden. Im Jahre 1805 kam Tirol an Bayern, gegen das sich das Volk unter Andreas Hofer 1809 auflehnte. Am 20. April 1810 wurde Hofer jedoch durch Verrat gefangen und in Mantua von den mit Bayern verbündeten Franzosen erschossen. Das Gebiet um Bozen und Trient wurde Italien zugesprochen. 1813 eroberte Österreich Südtirol zurück, was 1815 auf dem Wiener Kongreß bestätigt wurde. Am 23. Mai 1915 erklärte Italien Österreich-Ungarn den Krieg, und in Südtirol fanden schwere Kämpfe statt. Nach dem Ersten Weltkrieg kam Südtirol zu Italien, obwohl das Gebiet ohne die ladinischen Täler zu 97 Prozent deutsch war, wie eine Volkszählung im Jahre 1910 ergab.

Die Hochfläche von Lavarone

Die Hochfläche (Plateau genannt) von Lavarone, deutsch Lafraun, ist ähnlich der Hochfläche von Folgaria, auf deutsch Vielgereuth, ein stark bewaldetes, von tiefen schluchtartigen Talgräben durchzogenes, schwer gangbares Gebirgsland, das im Norden durch einen mächtigen Grenzkamm mit hochgebirgigem Charakter eingefaßt wird.

Es sind dies die Cima di Vezzena (1900 Meter), Cima Manderiolo (2050 Meter), die Kempelbarriere mit 2303 Meter und die Cima Maore (2125 Meter) als wichtigste Punkte dieses Felskammes.

Der Blick des auf der Hochfläche von Lavarone stehenden Beschauers wird im Osten durch den mächtigen Bergvorhang der Kempelbarriere, auch Kempelrücken genannt, begrenzt, der zur Zeit der Mai-Offensive 1916 noch in Schnee und Eis erstarrt war. Nur ein einziger Übergang führt über die 1949 Meter hohe Portulescharte, die ein etwas breiterer Saumweg und nur für Tragtiere benützbar gewesen ist. Über diese Verbindung gelangte man in das Gebiet von »Sette Comuni« und war durch das Kavernenartilleriewerk »Bochetta« gesperrt.

Der Kempelrücken endet im Monte Meata an der tiefen, steil eingerissenen Assaschlucht mit der Straße nach Asiago, die ihn bei Osteria del Ghertele vom 2019 Meter hohen Monte Verena trennt.

Dieses mächtige Bergmassiv zieht dann vom Monte Verena nach Süden bis zum Monte Campolongo (1710 Meter), der in steilen, felsigen Abstürzen in das Asticotal mündet. Beide Höhen wie Monte Verena und Campolongo trugen neuzeitliche italienische Panzerwerke, von welchen der Monte Verena vornehmlich das Assatal, Campolongo das Asticotal sperrten.

Der nördliche Grenzkamm der Hochfläche von Lavarone fällt in steilen, manchmal senkrechten Felswänden, die nur durch wenige Fußsteige durchzogen waren, hinunter in das Suganatal.

Diese kurze Schilderung läßt erkennen, daß das Kampfgebiet der Hochfläche von Lavarone ein sehr schwieriges Gebirgsland war, wo nur die straßendurchzogenen Täler rasche Truppenbewegungen erlaubten, obwohl auch diese eng und schluchtartig waren.

Auf den Steilhängen und Kämmen war jede Bewegung sehr zeitraubend und ermüdend.

Jede Angriffshandlung erforderte viel Zeit und besondere Vorsicht, damit nicht erschöpfte Truppen Opfer eines Gegenangriffes des Feindes wurden.

Trotz aller Geländeschwierigkeiten gelang der österreichische Durchbruch hier im Mai 1916 mit bewunderungswürdigem Elan und Schneid der vorgehenden Truppen, welchen kein Berg zu hoch und keine Felswand zu steil war, um das ersehnte Ziel, die Norditalienische Tiefebene zu erreichen und aus den Bergen herauszukommen.

Die Hochfläche von Folgaria

Auch hier besitzt die sogenannte Hochfläche aber durchaus keine Flächenform, sondern stellt wie auf Lavarone ein schwer gangbares, stark bewaldetes, Hochgebirgscharakter tragendes Gelände dar, dessen wirr aufgesetzte zahlreiche Berggipfel und Kämme der Verteidigung ebensoviele gute Stützpunkte bieten, als sie jede Bewegung und damit den Angriff außerordentlich erschweren. Stellenweise tritt bewaldeter Karstboden zu Tage, welcher ein schwieriges Kampfgelände darstellte. Das südseitige Ende der Hochfläche von Folgaria, also beim Werk Serrada, fällt ungemein steil in das Terragnolatal ab und macht von dieser Seite einen Feindangriff nahezu unmöglich.

Auf die Hochfläche von Folgaria führt von Calliano im Etschtal (188 Meter) in einem Anstieg von tausend Metern eine stellenweise steile, stark gewundene, aber sehr gute Gebirgsstraße nach oben. In Calliano im Etschtal befand sich der Ausladebahnhof für alle Truppen und Güter, die für Folgaria bestimmt waren. Zu Beginn der Werksbauten auf Folgaria–Lavarone in der Mitte des Jahres 1907 wurde diese Straße, die vorher nur den lokalen Bedürfnissen entsprach, so ausgebaut, daß auf ihr alle Panzertransporte erfolgen konnten. Sie war gleich der nach Lavarone führenden Friccastraße, die zur gleichen Zeit erbaut wurde, selbst für den Transport schwerster Lasten ganzjährig benutzbar.

Der Lebensnerv für die Versorgung der Folgaria-Kämpfer mit allen Bedürfnissen des Heeres war aber die Drahtseilbahn Calliano–Folgaria. Ihre Leistungsfähigkeit wurde knapp vor Ausbruch des Krieges auf 150 Tonnen täglich gesteigert und diente sowohl Personen- als auch Lastentransporten. Diese Seilbahn, wie ihr Gegenstück in Lavarone am Monte Rover war die nahezu einzige, zu jeder Jahreszeit zuverlässige Verbindung. In dem besonders schneereichen Winter 1915/16 war auch die Folgariastraße zeitweise durch Schneemassen blockiert, obwohl Tausende von russischen Kriegsgefangenen Tag und Nacht bemüht waren, die Straße frei zu schaufeln.

Was die Kämpfe auf Folgaria betrifft, ist schon kurz berichtet worden, und ich verweise auf das amtliche Kriegswerk »Österreich-Ungarns letzter Krieg«, in welchem das Kampfgeschehen Erwähnung findet. Es soll dazu nochmals betont werden, daß, im Gegensatz zu den Lavaronewerken alle drei Folgariawerke in keine direkte Feindberührung kamen (außer Beschuß), da ja die Widerstandslinie vor den Werken lag.

Der harte Widerstand der vorgeschobenen »Coston-Position«, der am 17. Juli 1915 begann und alle Feindangriffe zerschellen ließ, stand an Ausdauer, Mut und Zähigkeit der Isonzo-Verteidigung in nichts nach. Der ganze Juli/August 1915 verging mit täglichen Angriffen des Gegners in großem und kleineren Umfang, der sich mit aller Gewalt der vorgeschobenen Widerstandslinie bemächtigen wollte. Aber von der Werksartillerie immer zur rechten Zeit tatkräftig unterstützt, konnten alle Feindangriffe bis zum endgültigen Verlust der »Coston-Position« am 21. August abgewiesen werden, bis dann auch die Mai-Offensive 1916 die Erlösung für die tapferen Folgaria-Verteidiger brachte. In der geglückten Durchbruchsschlacht am 15. Mai 1916 wurde trotz schwierigsten Geländes, schlechten Wetters und zähen Widerstands des Gegners in einer einmaligen Zusammenarbeit von Infanterie und Angriffsartillerie ein Erfolg errungen, der – wenn es das Kriegsglück zugelassen hätte – mit der restlosen Gefangennahme der gesamten italienischen Isonzo-Armee geendet haben könnte.

Kämpfe auf den Hochflächen und die Rolle der Sperrgruppen Folgaria und Lavarone

(aus Pantenius Teil II, Seite 676–682)

Die erste schwere Beschießung der beiden Sperrgruppen auf den Hochflächen von Folgaria und Lavarone im Mai/Juni 1915, verbunden mit schlecht koordinierten Angriffen der Infanterie, hatte den Italienern keinen Erfolg gebracht. Die Widerstandsfähigkeit der Werke erwies sich als ausreichend stark gegenüber dem damals eingesetzten 28-mm-Haubitzen.

Im Sommer bestand zwar keine Gefahr eines Vorstoßes österreichischer Kräfte aus dem Raum südostwärts von Trient, so war doch auf längere Sicht die Möglichkeit hierfür nicht ausgeräumt, solange dieser schwer befestigte Bereitstellungsraum überhaupt bestand. Aus diesem Grunde sollten die Befestigungen artilleristisch niedergekämpft und der Nordwestrand der Hochflächen von Infanterie besetzt werden. Mit dieser Aufgabe wurde seitens der 1. Armee das V. Korps betraut, das mit der 15. ID. im Suganatal, mit der 34. MMD gegen Lavarone und mit der 9. ID. gegen Folgaria anzugreifen hatte.

Die Verteidiger vermochten gegen die drei Divisionen lediglich die 52. HaBrig. und die verstärkte 180. IBrig. einzusetzen.
Außer der leistungsfähigen Werksartillerie standen nur wenige mobile Batterien zur Verfügung. Die Abwehr führte im Abschnitt Folgaria Oberst d.G. v. Lempruch, im Abschnitt Lavarone Oberst i. Geniekorps Ellison v. Nidlef.
Der Angriff der 15. ID. im Suganatal war trotz starker artilleristischer Unterstützung mehr als Ablenkungsangriff gedacht; über den Civaron und die Orte Strigno und Bieno kam er nicht hinaus, erreichte also nicht einmal die viel weiter westlich verlaufende Hauptkampflinie (HKL) beiderseits der Panarotta.
Am 15. August begann das Wirkungsschießen gegen die Werke der Hochflächen, das den Beobachtungsstützpunkt Cima di Vezzena und das Fort Lusern in Trümmern legte. Die rechtzeitige Verlegung eines Teils der Kampfmittel in kavernierte Befestigungen im Umfeld erlaubte die Fortsetzung des Widerstandes. Die am 17. August einsetzenden Angriffe der 9. ID. scheiterten bereits im Vorfeld der Werkgruppe Folgaria. Im Unterschied zu Lavarone lag dort die HKL von Anfang an weit vor den Forts. Bis zum 19. August gewann die 9. ID. lediglich den Südhang des Monte Maronia und die geräumte Mga. Milegna. Nach viertägiger Pause griff das ganze V. Korps erneut an. Die 15. ID. setzte sich in den Besitz des Armenterrarückens im Suganatal, des Salubio und des Ortes Borgo. Der Angriff der 34. MMD scheiterte vor den Werken Cima di Vezzena, Verle und Lusern sowie am Basson, einer hufeisenförmig vorgeschobenen Feldbefestigung zwischen den beiden letzteren Werken. Ein dort erzwungener Einbruch wurde im Gegenstoß unter persönlicher Führung Oberst Ellisons, der hierfür das Ritterkreuz des Militär-Maria-Theresien-Ordens erhielt, bereinigt.

Ende August wurden die Angriffe eingestellt, ohne wesentliche Geländegewinne erreicht zu haben. Im Abschnitt Folgaria konnten die Verteidiger ihre Infanteriestützpunkte sogar vorschieben. Die schweren Beschießungen gingen jedoch weiter und dauerten unter Einsatz von 30,5-cm-Haubitzen bis in den Oktober hinein, ohne daß es gelang, die Voraussetzungen zu einem abermaligen, diesmal erfolgreichen Sturm der Infanterie zu

schaffen oder auch nur eines der Werke trotz schwerer Schäden völlig niederzukämpfen. Es war dies eines der ganz wenigen Beispiele im Ersten Weltkrieg, daß ständige Befestigungen ihre Aufgaben voll erfüllt haben, wobei man in dieses Beispiel das Werk Carriola in den Judicarien und die Tonale-Gruppe mit einschließen muß.
Mit Schreiben vom 29. August an das Kommando der Südwestfront und das LVK-Tirol sprach das AOK seine besondere Anerkennung für die Haltung der Werksbesatzungen und der im Zwischenfeld eingesetzten Kräfte aus.
Über die Widerstandsfähigkeit der Werke, ihre Stärken und Schwächen sowie über die Führung des Abwehrkampfes liegen verschiedene Erfahrungsberichte vor.
Aus diesen Berichten zum Abwehrkampf der Sperrgruppen Lavarone, Folgaria, Carriola und Tonale ergibt sich zusammengefaßt folgendes:
Das Halten der von den ständigen Befestigungen geschützten entscheidenden Verteidigungsräume war vor allem dem Zusammenwirken von Werken und der Zwischen- bzw. Vorfeldbesatzung zu verdanken.
Die Bauausführung der III. Bauperiode (1911–1914) hat sich i. a. bewährt, es erwies sich, daß die neuesten Werke infolge besserer Aufgliederung und vermehrter Nutzung des gewachsenen Felsens weitaus widerstandsfähiger waren als die zwischen 1908–1911 erbauten Werke, bei denen die 1911 durchgeführten Schießversuche mit 30,5-cm-Mörsern noch nicht verwertet werden konnten (Verle, Lusern).
Ausschlaggebend für den Bestand der Werke waren ständige Reparaturarbeiten in den Kampf- und Feuerpausen, vor allem bei Nacht, die dank vorzüglicher Organisation und der Energie der Werkskommandanten durchgeführt werden konnten.
Die von Ellison v. Nidlef entworfenen Turmkonstruktionen der 10-cm-Haubitzen hatten sich bewährt mit Ausnahme der Vorpanzer, die häufig durchschlagen wurden.
Von den insgesamt 32 Turmhaubitzen der modernen Werke der III. Periode wurden vier vollkommen zerstört, sieben wegen Panzerschäden und sechs vorsorglich ausgebaut, 28 blieben intakt, einschließlich der ausgebauten, die in Wechselstellungen im Gelände Verwendung fanden.
Die Flankiergeschütze (Traditoren) haben sich bei der Sturmabwehr gut bewährt, vor allem bei der Unterstützung der Nachbarwerke. Als unzureichend hat sich die Ausdehnung fast aller Forts erwiesen, was aus dem hohen Prozentsatz von Volltreffern auf Beton oder Stahl hervorgeht (bis zu 70 Prozent).
Nachteilig war, daß die Werksartillerie für Fernkampfaufgaben, besonders zur Niederkämpfung feindlicher Artillerie infolge zu geringer Schußweite, ungeeignet war.

Drehbare Beobachtungstürme haben sich nicht bewährt. Der komplizierte Mechanismus wurde durch Treffer bald stillgelegt.

Ventilatoren und Entwässerung genügten den Anforderungen erst nach gründlichen Umbauten und Verbesserungen.

Außerordentlich nachteilig war zunächst das Fehlen gedeckter Zugänge (Poternen) zu den Werken von außen. Auch diese mußten erst während der Beschießung hergestellt werden.

Unbefriedigend blieben die Vorkehrungen, um im Fall eines Infanterieangriffs die Werksdecken schnell besetzen zu können.

Die Verluste hielten sich in erträglichen Grenzen, sie waren bei den älteren Forts Verle und Lusern erheblich höher als in den neueren Werken.

Der Abwehr kam zustatten, daß die Italiener nicht über schwere Mörser verfügten, sondern über Haubitzen bis 30,5-cm-Kalibern, deren Granaten einen flacheren Einfallwinkel hatten als Mörsergranaten, demzufolge war die Durchschlagkraft geringer. Auf der anderen Seite verfügten die Italiener über den großen Vorteil vorzüglich gelegener B-Stellen, denen sich die österreichischen Werke wie auf einem Präsentierteller darboten. Daraus resultierte auch die hohe Volltrefferquote.

Der wesentliche und ausschlaggebende Fehler der Angreifer lag mehr auf taktischer Ebene; unzureichende Schwerpunktbildung, Anrennen auf die Werke Verle und Lusern, anstatt unter Niederhalten der Werke im Zwischengelände durchzustoßen.

Die Folgerung aus den Erfahrungen, besonders denen aus der zweiten Beschießungsperiode, war die teilweise Desarmierung der Werke.

Die Artillerie und die Masse der MG wurden gut getarnt im Zwischengelände eingebaut, die Werke blieben als Infanteriestützpunkte bestehen. Um ihre Besetzung weiter vorzutäuschen und das Feuer auf sich zu ziehen, wurde aus einem verbliebenen Geschütz Störfeuer abgegeben. Die Besatzung verzog sich anschließend schutzsuchend in die Tiefe der Anlagen.

Der Dank der ständigen Befestigungen erfolgreich geführte Abwehrkampf auf den Hochflächen von Lavarone und Folgaria im Jahre 1915 sicherte eine der wesentlichen Voraussetzungen für den Ansatz eines Großangriffes, den erforderlichen Bereitstellungsraum zum Angriff für drei Korps mit sechs Divisionen in vorderer Linie. Damit war der schwere Fehler der voreiligen Zurücknahme der HKL durch freiwillige Preisgabe des Geländes zwischen Gardasee und Terragnolatal teilweise ausgeglichen.

Im Etschtal, in den Judicarien und an der Tiroler Westfront kamen größere Unternehmungen der Italiener entweder nicht in Gang, wie bei der 6. ID.

in den Judicarien, oder wurden, wie am Tonalepaß bei der 5. ID., am 21. August erfolgreich abgewehrt. Geländeverluste traten an der Tiroler Front, von den frühzeitig freiwillig aufgegebenen Räumen abgesehen, nirgends ein. An einzelnen Stellen konnte die HKL sogar vorgeschoben werden. Der Abwehrerfolg war um so höher zu bewerten, als das Kräfteverhältnis im Schnitt 1 : 4 betrug.

Subrayon III (Hochflächen Lavarone und Folgaria)

General Franz Conrad von Hötzendorf, österreichisch-ungarischer Generalstabschef, sah für einen Krieg mit Italien, dem von ihm stets für untreu gehaltenen Bundesgenossen, neben dem Angriff vom Isonzo einen Stoß aus Südtirol nach Venetien vor. Dazu war es nach seiner Ansicht unbedingt erforderlich, so weit es die Grenzgestaltung überhaupt erlaubte, die Höhenkomplexe in gesichertem Besitz zu haben, auf denen die zur Offensive anzusetzenden Truppen ungestört versammelt werden konnten. Gleichzeitig sollte damit der Raum gewonnen werden, in dem die eigene schwere Artillerie so günstige Stellungen hatte, daß sie feindliche Werke, die das Vorgehen sperren konnten, erfolgreich niederkämpfen konnte.

Er plante daher, die Höhenkomplexe beiderseits des Grigno für den Vorstoß ins Suganatal, dann die Hochflächen von Lavarone und Folgaria, Pasubio und die von dort bis zum Altissimo reichenden Höhen zu befestigen. Auf die Notwendigkeit der Befestigungen beiderseits des Grigno hatte er bereits im Jahre 1906 in einer Denkschrift hingewiesen, die er als Divisionär in Innsbruck verfaßt hatte.

Nach seinem Plan sollten die ständigen Befestigungen aus Gruppen von Werken bestehen, die sich durch ihr Feuer zwar gegenseitig zu unterstützen vermochten, deren jedes einzelne sich aber auch längere Zeit selbständig zu halten imstande sein mußte. Dies bedingte:

In Front, Flanke und Kehle sturmfreie und bombensichere Bauten für eine kleine Infanteriebesatzung und eine Armierung von vier bis sechs Fernkampfgeschützen für Rundfeuer in Panzerkuppeln nebst den erforderlichen Nahkampfgeschützen beziehungsweise Maschinengewehren. Dazu ausreichende Munition, Verpflegung, Wasser, Beleuchtungs- und Verständigungsmittel (Telefon, optischer und elektrischer Telegraf), Sanitätseinrichtungen. In der Kehlfront mußten die Werke mindestens dem Feuer von Feld- und Gebirgsgeschützen widerstehen können, da diese Geschütze auch in den Rücken der Werke gebracht werden konnten.

Von dem Verlangten war höchstens ein Drittel fertig, als 1915 der Krieg mit Italien ausbrach. Vollendet waren lediglich die Panzerwerke auf den Hochflächen von Lavarone und Folgaria, also

a)	Sperre Lavarone	1)	Cima di Vezzena
		2)	Verle
		3)	Lusern und
		4)	Gschwent
b)	Sperre Folgaria	5)	San Sebastiano (auch Cherle)
		6)	Sommo Alto und
		7)	Serrada.

Das höchstgelegene Werk Cima di Vezzena – 1908 Meter – war nur mit Maschinengewehren bewaffnet. Neben seiner Aufgabe, den Zwischenraum zum tiefer gelegenen Werk Verle zu bestreichen, diente es hauptsächlich der Beobachtung. Bei klarem Wetter war eine Fernsicht bis Venedig möglich.

Die drei Werke San Sebastiano, Sommo und Serrada auf der Hochfläche von Folgaria sollten die Flankensicherung des Etschtales übernehmen. Für die restlose Erfüllung dieser Aufgabe waren vier weitere Werke nach Westen zu auf den Altissimo vorgesehen. Das Werk Valmorbia war als einziges bereits im Bau. Es war völlig in den Felsen versenkt. Die Turmhaubitzen sollten aufgesetzt werden. Da es bei Kriegsausbruch noch nicht fertiggestellt war, wurde es, wie leider auch der Pasubio, aufgegeben und erst bei der Mai-Offensive 1916 zurückgewonnen. Bei den drei anderen Werken – von Ost nach West Mattasone, Coni Zugna und Vignola – war man nur bis zur Planung gekommen.

Für den Fernkampf waren die Werke, mit Ausnahme von Cima di Vezzena, mit zwei bis vier Turmhaubitzen M 9 ausgerüstet.
Für die Wahl des Kalibers von 10 cm (10,4 cm genau) war ausschlaggebend, daß bei einem größeren Kaliber größere Munitionslager erforderlich gewesen wären. Außerdem hätten die Panzerkuppeln durch größeren Umfang an Widerstandskraft verloren.
Die 10-cm-Turmhaubitze erfüllte die Voraussetzungen, mit einem Schnellfeuergeschütz das Vorfeld restlos zu beherrschen, leichte Feldbefestigungen zu zerstören und gleichzeitig Infanterie wirkungsvoll zu bekämpfen. Schwere Artillerie sollte je nach Bedarf rechtzeitig hinter den Werken in Stellung gehen.

Das Werk Lusern war als erstes der sieben Werke auf den Hochflächen erbaut worden. Es zeigt noch eine »kompendiöse und massive« Bauweise. Die bei den Versuchen mit dem 30,5-cm-Mörser M 11 gesammelten Erfahrungen wurden vornehmlich beim Bau der drei Werke auf der Hochfläche von Folgaria verwertet. Die Decken wurden widerstandsfähiger gemacht und Fernkampf- sowie Nahkampfanlagen von den Unterkunftsräumen derart getrennt, daß vor allem den Kampfräumen zugedachte Beschießung nicht auch gleichzeitig die ruhenden Reservemannschaften in Mitleidenschaft ziehen konnte. Bei dem Werk San Sebastiano ist der Batterieblock wohl noch einheitlich linear entwickelt, aber von dem Unterkunftsblock mit den Flankierungs- und Traditorenanlagen entsprechend weit abgesetzt. Innerhalb des Batterieblockes stehen die Turmhaubitzen schon auf 25 Meter von Mitte zu Mitte. Das Werk Serrada zeigt den ausgeprägten Typ der zergliederten Anlage. Grabenflankierung, Infanterie- und MG-Stellungen wie auch der vordere Batterieblock sind – in der feindlichen Hauptschußrichtung gemessen – rund 40 Meter, also mehr als die fünfzigprozentige Längenstreuung schwerster Steilfeuergeschütze, voneinander getrennt. Der hintere Batterieblock hält sogar 60 Meter Abstand von dem vorderen und ist außerdem seitlich gestaffelt.

Trotz der durch viele Beschießungen erlittenen Beschädigungen, insbesondere der Lavarone-Gruppe, hat kein Italiener mit der Waffe in der Hand ein österreichisches Werk vor dem Waffenstillstand betreten. Dagegen sind die modernen Werke der Italiener auf Monte Verena, Campolongo, Campolon und Punta Corbin allein durch die Beschießung der k.u.k. Armee gefallen.

Legende zu der Figurentafel der Lavarone-Folgaria-Werke im Maßstab 1:5 000
Die Grundrisse zeigen die in der Zeit von 1907 bis 1914 erbauten Werke der Sperre Lavarone – Folgaria. Dem Beschauer wird dabei die bei jedem Neubau fortschreitende modernere Ausgestaltung in Form der Zerlegung der bis dahin eng massierten Anlagen in deren Einzelelemente anschaulich gezeigt.

Während die beiden ältesten Werke wie Lusern und Verle noch nach überholten Ansichten als eng massierte »kompendieuse« (damals der Fachausdruck) Betonbauten ausgeführt wurden, zeigen die nachfolgenden Werke, von Gschwent angefangen, eine laufende Verbesserung der Grundrißgestaltung, wofür die Skizzen ein beredtes Zeugnis abgeben.

Wohl sind bei Gschwent und San Sebastiano der Batterieblock noch linear entwickelt – aber vom Kasemattenblock bereits weit entfernt. Bei Gschwent sind ebenfalls beide Nahkampfanlagen als selbständige Stützpunkte weit vom Kasemattenblock abgetrennt.

Auch stehen innerhalb des Batterieblockes die Turmhaubitzen bereits 25 Meter, von Kuppelmitte zu Werksmitte gemessen, voneinander entfernt, was gegenüber der Anordnung bei Lusern und Verle (dort nur zwölf Meter) schon einen großen Fortschritt bedeutete.

Das Werk Serrada zeigt schon mit aller Deutlichkeit den Typ der gänzlich zergliederten Anlage. Grabenflankierung, Nahkampf und MG-Panzer wie auch der vordere Turmhaubitz-Batterieblock sind in der feindlichen Hauptschußrichtung gemessen ca. 45 bis 50 Meter, also um mehr als die 50 Prozent Längenstreuung schwerer Steilbahngeschütze, voneinander entfernt. Der hintere, dem Kasemattenblock vorgelegte Turmhaubitztrakt hält sogar ca. 60 Meter Distanz von dem vorderen und ist außerdem noch seitlich gestaffelt. Das gleiche gilt in besonderem Maße für das Zwischenwerk Sommo. Bei diesem sind die Nahkampfanlagen weit auseinandergezogen und untereinander durch bombensichere Felspoternen verbunden.

Der Vorteil einer solcherart gegliederten Anlage liegt auf der Hand und äußerte sich praktisch in der ungleich geringeren Gefährdung durch Feindtreffer (siehe dazu die Beschußtabellen der einzelnen Werke mit den erzielten Panzertreffern).

Lusern und Verle, noch eng massiert, beleuchten sehr anschaulich die Nachteile solch kompendieuser Werke gegenüber der Wirkung schwerer Steilbahngeschütze und deren Brisanzgranaten.

Bei der Beurteilung der Beispiele ist der Maßstab zu beachten, damit die Beziehung zwischen der fünfzigprozentigen Längenstreuung schwerer Wurfgeschütze und der Werksabmessung richtig eingeschätzt wird.

Dazu sei noch bemerkt, daß zur Zeit der Beschießung der Lavarone–Folgaria-Werke die schießtafelmäßige L 50 auf den dafür in Betracht kommenden Schußdistanzen je nach Kaliber ca. 22 bis 30 Meter betrug. Wohl war die kriegsmäßige Streuung im Verlaufe eines längeren Beschusses größer, (Rohrausbrennungen, Rohrüberhitzung u.a.), doch schoß insbesondere die italienische schwere Artillerie zeitweise bei guter Beobachtung mit außerordentlicher Präzision, wie aus den Trefferergebnissen zu ersehen ist.

Um die Nachhaltigkeit bei der Beschießung der beiden Werke wie Lusern und Verle zu beleuchten, sei mir gestattet, darüber ein kurzes Zahlenbeispiel anzuführen.

Werk Lusern hatte aus Ersparnisgründen einen überaus eng gezogenen Grundriß, der etwa 0,15 Hektar, ähnlich bei Verle ca. 0,20 Hektar betrug, im Vergleich z.B. zu San Sebastiano somit ein ungleich leichter zu erfassendes Ziel bot. Dabei entfielen auf die ca. 1500 bis 2000 Quadratmeter Gesamtgrundfläche noch ein erheblicher Prozentsatz an Felsvorlagen. Einschließlich der 14,9-cm-Langrohrtreffer wird der auf jedes Werk erfolgte Feindbeschuß sicherlich mit 20000 nicht zu hoch gegriffen sein, so daß auf die verbaute Grundrißfläche mit respektive 10 Treffern von 14,9 cm aufwärts pro Quadratmeter gerechnet werden kann. Und trotzdem wirkten beide Werke noch mit, als 12 Monate nach dem erstmaligen Beschuß der Durchbruch durch die italienische Front im Mai 1916 die erwartete Befreiung brachte.

Um nochmals auf die Längenstreuung schwerer Steilbahngeschütze zurückzukommen, sei dazu bemerkt, daß, wenn es dem Feindbeobachter gelang, den mittleren Treffpunkt seiner Batterie in die Werksmitte zu bringen, zwangsläufig alle Betonbauten wie Batterie und Kasemattenblock in dem Streuungsbereich lagen. Denn der Kasemattenblock lag bei Lusern und Verle innerhalb der 50prozentigen Längenstreuung, falls der Gegner den Batterieblock zum Ziel genommen hatte, und dann trafen alle weitergehenden Schüsse den Unterkunftskomplex. Die Kurzschüsse besorgten das ihrige, indem die Grabeneskarpe oder Kontereskarpe in Mitleidenschaft gezogen wurde. Daraus resultiert die hohe Trefferzahl bei Lusern und Verle. Allerdings muß bedacht werden, daß die Feindbeobachtung für den Beschuß der beiden Werke ideal war. Die Hauptbeobachtungspunkte Monte Verena und Campolongo – um viele hundert Meter überhöht – hatten die beiden Werke wie auf dem Präsentierteller vor sich.

Nicht zu vergessen ist neben der heldenhaften Haltung der Werksbesatzungen dieses stolze Ergebnis auch dem planmäßigen vorbehaltlosem Einsatz von Arbeitskräften zu danken, die unter fachlicher Leitung der Geniestabsgruppe Lavarone ihren schweren Pflichten immer nachgekommen waren. Speziell während der zweiten Beschießungsperiode konnten anfangs alle entstandenen Schäden laufend behoben werden, bis da und dort durch die fortwährend einschlagenden Treffer die Substanz der betroffenen Werke wie Cima di Vezzena, Verle und Lusern so gemindert worden war, daß einzelne Kampfstände vollends ausfielen und aufgegeben werden mußten. In Verle und Lusern wurden je drei Turmhaubitzen ausgebaut, in Verle die vollkommen zertrümmerte linke Nahkampfanlage und in Cima di Vezzena die beiden zerstörten MG-Nahkampfpanzer geräumt.

Aber durch die Anlage neuer, bombensicherer Felskavernen und dem zeitweisen Ausbau besonders gefährdeter Geschütze und ihrer Aufstellung in neuen Stellungen im umliegenden Werksgelände entstanden diese Nahkampfanlagen nun in anderer Form und blieben auch weiterhin unentbehrliche Stützen der Widerstandslinie und treue Helfer der Infanterie in ihren Abwehrkämpfen.

In der Figurentafel ist zum Vergleich auch das Werk Tonale, das etwa dem Werk Lusern in seiner Bauart entspricht, und das Werk Carriola, das dem Werk Serrada ähnelt, aufgeführt.

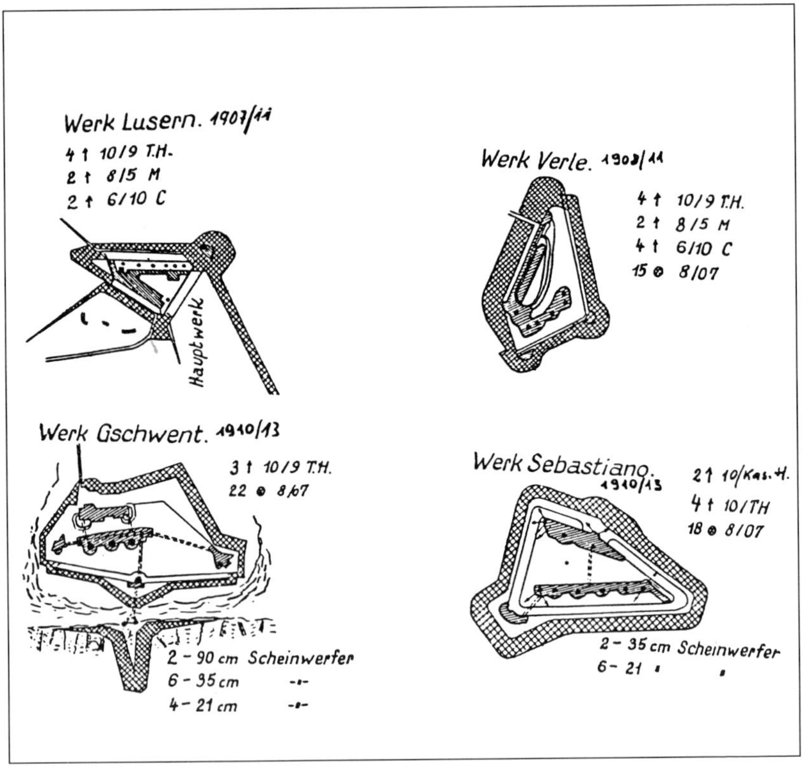

Werk Lusern

Planer und Erbauer:	Hptm. des Geniestabes Eduard Lacom
Bauzeit:	1908 bis 1911

Auszug aus »Österreichische Panzerwerke unter schwerstem Feuer« von J.H. Schaufler in Gedächtnisjahrbuch 1937.

Lage des Hauptwerkes:	Kuppe Kote 1548 m, etwa 1500 Schritte nordostwärts der Kirche von Lusern.

Bewaffnung:

a) Hauptwerk:

4–10-cm-Turmhaubitzen M 9 unter Panzerkuppeln

2–8-cm-Schnellfeuerkanonen M 5/9 als Traditorenbatterie in der linken Flanke, wo Kampf- und Unterkunftsblock einen Winkel bilden. Maschinengewehre M 7.

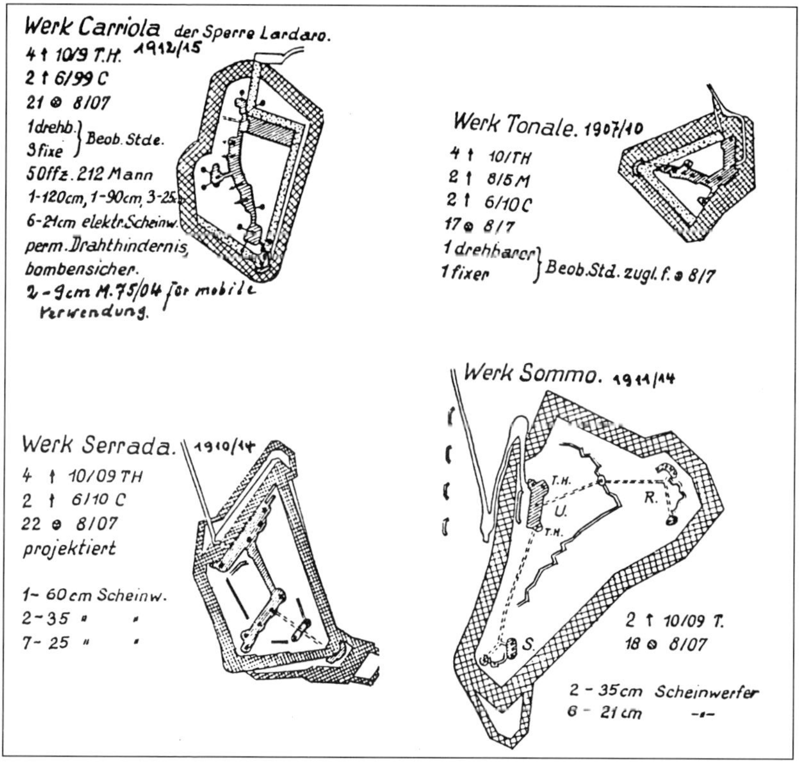

b) Nebenwerke:

1. Oberwiesen: 5 MG. M 7 in 2 Panzerständen zu je 2 MG und 1 drehbaren Panzerturm mit 1 MG.
2. Viaz: 2 MG in 1 Panzerstand

Besatzung:	Hauptwerk	9 Offiziere	224 Mann
	NW Oberwiesen	1 Offizier	33 Mann
	NW Viaz	1 Unteroffizier	22 Mann
		10 Offiziere	280 Mann

dazu später ein Zug Pioniere und eine Arbeitskompanie.

Aufgabe der Nebenwerke: Schutz der rechten Flanke des Hauptwerkes Lusern.

Die Dreiecksform des Werkes war bedingt durch die mögliche umfassende artilleristische Einwirkung der Italiener, die einerseits vom Mandriol, andererseits vom Passo de la Vena erfolgen konnte. Das Werk mußte aber so weit vorgeschoben werden, um der ihm gestellten Aufgabe, mit Werk Gschwent das Asticotal wirksam durch Feuer zu beherrschen, gerecht werden zu können.

Für die Kaliberwahl – 10,4-cm-Haubitzen – sprach mit:

a) die Notwendigkeit, mit einem Schnellfeuergeschütz das Vorfeld restlos beherrschen, leichte Feldbefestigungen zerstören und gleichzeitig Infanterie wirkungsvoll bekämpfen zu können,
b) bei diesem Kaliber mehr als beim größeren im Werk Munition stapeln zu können, und daß
c) beim größeren Kaliber Panzerkuppeln durch größeren Umfang an Stärke verloren hätten.

Schwere Artillerie sollte nach Bedarf in rückwärtigen Stellungen eingesetzt werden.

Beobachtungsstände:
Kampffront: Ein fester und zwei drehbare B- und MG-Stände.

Arbeitsleistungen für das Hauptwerk:

a) 6,5 Kilometer Zufahrtsstraße
b) 30 000 Kubikmeter Felsen mußten für die acht Meter tiefen und zehn Meter breiten Gräben sowie die drei Stock hohen Wohn- und Kampfräume gesprengt werden,
c) die Decke in Stärke von 2,15 Meter armiertem Beton lag auf 30-cm-Trägern, die »dicht an dicht« gelegt waren. Ausmaß 1100 Quadratmeter.

Eine Episode ist kennzeichnend:
Der Erbauer hatte mit Recht vielfach im Innern des Werkes, das ja aus dem gewachsenen Felsen herausgeschnitten war, die blanke Felswand stehen lassen, um der Besatzung Vertrauen in die eigeneWiderstandskraft zu geben.
»Kommißköpfe« oder »Schönheitsfanatiker« hielten es für nötig, diese Felswände durch Bewurf von Betonmörtel und Kalkanstrich zu verschönern, um sie kasernenmäßiger erscheinen zu lassen..
Die erste starke Beschießung bewirkte, daß durch die ungeheuren Erschütterungen all diese »schönen Dinge« als Trümmer herunterfielen. Es machte natürlich den schlimmsten Eindruck auf die Besatzung und rief bei manchem eine Weltuntergangsstimmung hervor. Das hat fraglos mit dazu beigetragen, daß der erste Kommandant am dritten Beschießungstage die weiße Flagge hissen und das Werk nach flüchtiger Zerstörung räumen ließ.
Die Besetzung konnte durch das vereinigte Feuer der Artillerie, besonders von Verle, verhindert werden.

Lusern wurde wie Cima di Vezzena, Verle und Serrada bereits am Tage nach der Kriegserklärung mit 15-cm-Kanonen und 28-cm-Haubitzen beschossen. Nach sechstägiger Beschießung griff italienische Infanterie die Linie Cima di Vezzena – Verle an. An der Abwehr dieses Angriffes hatte auch die Artillerie des Werkes Lusern hervorragenden Anteil. Die Traditorenbatterie konnte wirksam das Vorgelände seiner linken Nachbarwerke bestreichen.

Durch die Beschießung hatte Lusern bedeutende Schäden erlitten, ohne daß bis zum 27. August 1915, dem Ende der stärksten Beschießung, die Abwehrkraft geschwächt war. Nach einer am 15. August 1915 begonnenen Beschießung griffen die Italiener am 24. August 1915 – 21.30 Uhr – an. Der Angriff mißglückte. Erst nach dem gescheiterten Versuch erzielten sie in der bis zum 27. August 1915 fortgesetzten Beschießung die Treffer, die die Abwehrkraft nahezu völlig lahmlegte. Den Zustand des Werkes am 27. August 1915 gibt die nachstehende Situationsmeldung des Werkes an das Gruppenkommando wieder:

»Kampffront und Hindernisse total zerschossen, Frontgraben durch Absturz der Eskarpe und Kontereskarpe fast ausgeglichen, Ausschußverhältnisse der Grabenbestreichung fast gleich Null.

1. Turmhaubitze (TH) ohne Kuppel und Vorpanzer, Geschütz verbogen, Lafette zerstört.

2. TH Unterfahrungen, Kuppel nicht drehbar, Vorpanzer freigelegt, Geschütz wird ausgebaut.
   Fixer B-Stand rechts um 30 Zentimeter gesunken, für MG nicht verwendbar.
3. TH außer Gefecht.
4. TH beschränkt drehbar, Vorpanzer freigelegt.«

Alle übrigen Stände freigelegte Vorpanzer, Traditoren intakt, Decke dort stark gelitten, Ausschuß verschüttet, wird freigelegt. Kasematteil an zwei Stellen durchschlagen, Verdeckaufgang nicht benützbar.

Lusern, das die italienischen Soldaten den »ewigen Vater« (Il padre eterno) nannten, blieb fest in der Hand seiner Verteidiger.

Zur Erhaltung der Widerstandskraft wurden
a) auf Verdeck alle Trichter mit Sandsäcken ausgefüllt, mit schnellbindendem Zement überschüttet und oberhalb noch mit einer Schotterzementschicht überdeckt,
b) im Innern, so tief es ging, in allen Räumen neue Traversen eingezogen und die Zwischenräume ausbetoniert. Dadurch war die Schädeldecke um einen Meter dicker geworden, die vorher Zweieinhalb Meter hohen Gänge aber entsprechend niedriger, so daß sie nur gebückt begehbar waren.

Leiter dieser Arbeiten: Hauptmann des Geniestabes Rudolf Schneider.

Sperrgruppe Lavarone – Werk Lusern – mit den beiden Nahkampfanlagen Viaz und Oberwiesen

Werksbeschreibung:
Das Werk Lusern war das erste der in Bau gegebenen Befestigungsanlagen der Sperrgruppe Lavarone–Folgaria, und im Sommer 1907 wurde mit dessen Bau begonnen.

Werk Lusern liegt am südlichen Ausläufer des dicht bewaldeten Costa-Alta-Rückens und nördlich der Ortschaft Lusern in einer Seehöhe von 1 548 Metern.

Mit dem linken, ca. vier Kilometer entfernten Werk Verle bestand direkte Blick- und Sichtverbindung, ebenso mit dem rechten Nachbarwerk Gschwent (siehe dazu den Übersichtsplan der Sperre Lavarone 1:25 000).

Das Werk Lusern selbst bestand aus drei voneinander unabhängigen Kampfanlagen, die durch ein gemeinsames Hindernis miteinander verbunden waren:

Das Hauptwerk Lusern, bombensicher und sturmfrei mit den beiden Nahkampfanlagen Viaz und Oberwiesen, welche die rechte Flanke des Werkes Lusern schützten und vollen Einblick in das Asticotal gewährten. Sie waren für die artilleristische Beobachtung von großer Wichtigkeit.

Lusern war noch nach überholten Ansichten als eng massiertes, mehrgeschossiges Werk erbaut, und dadurch war alles auf engstem Raum zusammengepreßt. Die Turmhaubitzbatterie, kaum 15 Meter vom Kasemattenblock entfernt, lag also im Bereich der unmittelbaren Fünfzig-Prozent- Längenstreuung schwerer feindicher Angriffsgeschütze, was sich später als unheilvoll auswirken sollte.

Legende zu Lusern
Projektant und Bauleiter des Werkes war Hauptmann im Geniestab Eduard Lacom. Der Bau wurde im Sommer 1907 begonnen und im Frühjahr 1912 fertiggestellt. Einschließlich der beiden Nahkampfwerke und der Werkszufahrtstraße erforderte er einen Aufwand von 1728 000 Kronen damaliger Währung einschließlich aller Panzerteile, jedoch ohne Geschütze und deren Lafetten, MG und die Munitionsausstattung.

Kampfkraft
Für den Fern- und Nahkampf standen 4- bis 10-cm-Turmhaubitzen M 09, zur Wirkung in den Zwischenraum (Intervall) und in Richtung Werk Verle zwei 8-cm-Minimalschartenkanonen M 05 (Traditor) zur Verfügung. Speziell die beiden 8-cm-Kanonen leisteten in der Abwehr der Durchbruchsversuche der Italiener unschätzbare Dienste.
Zur Grabenverteidigung dienten außerdem 2- bis 6-cm-Minimalschartenkanonen M 08 in der Grabenflankierungsanlage. Weiter standen zur Abwehr von Nahangriffen noch elf MG M 07/12 zur Verfügung, von welchen zwei Stück in einem fixen bombensicheren Panzerstand im Batterietrakt zwischen Haubitzkuppel zwei und drei etabliert waren. In den beiden am linken und rechten Flügel befindlichen drehbaren Panzerbeobachtungskuppeln befand sich ebenfalls je ein MG eingebaut. Vier weitere MG waren in der Grabenflankierungsanlage, die übrigen hinter fixen bombensicheren Panzerschilden aufgestellt.

Der Grundriß des Werkes Lusern ist ein Dreieck mit Front-, Kehl- und rechtem Flankengraben, die rasant bestrichen werden konnten.

Die Frontbatterie mit 4- bis 10-cm-Turmhaubitzen M 08 ist linear entwickelt und es befindet sich zwischen der Haubitzkuppel 2 und 3 der fixe MG-Panzerstand. Auf den beiden Flügeln sind die drehbaren Panzerbeobachtungskuppeln etabliert.

Das dreigeschossige Wohngebäude schließt abgewinkelt an den Batterieblock an. Zwischen beiden ist eine Felsvorlage. Der Graben ist zehn Meter breit und durchschnittlich sechs Meter tief und zum größten Teil im mürben Felsgestein ausgeführt. Die Grabenflankierung ist durch eine unter der Grabensohle führende Poterne zugänglich. Diese bestreicht mit zwei 6-cm-M 08 und vier MG M 07/12 sowohl den Front- als auch den rechten Flankengraben.
Die Deckenstärke betrug 2,10 Meter bis 2,50 Meter auf 40 Profilträgern.

Der Nahkampfstützpunkt Oberwiesen war mit sechs MG, davon zwei Stück unter einer fixen Panzerkuppel, die anderen vier je hinter paarweise bombensicheren Panzerschilden, ausgestattet. Der Stützpunkt Viaz hatte zwei MG unter einer ebenfalls fixen Panzerkuppel installiert. Beide Bauwerke hielten ebenfalls einer Bombardierung stand. Zu erwähnen wäre noch das Pumpenhaus, das zur Wasserversorgung des Werkes Lusern diente. Auch dieses war bombensicher eingedeckt und mit dem Stützpunkt Viaz durch eine Felspoterne direkt verbunden.

Kommandant des Werkes Lusern (und beider Stützpunkte) war bei Kriegsausbruch der unrühmlichst bekanntgewordene Oblt. im Fest. Art. Baon 6 Nebesar, ab 29. Mai 1915 bis zur Offensive im Mai 1916 der heldenhafte Verteidiger Oberleutnant Schaufler.

Die Werksbesatzung bestand einschließlich der beiden Nahkampfstützpunkte aus:

Werkskommandant
4 Offiziere und Fähnriche des Fest. Art. Baon 6 und 198 Artilleristen
2 Offiziere des Kaiser Sch. Rgt. I und 80 Infanteristen
1 Arzt und 6 Sanitäter

Festungstelefonabteilungen:	12 Telefonisten
	6 Offiziersdiener
Ordonnanzen:	2 Mann
Sappeure:	6 Mann

Zusammen: 8 Offiziere und Fähnriche und 310 Unteroffiziere und Mannschaften.

Der Fall Lusern-Nebesar mit der versuchten Übergabe des Werkes Lusern

Ein wohl im Ersten Weltkrieg, in den Anfangstagen der Kämpfe mit Italien, einmaliger Fall der versuchten Übergabe des Werkes Lusern an den Feind durch den Werkskommandanten und seine Offiziere.

Werkskommandant Oberleutnant Nebesar im Fest. Art. Baon Nr. 6
Aus den auszugsweise wiedergegebenen Protokollen über die Kriegsgerichtsverhandlungen gegen Oberleutnant Nebesar und seine Werksoffiziere (Originale im Kriegsarchiv Wien).

Das Panzerwerk Lusern stand seit dem 25. Mai 1915 unter dem Beschuß einer italienischen dreipiecigen 28-cm-Haubitzbatterie sowie der vier Stück 14,9-cm-Langrohrkanonen der italienischen Panzerbatterie Campolongo.

In der Zeit vom 25 Mai bis 28. Mai 1915 erhielt Werk Lusern an Feindschüssen zugedacht:

Datum	Schüsse		Werkstreffer	Betontreffer	Panzertreffer
1915	28 cm	14.9 cm			
23./24.	–	150			
25.Mai	120	100	87	42	
26.Mai	180	100	124	80	2
27.Mai	200	100	148	98	2
28.Mai	*200	*150	*165	*ca 100	
in vier Tagen Werksbeschuß					
	ca.700	600	524	ca 320	4

* Da am 28. Mai 1915 keine Aufzeichnungen gemacht worden sind, deshalb gleiche Schußanzahl wie am Vortage, aber mit mehr Treffern, da die 28-cm-Batterie zu dieser Zeit bereits sehr gut eingeschossen war, und gute Beobachtersicht herrschte. Von diesen ca. 700 schweren Schüssen waren 524 Werkstreffer, also auf dem Werk und unmittelbar davor, seitlich oder rückwärts. Von diesen 524 Schüssen waren ca. 320 reine Betontreffer, welche zum Großteil die Werksdecken des Kasematten- und Batterieblockes trafen.

Diese 320 Betontreffer erzielten keinen Deckendurchschlag. Lediglich im Batteriegang fand bei der TH. III ein Betonabfall (ca. 0,75 m^3) von der inneren Gewölbelaibung statt. Durch die Auftreffwucht und Explosionswirkung mehrerer 28-cm-Bomben auf der gleichen Stelle wurde das Loslösen des Betonkörpers verursacht.

An den Panzern erhielt die TH. I. am 25. Mai einen Vorpanzertreffer, welcher die Drehfähigkeit der Kuppel vorübergehend aufhob. Ebenso wurde der linke drehbare MG- und Beobachtungsstand getroffen und seine Mobilität ebenfalls vorübergehend beeinträchtigt.

Am 27. Mai wird die Panzerkuppel der TH. II, ohne jedweden Schaden anzurichten, getroffen, ebenso der fixe MG-Panzer mit dem Streifschuß einer 28-cm-Bombe.

Kein Panzer war zerstört oder unbrauchbar geworden, da die bei den beiden erstgenannten Treffern entstandenen Schäden in wenigen Tagen behoben werden konnten.

Im Werksinneren selbst waren überhaupt keine Schäden entstanden, außer dem Betonabfall im Batteriegang.

Allerdings hatte die eingebaute Werksventilation versagt, da deren Rohrquerschnitte zu klein, die Ventilatoren zu schwach und die Luftansaugeöffnungen schlecht angelegt waren.
Die Luft im Werke war bei den dauernd geschlossenen Fensterstahlblenden schlecht und rief bei manchen Leuten Unwohlsein und Erbrechen hervor.

Von den 4 TH. waren drei voll mobil, die vierte beschränkt verwendbar. Weiter waren beide 8-cm-MSK sowie die beiden 6-cm-Grabengeschütze und alle MG voll verwendungsfähig. Ebenso arbeitete die Kraftzentrale für Licht und Strom ohne jedwede Störung.

Alle Äußerungen über geborstene Decken und Mauern sowie zerstörte Panzer und Löcher in der Werksdecke waren bewußte Unwahrheiten, wie von der Geniestabsabteilung der 180 Inf. Brig., Major im Geniestabe Hugo Hartmann, am 29. Mai 1915 protokollarisch festgestellt worden war.

Am 28. Mai 1915, gegen 17 Uhr, nach vorher einberufenem Kriegsrates der Werksoffiziere durch den Werkskommandanten Oblt. Nebesar, wurde einstimmig beschlossen, da ein längeres Verweilen im Werke unmöglich erschien, die weiße Fahne zu hissen und das Werk Lusern dem Feinde zu überlassen. Außer dem Werkskommdt. waren an Offizieren anwesend:

- Lt. Schindler, Beleuchtungsoffizier,
- Lt. Kotzmann, Art. Offizier,
- Oberleutnant Denaro, Kommandant der beiden Nahkampfanlagen Viaz und Oberwiesen,
- der Werksarzt Dr. Gaspari.

Vor dem Hissen der weißen Fahne wurden alle Geschütze und MG durch Herausnehmen der Verschlüsse und Versenken derselben in der Werkszisterne unbrauchbar gemacht.

Die weiße Fahne wurde gehißt, und Offiziere und Mannschaften verließen das Werk Lusern, dieses sich selbst überlassend.

Als die Art. Beobachter der beiden Panzerwerke (Nachbarwerke) Verle und Gschwent die weiße Fahne auf Lusern erkannten, legten diese sofort Sperrfeuer auf das Vorfeld von Lusern, um den Gegner an der Inbesitznahme des Werkes zu hindern.

Die weiße Fahne wurde sodann von einer Patrouille des Abschnittskommandos vom Verdeck des Werkes Lusern heruntergeholt, und die Schande so getilgt.

Der Gegner hatte das Drama, welches sich abgespielt hatte, und das Hissen der weißen Fahne entweder nicht bemerkt (Lusern war durch den Beschuß dauernd in Rauchwolken gehüllt), oder dies für eine Kriegslist gehalten, denn er unternahm nichts, und ließ sich diese einmalig günstige Situation zum Glück tatenlos entgehen.

Einige Stunden später wurde Werk Lusern wieder von seiner früheren Besatzung, allerdings ohne deren pflichtvergessene Offiziere besetzt, und die kritische Lage war überwunden.

Es hatten die Kriegsgerichtsverhandlungen, die sich über ein Jahr hinzogen, keine einwandfreie Klarheit geschaffen, ob der tschechische Werkskommandant ein Verräter, ein Feigling oder ein erbärmlicher Nervenkrüppel war. Er jedenfalls, wie die genannten Offiziere, waren in aller Augen und Mund nicht wert, Offiziere zu sein. Auch alle anderen indirekt Beteiligten hatten gröblich ihre Pflichten verletzt, da sie es nicht der Mühe wert gefunden hatten, oder absichtlich taten (zwei waren ebenfalls Tschechen), sich persönlich von den tatsächlichen Verhältnissen im Werk Lusern zu überzeugen und wenn notwendig radikal durchzugreifen.

Nach zweimaliger Verurteilung der angeklagten Offiziere wurden sie in letzter Instanz »freigesprochen«. FMLT. Tschurtschenthaler, der das Freispruchurteil bestätigt hatte, trotzdem er wissen mußte, daß er damit das Gesetz verletzte, wurde auf Veranlassung des Kommandos der Südwestfront pensioniert. Er wandte sich an den jungen Kaiser Karl – wurde darauf in einem Gnadenakt reaktiviert und zum Generalinspektor der Militärerziehungsanstalten ernannt.

Unter dem neuen Werkskommandanten Oblt. Schaufler hat die gleiche Besatzung des Werkes Lusern später dann Wunder an Opfermut und Tapferkeit vollbracht und alle Zweifel an ihre Tüchtigkeit und echten Soldatentums durch schwere Verluste widerlegt. Ein volles Jahr wurde die Bastion »Lusern« gegen hundertfache Übermacht verteidigt.

Ihre Tapferkeit, Hingabe und Heldenmut hatte Lusern zu dem gemacht, was es dann später ein volles Jahr war, zu einem der ruhmreichsten Punkte der Verteidigung Südtirols.

Bericht der vorgesehenen Aufgabe und Räumung des Werkes Verle

Nach Unterlagen im Wiener Kriegsarchiv – 1937 zusammengestellt und verwertet vom Fmlt. Schneider.

Seit dem 24. Mai 1915, fünf Uhr früh, lag Werk Verle unter starkem 28-cm-Haubitzenfeuer einer bei Porta di Manazzo in Stellung befindlichen Feindbatterie. Auf Befehl des Werkskommandanten Oblt. Giebermann schweigt die Werksartillerie und versucht nicht, die erkannte Feindbatterie zu bekämpfen. In beiden vorangegangenen Tagen wurden täglich über 100 Schuß achtundzwanziger auf Werk Verle verfeuert, wodurch am 26. und 27. Mai vorübergehend Beschädigungen durch Vorpanzertreffer an den T.H. II und IV entstanden und Mannschaftsverluste zu verzeichnen waren.

Obwohl Werk Verle in diesen ersten drei Beschußtagen gegen 130 28-cm-Treffer sowohl auf die Decke des Kasematten – als Batterieblocks – erhielt, waren nirgends Anzeichen zu erkennen, die den Schluß gerechtfertigt hätten, daß die Werksdecken dem Dauerbeschuß nicht standhalten würden.

Bis Mittag den 27. Mai war kein einziger Deckendurchschlag erfolgt, da die achtundzwanziger bei günstigem Auftreffwinkel höchstens 70 bis 75 cm tief in den Beton eindrangen. Im Werksinneren waren um diese Zeit überhaupt keine Schäden entstanden, mit Ausnahme der beiden T.H., die vorübergehend nicht feuerbereit waren.

Wie es immer zu Beginn einer schweren Beschießung bei einer noch kriegsungewohnten Besatzung mehr oder weniger Selbstverständlichkeit ist, wurde das anfänglich drückende Gefühl, welches die Detonationserscheinungen hervorrufen, von der Besatzung bald überwunden, als sich zeigte, daß absolut keine Gefahr eines Deckendurchschlages bestand.

Die Mannschaften waren in bester seelischer Verfassung, keine Mutlosigkeit oder Depressionserscheinungen waren erkennbar, was das Offiziersprotokoll vom 28. Mai 1915 einstimmig bestätigt, (ohne Werkskommandant).

Besonders wird vermerkt, daß zeitweise die Luft im Innern des Werkes Verle, da alle Stahlblenden wegen Splitterwirkung geschlossen waren, durch achtundzwanziger Einschläge, die im Kehlgraben, wo auch die Frischluft angesaugt wurde, detonierten, schlecht war. Der Exhaustor saugte bei jeder im Kehlgraben erfolgten achtundzwanziger Detonation auch den Rauch und die Explosionsgase an und drückte diese ins Werksinnere, wodurch die Raumluft sehr verpestet wurde. Aber trotzdem zeigten sich bei der Besatzung keine Erscheinungen, welche zu irgendeiner Beunruhigung hätten Anlaß geben können.

Das Offiziersprotokoll sagt weiter:
»Gegen 11 Uhr vormittags beorderte der Werkskommandant Oblt. Giebermann die Offiziere des Werkes Oblt. Partik, Lt. Papak und Oberarzt Dr. Wunderer (die beiden Fähnriche wurden nicht zugezogen) zu sich und machte diesen die Eröffnung, daß er (der Werkskommandant) beim Sperrkommando bereits vorstellig wurde, das Werk Verle zu räumen, da es ausgeschlossen sei, noch länger in diesem ausharren zu konnen. Es sei schade um jeden Mann, der bewußt dem Untergang geweiht sei, da das Werk in Kürze sowieso in die Luft fliegen werde. Er, (der Werkskommandant) erwarte nur noch die schriftliche Zustimmung des Sperrkommandos.«

Im Offiziersprotokoll heißt es weiter:
»... trotz des Protestes der anwesenden drei Offiziere und deren Vorstellung (Oblt. Partik), daß doch derzeit überhaupt keine Veranlassung für einen solchen Schritt gegeben sei, und dies einem Verrat gleichkomme, blieb der Werkskommandant unbeugsam bei seinem gefaßten Beschluß, Werk Verle zu räumen.«

Im Protokoll stellt Oberarzt Dr. Wunderer ausdrücklich fest, daß der Werkskommandant zur Zeit der Besprechung einen völlig verstörten und geistig derouten, deprimierten Eindruck machte.

Um 15 Uhr 20 rief der Werkskommandant erneut die drei Offiziere zu sich. Er legte diesen einen schriftlichen Befehl des Sperrkommandos Lavarone zur Einsicht vor, nach welchem laut Anordnung des Landesverteidigungskommandos Werk Verle bis auf eine Besatzung von einem Fähnrich, vier Unteroffzieren und 50 Mann sofort zu räumen sei. Er, der Werkskommandant, habe diese für 8 Uhr abends vorgesehen. Alle Proteste und Vorstellungen der drei Offiziere blieben ergebnislos, da der ausdrückliche Befehl des Sperrkommandos befolgt werden mußte.

Der Abzug der Besatzung fand dann im Laufe der Nacht statt, da das Langrohrfeuer der »Verenabatterie« bei Tag jeden sichtbaren Verkehr unmöglich machte.

Es muß heute nach 80 Jahren ausdrücklich bemerkt werden und ist auch aus den Protokollen der späteren Gerichtsverhandlungen wiederholt festgestellt worden, daß das Sperrkommando der ganzen Lage in keiner Form gewachsen war, und sich der Tragweite des gegebenen Befehles überhaupt nicht bewußt war. Der Werkskommandant, Oblt. Giebermann, hatte das Sperrkommando bewußt völlig falsch orientiert, wie aus den Akten und Aussagen aller Beteiligten hervorgeht, und dort den Eindruck erweckt, daß Werk Verle bereits halb zerstört sei und jeden Augenblick in die Luft fliegen würde. Leider machte das Sperrkommando den großen Fehler, daß es sich nicht persönlich von der tatsächlichen Lage überzeugte, oder den einen oder anderen Offizier der Werksbesatzung über die Situation befragte, wie es um Verle wirklich stand.

Daß dann das Sperrkommando das Landesverteidigungskommando leider im gleichen Sinne völlig falsch orientierte, war sehr bedauerlich und schwerwiegend. Dort, weit weg von der Front, mußte man der Meldung des Sperrkommandos Glauben schenken, denn sonst wäre der Befehl einer Räumung von Verle, der gleichbedeutend mit der Preisgabe von Lavarone war, niemals erteilt worden.

Manches mag zur Entschuldigung des Versagens der Führung beigetragen haben. Die schwachen Verteidiger, die wenige mobile Artillerie, der jeden Augenblick erwartete Großangriff des Feindes, Übermüdung und ähnliches entschuldigen aber nicht die groben Unterlassungen, die begangen wurden, bevor der Befehl zustande kam. Die sehr strengen Vorschriften der bis ins kleinste durchdachten Kriegsinstruktion für die Tiroler Sperrbefestigungen, welche eine Räumung nach Erschöpfung aller Möglichkeiten einer weiteren Verteidigung vorsieht – auch dann nur, wenn das Offizierskorps des betreffenden Platzes einhellig damit einverstanden ist. (Diese wichtige Instruktion wurde überhaupt nicht beachtet; oder war das Sperrkommando in Unkenntnis dessen?)

Erst als die Offiziere nach erfolgter Räumung des Werkes Verle sich beim Sperrkommandanten meldeten und diesem die tatsächlichen Verhältnisse, die im Werk Verle herrschten, berichteten, erkannte dieser leider zu spät, der Phantasie oder Feigheit eines Nervenkrüppels zum Opfer gefallen zu sein.

Nach erfolgter sofortiger Rücksprache mit dem Landesverteidigungskommando wurde der Räumungsbefehl sofort rückgängig gemacht. Da aber der ehemalige Werkskommandant, Oblt. Giebermann, sich weigerte, mit der Besatzung nach Verle zurückzukehren, wurde er auf Befehl des Sperrkommandos verhaftet und nach Trient dem Kriegsgericht überstellt.

Das Protokoll trägt die Unterschriften:
- Oblt. Partik, Batteriekommdt. des Werkes Verle
- Lt. Papak des Fest. Art. Baons Nr. 6
- Oberarzt Dr. Wunderer, Werksarzt im Werk Verle
- die beiden Fähnriche Weber und Wolf.

Datiert, Lavarone am 28. Mai 1915, 5 Uhr früh.

Gegengezeichnet vom Sperrkommandanten. Den Namen nenne ich nicht!
Der Verfasser.

Oblt. Partik wurde zum Werkskommandanten von Verle mit sofortiger Wirkung ernannt und alle Vorsorge getroffen, in der Nacht vom 28. zum 29. Mai 1915 Verle wieder zu besetzen und bis zum letzten Mann zu halten, was auch geschah.

Der Ausklang des sich sehr in die Länge ziehenden Kriegsgerichtsprozesses über das Verhalten des Werkskommandanten von Verle brachte nicht das von allen erwartete Urteil.

Es kam schließlich zu einem Freispruch des Angeklagten, da die Verteidigung auf Sinnesverwirrung, hervorgerufen durch schädliche Explosionsgase, plädierte, was von den sachverständigen Gerichtsmedizinern auch bestätigt wurde.

Im Gegenteil, der pflichtvergessene Kommandant erhielt später sogar noch eine Dekorierung für seine Heldentat.

Der Sperrkommandant wurde allerdings in Verbindung mit der sich am zweiten Tag in gleicher Form wie bei Verle versuchten Übergabe des Werkes Lusern pensioniert.

Für die Verteidigung der Hochfläche von Lavarone war es nur ein Glück, daß dem Gegner diese prekäre Situation völlig entgangen war und unbekannt blieb. Mit 50 Mann Werksbesatzung, davon die Hälfte Rekruten, wären diese nie in der Lage gewesen, das weitläufige Werk Verle zu halten, da zu allem Überfluß mehr als die Hälfte der vorhandenen MG, von der abziehenden Besatzung mitgenommen wurde.

Zum Glück konnte diese Krise überwunden werden, denn mit der Preisgabe auch nur eines Werkes der Lavarone-Befestigungen brach bei den geringen Mitteln der Zwischenraumverteidigung die ganze Widerstandslinie zwangsläufig zusammen, und war der Raum nicht zu halten.

Unter dem neuen Kommandanten des Werkes Verle, den gleichen Offizieren und Mannschaften, dachte später niemand, obwohl die Leiden der Besatzung zehnmal größer waren als jene der beiden ersten Beschußtage, und Monate dauerten, auch nur einen Augenblick an eine Räumung oder gar Preisgabe des Werkes Verle. Alle waren stolz, Verle-Kämpfer zu sein, und jede spätere Ablösung wurde auf Bitten der Besatzung zurückgewiesen.

Wäre Oberst Ellison damals bereits Gruppenkommandant des Abschnittes Lavarone gewesen – es wäre nie und nimmer zu einer Preisgabe des Werkes Verle gekommen.

Werk Verle

Bauorganisation:
Die vom Reichskriegsministerium im Frühjahr 1907 unter dem Vorsitz des General-Genieinspektors FZM. Graf Geldern nach Südtirol entsandte fortifikatorische Lokalkommision schlug u.a. die Befestigung des Basson di Sopra (1491 Meter) vor. Der Generalstabschef Conrad wollte dieses Werk lieber auf der westlich liegenden Costálta haben, doch letzt-

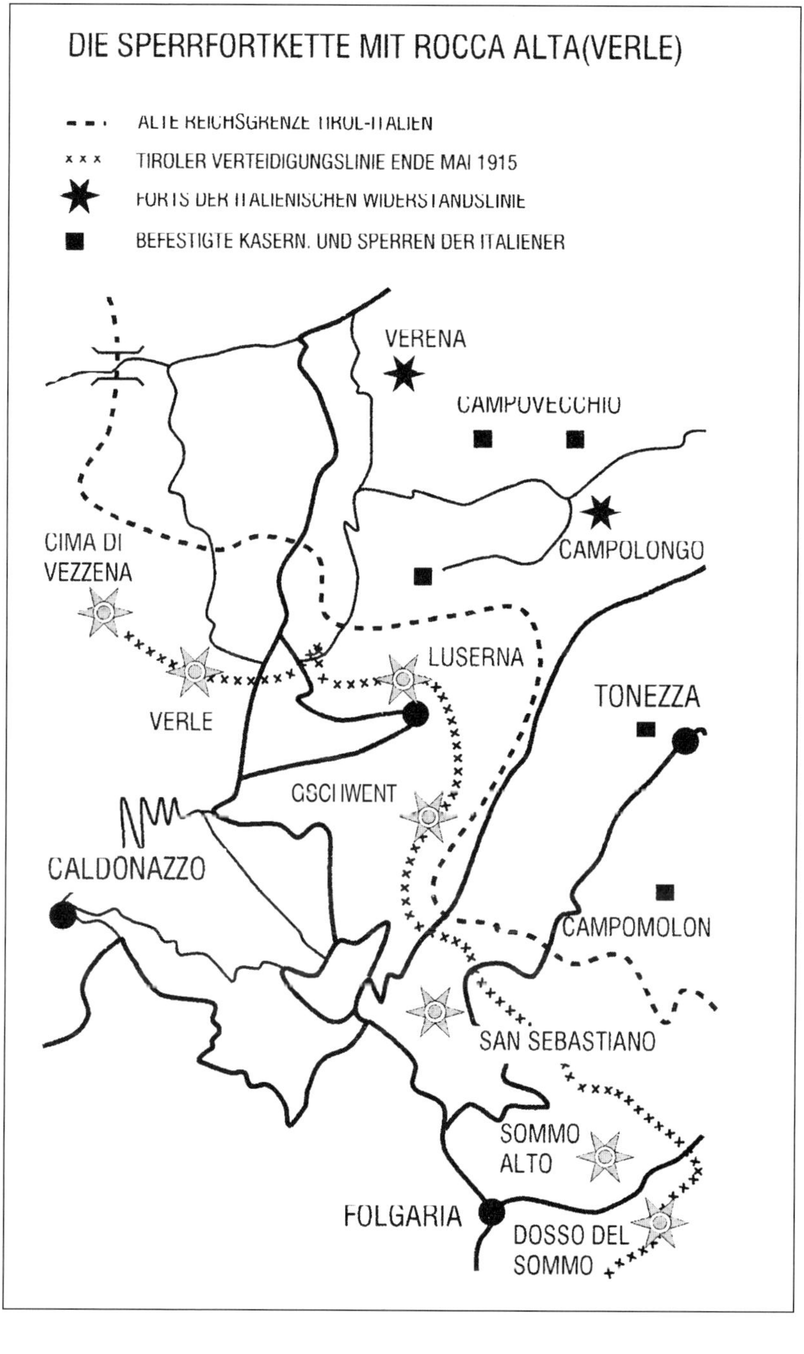
DIE SPERRFORTKETTE MIT ROCCA ALTA(VERLE)
ALTE REICHSGRENZE TIROL-ITALIEN
TIROLER VERTEIDIGUNGSLINIE ENDE MAI 1915
FORTS DER ITALIENISCHEN WIDERSTANDSLINIE
BEFESTIGTE KASERN. UND SPERREN DER ITALIENER
VERENA
CAMPOVECCHIO
CAMPOLONGO
CIMA DI VEZZENA
LUSERNA
VERLE
TONEZZA
GSCHWENT
CALDONAZZO
CAMPOMOLON
SAN SEBASTIANO
SOMMO ALTO
FOLGARIA
DOSSO DEL SOMMO

lich wurde beschlossen, das Werk westlich der Malga Busa di Verle zu errichten.

Es erhielt von dieser Malga den Namen »Werk Verle« und lief bei der Planung und dem damit zusammenhängenden Schriftverkehr meist unter der Deckbezeichnung »TV« (T=Trient, V=Verle), denn die Planung und Bauausführung oblag der k.u.k. Geniedirektion in Trient gleich den anderen Werksbauten auf der Hochfläche von Lavarone.

Die Italiener bezeichneten das Werk als »Forte Busa di Verle«, auf der Tavoletta 1:25 000 Fol. 36/I/Ne ist es nach 1918 als »Ex Forte di Cima Verle (rovine)« bezeichnet.

Der von Luis Trenker in seinem Buch »Sperrfort Rocca alta« gewählte Name »Rocca alta« kommt weder in den Akten noch auf Karten und Plänen vor und ist nach seinen eigenen Angaben frei erfunden.

Das Werksprojekt verfaßte der Hauptmann des Geniestabes Karl Edler von Lehmayer, von dem auch das Projekt des Werkes Cima di Vezzena stammte. Er fungierte auch als Erbauer beider Werke.

Die Bauausführung wurde mit dem Erlaß Nr. 922 vom 22. August 1908 der Abteilung 8 des Reichskriegsministeriums genehmigt.

Die veranschlagten Kosten betrugen:

Grundankauf	45 000	Kronen 00 Heller
Bauausführung	1 320 663	Kronen 99 Heller
Einrichtung	9 624	Kronen 80 Heller
Administrationsausgaben	24 711	Kronen 21 Heller
zusammen	1 400 000	Kronen 00 Heller

wobei alle Kosten einschließlich aller Panzerobjekte, jedoch ohne Armierung und Munition sowie Maschinengewehre zu verstehen waren, die vom Artilleriekredit bestritten wurden.

Mit dem Bau wurde am 22. Oktober 1908 begonnen, d.h. in diesem Jahre erfolgten nur die einleitenden Arbeiten, wie Baubeginn an der Werkszufahrtstraße, deren alte Trasse z.T. den Gemeinden Lavarone, Luserna, Levico und dem Ärar gehörte, Errichtung der nötigen Baracken usw. Die Bauarbeiten lagen unter der Leitung der k.u.k. Bauleitung Verle (Hauptmann Lehmayer) in den Händen einer privaten Baufirma.

Nach einem Schreiben des Kommandanten des XIV. Korps (Innsbruck) vom 18. September 1911 bestand die Infanteriebesatzung des Werkes aus zwei Unteroffizieren, zwei Gefreiten und 15 Mann, alle vom 2. Tiroler Kaiserjägerregiment, worunter vermutlich nur die friedensmäßige Wachmannschaft zu verstehen ist.

Am 27. September 1911 meldete das Sperrkommando Lavarone die voraussichtliche Belegungsfähigkeit des Werkes für den 9. Oktober 1911.

In den Feldakten (Nr. 1335) ist um diese Zeit die Rede von einer bei Verle dislozierten Batterie (eventuell provisorische Armierung des Emplacements wie später beim Bau der Folgaria-Werke).

Ebenso führen obige Feldakten eine »Gendarmerieexpositur Verle« an, die wohl neben der militärischen Wache die Überwachung der zahlreichen Zivilarbeiter durchführte.

Von den immer wieder vorkommenden Ausspähungsversuchen zeugt eine Meldung des Werkskommandos, daß in der Nacht vom 8. zum 9. November 1911 der Posten auf zwei Männer schoß, die, sich von Baum zu Baum deckend, flüchteten.

Am 3. November 1911 meldete das Werkskommando die Fertigstellung der Artilleriekampfräume und bat um Übergabe des Artilleriematerials durch die Bauleitung, um das Exerzieren mit diesem durchführen zu können.

Zu den »Wachverhaltungen Verle«, die in den Akten nicht gefunden werden konnten, ordnete das XIV. Korpskommando am 6. Dezember 1911 nachstehende im Auszug wiedergegebene Korrekturen an:
»... auf Dauer der Arbeiten während der Arbeitszeit auch ein Avisoposten ... beim Tor der Werksumzäunung ... Bei besonders starkem Regen kann sich der Posten im Schilderhaus unterstellen ... Begehrt jemand Einlaß in das Werk, so überzeugt sich der Wachkommandant zuerst durch eine Scharte der MG-Anlage des Kehlkoffers, wer es ist ... Diese Scharte sowie die Schlitzscharte des schußsicheren Tores beim Zwinger läßt er durch je einen Mann besetzen, macht das eiserne (schußsichere) Tor auf, begibt sich in den Zwinger und läßt das Tor hinter sich schließen. Die beiden Männer bei den Scharten halten die Gewehre schußbereit ... Nach jeder Ablösung des Postens hat der Wachkommandant mit dem abgelösten Posten einen Rundgang um die Traditorenbatterie, und solange der äußere Graben durch Hindernisse nicht gesperrt ist, durch den Graben

zu machen. Der Bereitschaft obliegt der Patrouillengang zum oberen Quellenfang wie auch zur Malga Cima di Verle, Pumpenstation und Malga Bassa di Verle. Diese Patrouillengänge werden durch den Werkskommandanten angeordnet. ... Hat sich der Wachkommandant behufs Ablösung der Posten resp. Abpatrouillierung vom Wachzimmer entfernt, so darf der am Wachzimmer gebliebene Mann für niemand sonst bis zur Einrückung des Wachkommandanten die Eingangstore aufmachen.«

1911 erhielt das Werk eine elektrische Anlage mit einem 35-PS-Hochdruck-Rohöldiesel (lt. fort. Beschreibung 40 PS).

Im November 1911 taucht in den Akten erstmals der Name des später in Verle eine so verhängnisvolle Rolle spielenden Lt. Giebermann (in Luis Trenkers Buch »Sperrfort Rocca alta« »Gimpelmann« genannt) auf.

Am 29. Juli 1912 befahl das 14. Korpskommando, daß die 3. Kompanie des Festungsartillerie Baons Nr. 6 nach der Rückkehr von der Übung auf dem Bondone sofort die Baracken und nicht mehr das alte Quartier zu beziehen habe, und daß die Bauleiterbaracke zu übernehmen sei.

Lt. Giebermann zeichnete am 3. Dez. 1912 »i.V.« für das k.u.k. Werk – Kommando Verle (Stempel).

Am 3. März 1913 meldete Hauptmann Müller (Werkkommando Verle) das Einrücken von Lt. Josef Stich vom Landesschützenregiment I als Kommandant des Landesschützendetachements Verle.

Der Bau des Werkes wurde lt. Rapportplan am 30. März 1913 beendet. Die verrechneten Auslagen betrugen:

Grundankauf	37 708 K 33 h – 7 291 K 67 h
Bauausführung	1 735 421 K 50 h + 414 757 K 51 h
Einrichtung	17 742 K 88 h + 8 118 K 08 h
Administrationsausgaben	43 813 K 03 h + 19 101 K 82 h
zusammen	1 834 685 Kronen 74 Heller

Somit eine Kostenüberschreitung von 434 685 Kronen 74 Heller

Quelle:
Kriegsarchiv, Abteilung 5, fortifikatorische Beschreibung der Sperre Lavarone, k.u.k. Genie-Direktion in Trient vom Dezember 1912 mit späteren Zusätzen (Plan- und Geniearchiv, Mappe 10,11).

Werksbeschreibung:
Das Werk wurde im Jahre 1912 vollendet, ist bombensicher, der Werkseingang hat eine Seehöhe von 1 500 Metern.

Aufgabe:
a) Verhinderung der Festsetzung des Gegners im Raume bei Vezzena,
b) Unterstützung einer eigenen, über Vezzena-Cima (2 049 Meter) Manderiola Richtung Monte Erio geführten Vorrückung,
c) ausgiebige Wirkung in die gefährlichsten Gegenstellungen des Werkes Tenna am östlichen Abfall der Mure Levico-Selva.

Beschreibung:
Im Prinzip wurde die Trennung der Kampf- und Unterkunftsräume durchgeführt, indem das zweigeschossige Kasemattegebäude um die Strecke der fünfzigprozentigen Streuung hinter die Haubitzbatterie verlegt wurde. Beide Komplexe hängen durch die am rechten Flügel angeordnete Traditorenanlage zusammen.

In der Verlängerung des linken Flügels des Kasemattkorps, mit diesem durch eine oberirdische Poterne verbunden, befindet sich eine besondere Nahkampfanlage.

Der in der Front und linken Face angeordnete tiefe, beiderseits revetierte Graben wird aus einer Kontereskarpeflankierungsanlage bestrichen. Letztere ist durch eine Felspoterne mit dem Batterietrakt verbunden.

Sämtliches aufgehendes Frontmauerwerk ist teils durch Felsteils durch Erdvorlagen gedeckt, in den übrigen Fronten, rechter Flanke und Kehle freistehendes Mauerwerk hinter einem flachen Vorgraben.

Das aufgehende Mauerwerk der Traditorenbatterie kann vom Costesin-Massiv, ca. dreieinhalb Kilometer entfernt, unter einem Winkel von 66,5 Grad getroffen werden.

Die Decken sämtlicher Werkteile sind zweieinhalb Meter starker Eisenbeton.

Im Erdgeschoß des Kasemattkorps befinden sich die Räume für die Maschinenanlagen, Küche, Verbandlokale, Mannschaftszimmer, Artillerie- und Geniematerialdepot, im ersten Stock das Telefon-, Kommandanten- und Offizierszimmer sowie Mannschaftszimmer, im unterkellerten Teil des Kasemattkorps die Brennstoffkammer und Depots.

Gegenstellungen:
Diese erstreckten sich vom Costesin-Massiv bis zu den Südhängen des Mondriolo; an dem Flügel dieser Zone befinden sich die Gegenstellungen für leichtes und mittleres Geschütz; in der Mitte, an der Straße Vezzena –Val d'Assa jene für schweres Wurffeuer. Die günstigsten Gegenstellungen befinden sich vier bis fünf Kilometer von Verle entfernt in der Nähe der Osteria del Termine. Alle diese Gegenstellungen sind von Verle aus nicht einzusehen, lediglich vom Beobachtungs-Posten Vezzena.

Armierung und Bestreichungsverhältnisse:

4 10-cm-Turmhaubitzen	M 9
2 8-cm-Kanonen	M 5/9
4 6-cm-Kasemattkanonen	M 10
15 Maschinengewehre	M 7

Die Turmhaubitzen wirken in die Frontgegenstellungen und gegen die Mure Levico-Selva.

Die 8-cm-M 5/9-Kanonen haben ein 80 Grad umfassendes Wirkungsfeld von der Malga Polesina bis Cost' alta (1581 Meter).
Für den Nahkampf im Vorfeld sind 13 MG eingestellt.
Überdies ist auf dem Deck des Kasemattkorps und der oberirdischen Poterne je eine in sich geschlossene Infanterielinie angeordnet.

Sicherheitsbesatzung:

Landesschützen	1/30
Artilleristen	4/167/1 Fähnrich (darunter
Sappeure	-/32/32 als Besatzung für die Batterie M. Rover)
Fest. Telefonisten	-/ 3
Telegrafisten	-/ 2
Sanitäter/Arzt	1/ 1
Fortifikat. Offizier oder	
Fähnrich i.d.R.	1/ 1/ 1 Gagist
Fortifikat. Werkmeister	-/ -/1 Gagist
Landsturmpfl. Ingenieur	-/ 1/1 Gagist
	7/208/3 Gagisten

Belegung:
Das Werk ist für eine Besatzung von fünf Offizieren und 130 Mann erbaut. Notbelegung für 190 Mann, hiervon finden 5/130 Unterkunft, 35 Mann Unterstand.

Vorfeldbeleuchtung:
Mittels elektrischer 35- und 21-cm-Scheinwerfer, ergänzt durch Leuchtpistolen, außerdem Leuchtschrapnells. Als Kraftquelle für die elektrische Vorfeld- und Innenbeleuchtung ein 49-HP-Rohölmotor sowie eine Akkubatterie im Werk eingestellt.

Beobachtung:
Für die Haubitzbatterie aus dem feststehenden, bombensicheren Beobachtungsstand, jene für die Traditorenbatterie und die allgemeine Beobachtung aus dem drehbaren, ebenfalls bombensicheren Beobachtungsstand, der für den Werkskommandanten bestimmt ist.

Zwei über den linken Flügel vorgeschobene, feststehende, bombensichere Beobachtungs- und MG-Stände für die linke Flanke.

Artilleristische Beobachtung für das Werk wird vom Posten Vezzena aus durchgeführt.

Sturmfreiheit:
Vor der Front und der linken Face ein an den Flanken ins Terrain auslaufender, sechs Meter tiefer und acht Meter breiter, beiderseits revetierter Graben; er wird durch vier 6-cm-M-10-Kasemattkanonen und zwei MG bestrichen.

An den übrigen Fronten ein flacher Vorgraben.

Am Front- und linken Faceglacis ein 12–20 Meter breites hohes permanentes Drahthindernis, im flachen Vorgraben ein niederes permanentes Drahthindernis von 20 Metern Breite.

Verbindungen:
Optisch: Festungssignalstationen zur Verbindung mit dem Werk Lusern, dem Beobachtungsposten Vezzena und nach Busa grande.
Festungstelefonverbindung mit Monte Rover und Posten Vezzena bestehend. Artillerietelefonverbindung mit Werk Lusern und Posten Vezzena projektiert.

Wasserversorgung:
Die Trinkwasserzisterne enthält einen fünfundvierzigtägigen Vorrat und wird mittels einer Druckrohrleitung von der im linken Kehlterrain gelegenen Quelle gespeist. Des weiteren existiert noch eine Kühlwasserzisterne für die Maschinenanlage im Werk.

Zwischen der Maschinenanlage und dem Pumpenhaus besteht eine Verbindung, so daß das Nachfüllen der Zisterne im Kriegsfalle vom Werk aus erfolgen kann.

Blitzschutzanlagen:
System Faraday

Trient, im Dezember 1912

Quelle:
Kriegsarchiv, Abt. 5, fortifikatorische Beschreibung der Sperre Lavarone, k.u.k. Geniedirektion in Trient, Jahr 1911 (Plan- und Geniearchiv, Mappe 10, 11).

Posten Vezzena

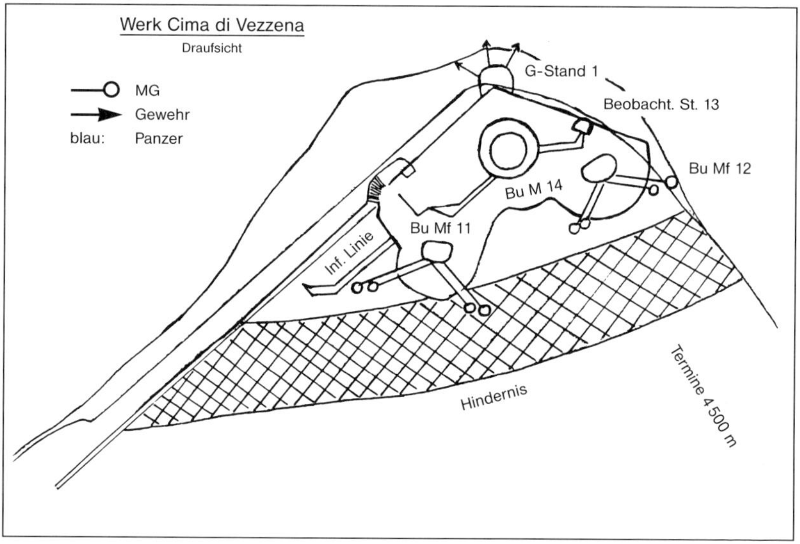

Werksbeschreibung
Planer und Erbauer: Hptm. d. Geniestabes Eduard Lehmayer.

Bombensicheres Objekt, Vollendungsjahr 1914, Seehöhe des Einganges 1897,60 Meter.

Aufgabe:
Artilleriebeobachtung für das Werk Verle.

Beschreibung:
In einer Felswandaussprengung eingebautes, dreigeschossiges Objekt mit den Kampfanlagen und Unterkunftsräumen. Die Nahverteidigung erfolgt in Front und Flanke aus zwei in der Decke eingebauten, fixen MG-Ständen für je zwei MG, aus einem drehbaren Beobachtungs- und MG-Stand, ferner aus einem südwestwärts anschließenden Infanterieannex. Die Kehlverteidigung besorgen Gewehre in automatischen Gewehrlafetten aus einem kofferartig vorspringenden Panzerstand.

Armierung:
Fünf Maschinengewehre in zwei feststehenden und einem drehbaren, bombensicheren Beobachtungsstand.

Sicherheitsbesatzung:
3 Unteroffiziere/13 Landesschützen/1 Gagist (Arbeiter gegen Gage)/ 1 Landsturmpfl. Ingenieur/1 Sappeur/2 Telegrafisten/3 Telefonisten/ 1 Gagist 23.

Belagsraum:
Für 1 (2) Unteroffiziere/30, für den Rest Unterstand.

Beobachtung:
Aus drehbarem Beobachtungs- und Maschinengewehrstand (BuM 14) und zwei fixen Beobachtungs- und Maschinengewehrständen (BuM f 11 und 12). Gegen die Val Sugana aus einem fixen Panzerstand (B-St. 13).

Vorfeldbeleuchtung:
3 30-cm-Acetylenscheinwerfer.

Sturmfreiheit:
Erreicht in Front und rechter Flanke durch ein durchschnittlich 20 Meter breites, frontal bestrichenes Hindernis im halben Vorgraben, in der Kehle und in der linken Flanke durch steilen Felsabsturz gegen die Val Sugana. Der schmale Kehlhof vor dem Eingang durch Hindernis geschlossen.

Verbindungen:
Optisch mit Verle, Lusern, Horst, Selva, Busa grande und Monte Agaro. Telefonisch mit Verle.

Wasserversorgung:
Zisterne mit 37 Kubikmetern.

Erfahrungen aus der Beschießung von permanenten Werken und Sperranlagen ... (Kriegsarchiv Wien)

Sperre Lavarone-Folgaria

In der ersten Julihälfte macht sich bei der Sperre Lavarone-Folgaria die Wirkung der eigenen 30,5-cm-Mörser dadurch bemerkbar, daß die schwere Artillerie des Gegners nahezu vollkommen schweigt. Ob diese Erscheinung nun darauf gründet, daß durch einen Stellungswechsel die italienischen schweren Kaliber aus dem Porteebereich unserer Mörser gebracht, oder zur Rentablierung, vielleicht auch zur Verwendung an einer anderen Front zurückgenommen wurden, ist noch nicht konstatiert.

Jedenfalls ist damit für die eigenen Werke der große Vorteil erreicht, daß die Arbeiten im Innern derselben wenig gestört betrieben werden können.

Die Ausbetonierung der Ringgalerien und die Anbringung von Regenschutzdecken macht bei allen Werken gute Fortschritte.
Bei der Instandsetzung wird selbst die Weißelung der Wohnkasematten durchgeführt.
Um so belastender wirkt dafür das italienische Kleinkaliber, wodurch die Arbeiten auf Deck und im Außenterrain, dann der Zuschub von Baumaterial, auf die Nachtstunden beschränkt wird.

Dieses bei Tag ununterbrochene und häufig selbst bei Nacht fortgesetzte Feuer erhärtet die Notwendigkeit der in Ausführung genommenen gedeckten Zugänge.

Beim Werke Lusern wurde zu diesem Zwecke eine Felspoterne mit beiderseitigen Anbruch (vom linken Flügel des Erdgeschosses ausgehend zu der gegen Verena und Tonezza verdeckt gelegenen Abladestelle von Baumaterial zunächst der ehemaligen Bauhütte) in Angriff genommen.

Diese Poterne wird in einer Erweiterung zu einer Unterkunft ausgestaltet für den Fall, daß während der weiteren Beschießung des Werkes dieses infolge von Durchschlägen geräumt werden müßte. (Arbeitszeit drei bis vier Wochen, bei maschinellem Betrieb, der angestrebt wird, weniger.)

Ferner ist es notwendig, einen geraden ununterbrochenen 0.60 Meter breiten Durchgang durch das Kehlhindernis jedes Werkes an der Seite zu schaffen, welcher der gegnerischen Sicht entzogen ist und daher verhältnismäßig wenig beschossen wird.

Entlang dieses Zuganges sind in Abständen von beiläufig 30 Metern splittersichere Deckungen für einige Mann herzustellen. Die Richtung dieses Durchganges durch das Hindernis muß gerade auf ein MG oder ein bis zwei Gewehrscharten gerichtet und durch bereitgestellte spanische Reiter absperrbar sein.

Infolge dieser Vorkehrungen ist es möglich, das notwendige Baumaterial zuzuschieben und in Feuerpausen auch die Ausbesserung der Hindernisse und die Arbeiten auf Deck zu bewirken.

In letzterer Hinsicht erweisen sich mehrere bequeme Deckaufgänge als unbedingt notwendig, um es der auf Deck beschäftigten Arbeitsmannschaft zu ermöglichen, nach Ankündigung eines feindlichen Schusses den Weg von der Arbeitsstelle unter Deck zu nehmen.

(Hierfür stehen z. B. im Werk Lusern bei einem 28-cm-Schuß von Punta Corbin rund 60 Sekunden, bei einem 15-cm-Schuß von Verena nur etwa 20 Sekunden Zeit zur Verfügung.)

Die feindliche Wirkung mit Kleinkalibern beeinträchtigt auch die Straßenbauten für die Etablierung der 30,5-cm-Mörser und von großkalibrigen Scheinwerfern, ferner den Straßenbau Bertoldi-Monte Rover, die Arbeiten bei den Flugplätzen und die Barackenbauten.

Es zeigt sich, daß alle Straßenbauten im Bereiche des gegnerischen Artilleriefeuers (im Baustadium von feindlichen Fliegern – trotz des Waldes eingesehen) unter Artilleriefeuer gehalten werden.

Die Notwendigkeit, schon im Frieden alle nur irgendwie in Frage kommenden Straßen zu bauen, ist klar erwiesen.

Die unterbliebene Einbeziehung der Levespitze in die permanente Ausgestaltung der Sperre Lavarone macht sich sehr nachteilig fühlbar.

Der Gegner baut diesen wichtigen Punkt zusammen mit dem Marcai-Rücken trotz aller Gegenwirkung zu einer starken Stellung aus und unterbindet im Raum Posten Vezzena, Werk Verle, dann auch bei Monte Rover durch Infanterie, MG und kleinkalibriges Geschützfeuer den Verkehr.
Gegen diese Einwirkung müssen vorerst gedeckte Verbindungen zu den Werken Verle und Posten Vezzena und eine Tarnung der Straße bei Monte Rover ausgeführt werden, worauf durch Einstellung von Geschützen

beim Posten Vezzena die Vertreibung des Gegners von der Leve-Spitze vorbereitet werden soll.

Da der Gegner am Col santo einen großkalibrigen Scheinwerfer in Tätigkeit gebracht hat und an einem Wegbau im Val Foxi arbeitet, ist zu erwarten, daß er zum mindesten mittlere Geschütze in dem Raum Pasubio-Col santo in Stellung bringen wird.

Die aus einer solchen Maßnahme resultierende Gefährdung der Kehlfronten der Werke auf Folgaria erfordert Gegenmaßnahmen, welche beim Werk Sommo in Form einer Stein- und Schottervorlage bei Erhaltung der Kehlbestreichung und eines freien Ganges entlang des Untergeschosses sofort in Angriff genommen wird.

Die nachträglich angeordnete Erhöhung der Verpflegung der Werke von 45 auf 90 Tage bereitet Schwierigkeiten, da die Werke im allgemeinen nur Raum für fünfundvierzigtägige Verpflegung besitzen.

Nur in jenen Werken, welche durch Kavernen- und Poternenanlagen ein Plus an Belegungsraum aufweisen, ist die Einlagerung einer größeren Menge von Verpflegung möglich.

Es muß daher damit gerechnet werden, daß sich selbst im Falle einer vollkommenen Abschließung des Werkes Ruhepausen ergeben werden, in denen mit allen Mitteln getrachtet werden muß, den Werken im Bedarfsfalle Verpflegung über das Ausmaß der Grunddotierung, ferner Munition und Baustoffe zuzuführen.

Jedenfalls muß das Werk vor dem Zeitpunkt der vollkommenen Einschließung, soweit es der Raum zuläßt, voll dotiert sein.

Es resultiert daraus, daß von Haus aus die höhere Verpflegungsdotation angenommen werden sollte, und daß bei jedem Werkbau mit einer Reserve an Räumen gerechnet werden muß.

Aus der Beschießung mit schwerem Kaliber in dieser Periode ergeben sich noch folgende Erfahrungen:

Ein Treffer durchschlug die Betonauflage auf der Kalotte zu einem TH-Aufgang und drückte deren linke obere Hälfte etwa fünf Zentimeter tief auf zwanzig Zentimeter Länge durch. Der Betontrichter wurde in der folgenden Nacht ausbetoniert, der Aufgang zur TH. wurde auf neunzig Millimeter verringert.

Die gleiche Maßnahme wird bei allen Werken durchgeführt, ebenso die Verschmälerung sämtlicher Gänge, Unterwölbungen usw.

Die Hindernistore werden durch Geschoßsplitter verschlagen und lassen sich demzufolge nicht öffnen. Einfache Drahtwände entsprechen besser.

Die angelegten Drahthindernisse um die permanenten Werke haben sich als zu nahe am Werke liegend erwiesen; namentlich die innerste Zone und die Kehlhindernisse wurden durch schwere Bombentreffer, die eigentlich dem Werke galten, arg mitgenommen. Es wären daher die Hindernisse um die Werke behufs deren längeren Bestandes und Erhaltung weiter als bisher vom Werke anzulegen.

Bei Telephonleitungen wird bestätigt, daß feste Leitungen durch feindliches Artilleriefeuer leicht zerstört werden, während lose verlegtes oder aufgehängtes Kabel intakt bleibt.

Der elastische Polster auf Deck der Werke zur Verminderung der Eindringungstiefe der Bomben, bestehend aus einer Lage von zehn bis zwanzig Zentimeter starken Baumstämmen, darauf stärkere Äste und oben mit einer Abdeckung von Sandsäcken, bewährt sich.

Die Werksventilation müßte reichlicher ausgestaltet werden, wegen der durch Schartenöffnungen ins Werkinnere eingedrungenen giftigen Explosionsgase.

An Stelle kleiner Ventilationskanäle wären große gebrochene Kanäle mit Tauvorhang anzuwenden.

Der Fußboden des Erdgeschosses sollte nicht weniger als ein halber Meter die Grabensohle überhöhen.

Ferner ist es unbedingt notwendig, in jedem Werk durch möglichst luftdichte Abschlüsse in Poternen und Gängen (ähnlich den Schotten eines Schiffes) die Ausbreitung von schädlichen Explosionsgasen zu verhindern.

So wäre z. B. am unteren Eingang jeder TH. ein »Rauchvorhang«, Tauwand etc. anzubringen, damit nicht nach Durchschlag des Vorpanzers die im Turmraum auftretenden Explosionsgase sich in den Batteriegang ausbreiten können.

Ebenso wären auch Verbindungsgänge entlang von Kasematten zu unterteilen, weil die bei einem Deckdurchschlage auftretenden Gase sich über das ganze Stockwerk verbreiten.

Der tunlichst verteilten Unterbringung explosiver Stoffe, wie Benzin oder Artilleriemunition, wird ein großes Augenmerk zuzuwenden sein.

Zur Verbesserung der vielen durch die Beschießung entstandenen Schäden ist die Bereitstellung von mit Sand und Schotter gefüllten Säcken, dann leere Sandsäcke, Eisenbahnschienen, Eisenträgern, Wellblech, Rundeisen, Brettern, Dachpappe, möglichst auch Prügelholz in den Werken oder in der Nähe der Kehle erforderlich. Desgleichen Hinterlegung von Hindernismaterial zur raschen Wiederherstellung von zerstörten Hindernissen und Bereitstellung von Wasserleitungsröhren und Hanfschläuchen für zerstörte Wasserleitungsanlagen.
(Als Beispiel der großen Zahl benötigter Sandsäcke möge dienen, daß für das Ausfüllen eines großen, zwei Meter tiefen Trichters auf Deck von Verle nebst Reisigbündeln zirka 600 Sandsäcke verwendet wurden.)

Alle im Werke nicht unumgänglich benötigten Ausrüstungs- und Einrichtungsgegenstände aller Art sind aus den Werken zu schaffen und an nächstgelegenen Deponierungsstellen zu hinterlegen.

Eine zu weitgehende Lichtung des Waldbestandes im Vorfelde von permanenten Werken und feldmäßigen Stellungen ist zu vermeiden, da hierdurch für die Angriffsartillerie wesentlich leichtere Bedingungen geschaffen werden.
Bei dem Anschlusse von improvisierten maschinellen Anlagen als Bohrmaschinen, Schotterbrechern, Ventilatoren an die bestehenden Kraftanlagen der permanenten Werke wird es als sehr erschwerend empfunden, daß die Werkseinrichtungen »Spezial«-Konstruktionen sind. Die Verwendung von handelsgängigen Mustern würde es entbehrlich machen, daß jetzt notwendige Bestandteile von den betreffenden Firmen erst erzeugt werden müssen.

Pustertaler Front
An dieser Front hat sich die Annahme, daß auch hier demnächst die Wirkung schwerer Kaliber zu erwarten ist, bestätigt.
Die Werke der Sperren Landro, Plätzwiese, Tra i Sassi und Buchenstein stehen seit 5. Juli unter dem Feuer von 30,5- und 21-cm-Geschützen. Das Resultat dieser Beschießung ist der Widerstandsfähigkeit der Werke entsprechend bisher folgendes:

Sperre Landro wird seit 5. Juli von 30,5-cm-Geschützen beschossen. Letzteres Kaliber ist durch Auffindung nicht explodierter Bomben verläßlich konstatiert (relativ zahlreiche Blindgänger). Die Bomben sind einhundertsiebzehn Zentimeter lang, haben abgestumpfte Spitzen, keine Zentrierwulst, Bodenzündung. Sie sind aus Gußstahl und mit einem hochbrisanten Sprengmittel geladen, wie die Form der Sprengstücke erkennen läßt. Die Explosionswirkung ist mächtig, die Eindringungstiefe scheinbar jedoch wesentlich geringer als bei unserem 30,5-cm-Mörser. Im Murenterrain von Landro aufgeworfene Trichter zeigen bis vier Meter Durchmesser und zwei Meter Tiefe. Die Werke der Sperre Landro wurden bisher nicht getroffen; ihre Desarmierung ist übrigens nahezu beendet, Besatzung außerhalb. Wirkung der auf neun Kilometer erfolgenden Beschießung bisher überhaupt nahezu Null. Arbeiten an den Kavernen etc. werden in den Feuerpausen weitergeführt.

Sperre Plätzwiese, seinerzeit nur granatsicher erbaut, wird gleichfalls mit 30,5-cm-Bomben beworfen (80 Prozent Treffer). Eine Bombe durchschlug die Decke glatt, durchfuhr den Gang und kam an der Kehlmauer zur Explosion, aus dieser ein Stück herausreißend.

Durch diesen Treffer wurden sämtliche Türen des Werkes aus den Angeln gehoben und viele Blenden einige hundert Meter weit geschleudert. Der Stiegenaufgang wurde zerstört. Bei einem zweiten Deckendurchschlag blieb die nicht explodierte Bombe im oberen Geschoß liegen.

Eine 15-cm-Mörserkuppel wurde in zwei Teile zerschlagen, Geschoß explodierte im Geschützbrunnen, ohne weiteren Schaden anzurichten, da der Mörser bereits entfernt war. Die drei Meter starke Frontmauer wurde durch einen Treffer nicht durchschlagen (noch zirka ein Meter intakte Mauerstärke verblieben). Ein Durchschlag in nächster Nähe einer nur sechzig Zentimeter dicken Mauer beschädigte letztere nicht. Seit Beginn der Beschießung ist die Besatzung in der naheliegenden Felskaverne untergebracht.

Sperre Tra i Sassi. Nach dem 33. Treffer wurde durch eine 21-cm-Bombe, welche in einen schon vorhandenen Trichter auf der schwach granatsicheren Decke des Werkes auftraf, diese durchschlagen und von der zum Teil im Werke verbliebenen Besatzung zwei Mann getötet und vier verwundet, worauf das Werk gänzlich geräumt wurde.

Die noch weiter erfolgten drei Durchschläge haben an den Umfassungsmauern nur in der Nähe des Einganges Schäden verursacht.
Die Armierung blieb intakt und konnte zur Wiederverwendung ausgebaut werden.

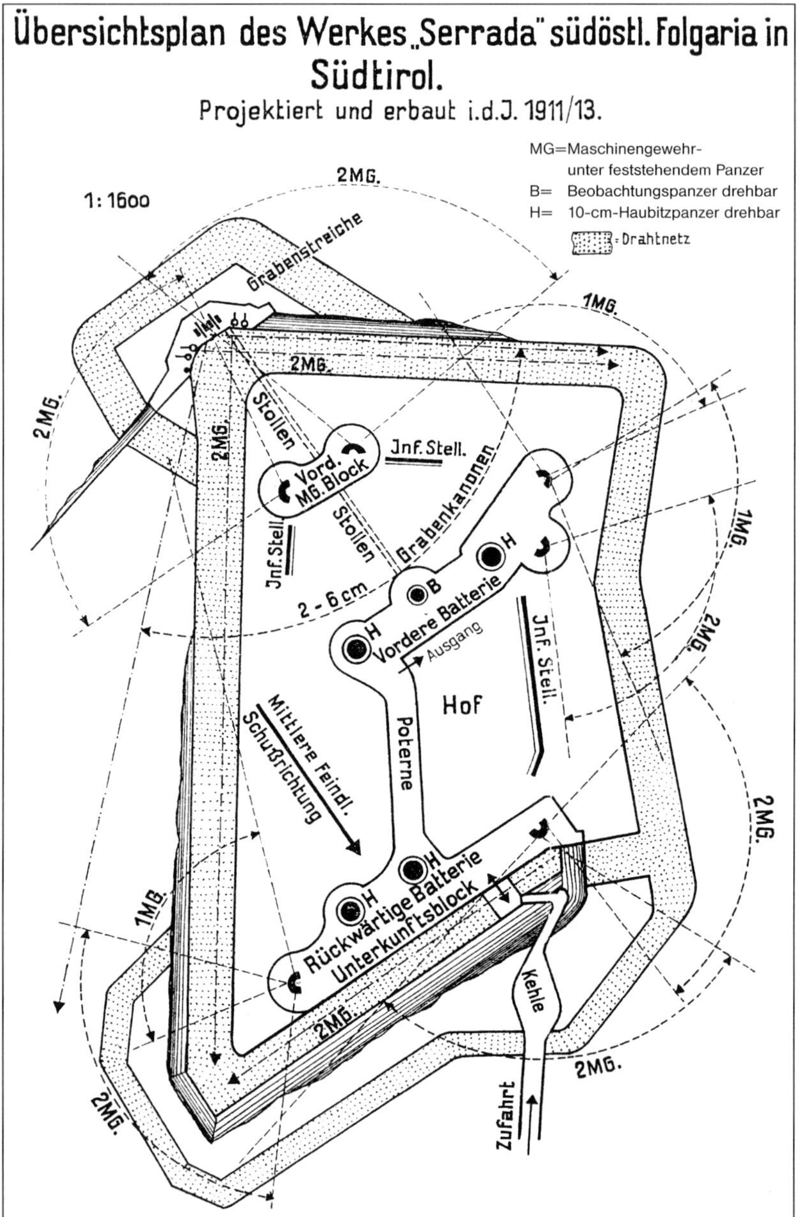

Armierung: 4 Stück 10-cm-Turmhaubitzen
21 Stück schw. MG (einschließlich Grabenflankierung)
2 Stück 6-cm-Grabenflankierungkanonen hinter Panzerschilden

Das Werk ist nach Aufräumungsarbeiten als Infanteriestützpunkt bei einem Nahangriff verwendbar. Die rechtzeitige Desarmierung bzw. die Schaffung von Ersatzobjekten hatte sich bei diesem Werke wegen hoher Schneelage verzögert. Aus demselben Grunde war auch der Kavernenbau zur Unterbringung der Besatzung während der Beschießung im Rückstand geblieben.

Sperre Buchenstein. Werk La Corte wird mit 21-cm-Bomben beworfen. Die geringfügigen Schäden können fallweise behoben werden.

Außer den vorgenannten Sperren wurde nur noch Tonale im verflossenen Halbmonat vom Werke Corno d'Aola u. zw. wie früher auch jetzt wirkungslos beschossen.
Am Stilfserjoch wirkten gegen die eigenen Anlagen von der Batterie Furcola 12-cm- und 7-cm-Geschütze gleichfalls ohne Erfolg.

Die Erfahrungen aus der Werkbeschießung der Kärntner Sperren gibt das Armeegruppenkmdo. G.d.K. Rohr unter Op. Nr. 2663 wie folgt bekannt.

»Die permanenten Werke der Kärntner Sperren sind derart veraltet, daß aus deren Verhalten (bisher standen nur Fort Hensel und Raibler-Werke unter schwerem feindlichen Artilleriefeuer) keinerlei Schlüsse, bzw. Erfahrungen für die künftige Ausgestaltung von Befestigungen geschöpft werden können.

Das bisherige Ergebnis der Beschießung rechtfertigt jedenfalls vollauf die noch vor Kriegsausbruch durchgefuhrte Desarmierung dieser Werke bis auf einige Geschütze. Diese letzteren, in der Mehrzahl noch intakt und von der heldenmütig ausharrenden Besatzung bedient, veranlaßten den Angreifer immer wieder zu deren Bekämpfung und so zu einer nicht im Verhältnis zum Effekt stehenden Munitionsverschwendung. Die bis auf diese kleine Artilleriebedienung geräumten Werke sind somit eigentlich zu Scheinbauten geworden und erfüllen als solche ihren Zweck vollkommen.

In der Angriffsartillerie befanden sich 21-, 28-, 30,5-cm-Steilfeuergeschütze (Haubitzen und Mörser), gegen Batterie Predilsattel auch 30,5-cm-Schiffsgeschütze.

30,5-cm-Geschoße erzielten bei jedem Treffer glatte Durchschläge, sowohl in Decken und Mauern als in den veralteten Grusonpanzern und Kasematt-Panzern der 12-cm-M.80 Minimalschartenkanonen. Die jeweilig entstandenen bedeutenderen Schäden wurden in den täglichen Situationsberichten bekanntgegeben.

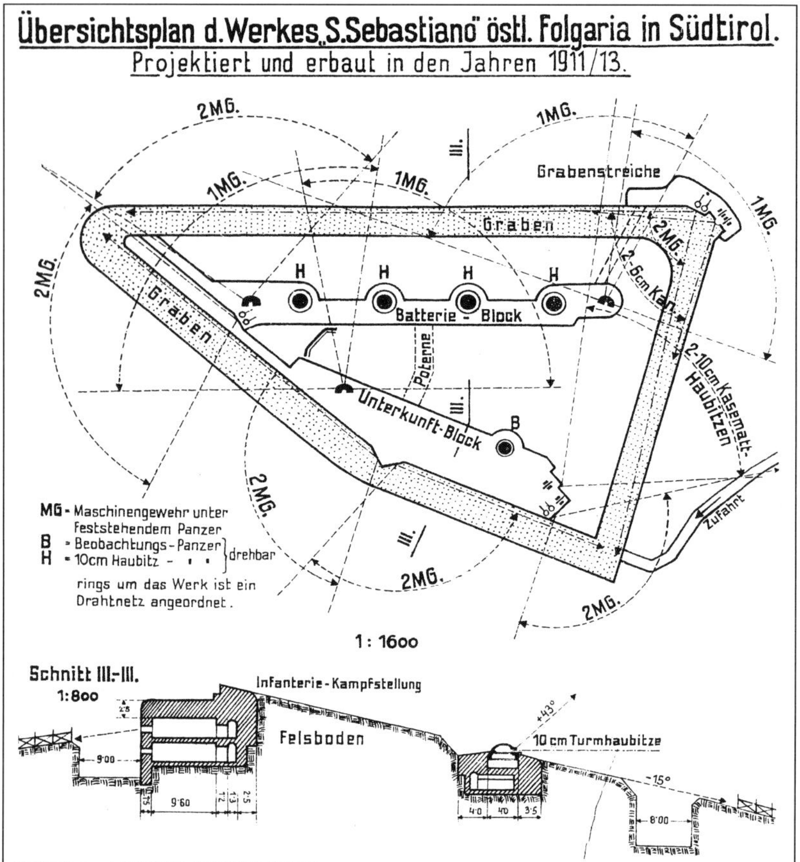

Armierung: 4 Stück 10-cm-Turmhaubitzen
16 Stück schw. MG (einschließlich Grabenflankierung)
2 Stück 6-cm-Grabenflankierungskanonen hinter Panzerschilden
2 Stück 10-cm-Kasematthaubitzen hinter Panzerschilden als Traditoren

»Nach allem Bisherigen, wird die künftige Befestigung keine sogenannten permanenten Werke, sondern für zweckmäßige Einstellung von Kampfmitteln aller Art eigens vorbereitete Verteidigungsstellungen schaffen müssen.

Eine weitere Verstärkung der schon jetzt zum Kampfwert der Werke in keinem Verhältnis stehenden Betondecken und Mauern erscheint mit Rücksicht auf die sicher zu erwartende Wirkungssteigerung des Angriffsartilleriemateriales wohl zwecklos.
Besatzung und Armierung werden den besten Schutz immer in großer Beweglichkeit finden.«

IV. Festungen

Fort Pizzo di Vezzena (Cima di Vezzena, 1908 Meter)

Von der Baita »Al Verle« erreichen Sie mit dem Auto eine alte Fahrstraße, die aber gesperrt ist. An dieser Abzweigung läßt man das Auto stehen und geht auf der alten, nicht befestigten Straße, Ww. blau, in ca. einer Stunde zum Gipfel. Der Weg zieht sich durch einen Wald, wird später aber sehr sonnig.
Das Fort wurde direkt auf dem Gipfel errichtet; es kann nicht mehr begangen werden. Die Frontseite fällt steil nach Süden ab.
Ausgangspunkt ist der Passo di Vezzena.

Fort Verle (1500 Meter)

Wie eine mächtige Schildkröte erhebt sich in 1554 Meter Höhe auf einem runden Bergrücken die Festung Verle – ein seltsames Bild.
Luis Trenker erwähnt sie in seinem Roman unter dem Phantasienamen »Sperrfort Rocca Alta«.

Cima di Vezzena: Hier ist der kofferartige Panzerstand für die Kehlverteidigung aus Gewehren in automatischen Lafetten noch vorhanden.

Cima di Vezzena: Der kofferartige Panzerstand wurde entfernt (Zustand von 1965).

Infanterieangriffe blieben hier erfolglos. Verle hatte eine Schlüsselposition, die den Zugang zum Val d' Assa nach Monterovere sperrte. Diese Befestigung wurde mit schweren Kalibern der italienischen Artillerie beschossen.

Diese Befestigung erreicht man recht leicht vom Passo di Vezzena (1 404 Meter). Die gut instand gehaltene Straße führt uns direkt an das Fort (Parkplatz). Unbesorgt kann man bis zum Oberdeck dieser Befestigung gehen. Etwas Trittsicherheit ist allerdings erforderlich, um den Innenraum bzw. vorgelagerten Traditor zu betreten.

Das Gelände ist immer noch wie vor 80 Jahren durch die vielen Granateinschläge deformiert. Blumen schmücken im Sommer diese von Menschenhand erzeugten Schäden.

Fort di Campo Luscrna/Luscrn (1 549 Meter)

Diese einst mächtige Festung wurde zwischen 1911 und 1914 errichtet. Bewaffnet war die Festung Lusern mit vier modernen 100-mm-Haubitzen, wie sie fast alle befestigten Werke des Festungsgürtels besaßen. Außerdem hatte sie zwei 60-mm-Kanonen und 15 Maschinengewehre zur Verfügung. Die Besatzung bestand aus 180 Offizieren und Artilleristen, verstärkt durch 80 Landesschützen.
Erbaut wurde das Werk auf dem flachen Gipfel des Campo di Luserna, der den zentralen Pfeiler und die höchste Erhebung des Bergrückens zwischen dem Astico-Tal und dem Torro-Tal bildet.
Sie hatte dieselbe Schlüsselposition wie Verle. Zwei Nebenforts, Viaz im Osten und Oberwiesen im Westen, flankierten diese Befestigung.
Durch die umfangreichen Kampfhandlungen in den Jahren 1915/16 und umfassende Sprengungen in den dreißiger Jahren, zur Gewinnung des Eisens, war das Fort nur noch eine unförmige Masse.

Fort Lusern

In jahrelanger Arbeit wurde von der Gemeinde Lusern das Fort wieder begehbar gemacht. Die Schächte und Gräben und einige Schützengräben wurden freigelegt und somit die Struktur der Festung wieder sichtbar.
Das Innere des Forts ist für den Touristen nur beschränkt zugänglich. Der rötlich gefärbte Dolomitfels, ebenfalls der gut beschilderte Eingang sind nicht zu übersehen. Ww. führen durch etliche Passagen des Forts der ehemaligen Festung. Verschiedene Hinweistafeln erklären die Baugeschichte und das Kampfgeschehen im Ersten Weltkrieg.

Fort Serrada (Sieben Gemeinden)

Fort Verle

Straßensperre
Predil

Batterie Predilsattel

Sperre Corte

Straßensperre Ruaz

Bei Lusern – Soldatenfriedhof

Fort Lusern

Sperre Moena (Someda)

Blockhaus Aiblschlucht

Fort Flitscher Klause

Der sterbende Kaiserjäger (Berg-Isel-Museum Innsbruck)

In luftiger Höhe, mit einem besonders schönen Blick auf die Ebene von Vezzena, kann das Oberdeck auch begangen werden.
Das Monument direkt bei der Befestigungsanlage wurde ebenfalls instand gesetzt und mit einer neuen Gedenktafel versehen.

Hier befindet sich ein Ww., der abwärts über Stufen zum ehemaligen, wieder freigelegten Nebenwerk Oberwiesen führt, und das demzufolge auch wieder betretbar ist.
Es wurde mit einem großen Gitter-Kreuz versehen.

Erreichbar ist die Festung Lusern, jeweils in bequemer Wanderung, von zwei Seiten.
Wählen Sie selbst!
Entweder vom Ort Lusern, in ca. 30 Minuten oder von Millegrobbe aus (Straße von Passo di Vezzena nach Lusern) (Ww. 46 Fort Lusern Cima Campo).
Allerdings ist die Forststraße zum Fort für PKW gesperrt. Kein Beinbruch, es sind ja nur noch zweieinhalb Kilometer. Deshalb stellen Sie das Fahrzeug ab, denn zu Fuß erreicht man, wie schon erwähnt, mühelos in ca. 50 Minuten das Werk Lusern!

Kompaß – Wanderkarte Nr. 75

Folgende Informationstafel findet sich im Werk Lusern:
»Der Schützengraben von Millegrobbe«
»Der Wiederaufbau verlief nicht nach philologischen Kriterien, sondern war von didaktischen Absichten beseelt. Das bestatigen auch einige Modellquerschnitte, die man nach einer Untersuchung der Typologien erhalten hat, die vom österreichisch-ungarischen Pionierkorps ausgearbeitet wurden. Der Schützengraben von Millegrobbe verlief über mehrere hundert Meter und verband sich stromaufwärts mit der Festung Lusern. Dieser geborgene Teil fällt mit Absicht auf ein Weidegebiet, um soweit wie möglich die Situation des ›offenen Feldes‹ wieder herzustellen, was während der Militäraktion für die Kontrolle und den Beschuß unerläßlich war.

Nach dieser letzten Betrachtung wird dem Besucher die Situation des Gebiets während der Kriegszeit vor Augen geführt. Es wurde von unzähligen Linien mit Vorposten, Türmen und Drahtverhau durchquert, und war fast baumlos; es weist eine durch Tausende von Explosionen aufgelockerte Erde auf, die noch durch die Festung der Oberflächen sichtbar wird. Der österreichische Festungsaufbau am Anfang des zwanzigsten Jahrhunderts wurde mit höchster technischer Strenge geplant und unterlag Veränderungen während des Krieges. Die Schützengräben waren während der Kampfpausen geschützt, mit Niederholz getarnt, und wurden in den Punkten verstärkt, die während der Schlacht leicht verwundbar waren. Die Dauer des Krieges und die hohen finanziellen Lasten begünstigten die Verwendung von einfachen Materialien wie Holz und Stein, auch aufgrund der dringlichen Notwendigkeit.«

Auf dem Weg zum Werk Lusern ist auf etwa halber Strecke, Ww. links, der Schützengraben erreichbar.

Solch eigenwillige Übersetzungen von Touristeninformationen sind wohl schon jedem deutschen Italienbesucher an exponierter Stelle begegnet. Um Mißverständnissen vorzubeugen, sei erklärt, daß der zu besichtigende wieder hergestellte Schützengraben von Millegrobbe nicht einen bestimmten historischen Zustand der Stellung rekonstruiert. Vielmehr sollen im ehemaligen Grabenverlauf verschiedene Grabentypen gezeigt werden, die entweder gleichzeitig oder nacheinander in Gebrauch waren. Zunehmende Kriegserfahrung und gesteigerte Waffenwirkung führten naturgemäß zu entscheidenden Modifikationen beim Bau von Feldbefestigungen.

Ein Erlebnisbericht:
Im Jahre 1992 führte mich mein Weg nach Lusern. In dem kleinen Dorf ging ich zum Friedhof und entdeckte, daß fast alle Grabinschriften nur drei verschiedene Namen aufwiesen. Ich konnte in Erfahrung bringen, daß sich 80 Prozent der Bewohner Nicolussi, 20 Prozent Pedrazza und Gasperi nennen.

Ich sprach einen alten Mann an, worauf er mir in einer für mich ganz seltsamen Sprache antwortete.
Ich überlegte – es war kein Englisch, Italienisch, Spanisch und auch nicht Französisch, was konnte es sein?
Ich, ganz in Gedanken versunken, hörte plötzlich die Stimme des alten Mannes, der nun mit mir Deutsch sprach.
Er klärte mich auf: seine Sprache war Cimbrisch, ein altdeutscher Dialekt aus dem 11. und 12. Jahrhundert, der nur noch von wenigen Menschen gesprochen wird.

Dann erzählte er mir, was er in seiner Kindheit erlebte; mit seiner Mutter und Schwester mußten sie für zehn Heller pro Tag, Steine für das Fort die Campo di Luserna schleppen; es war eine harte Arbeit.

Die Ortschaft Lusern wurde im Ersten Weltkrieg vollkommen zerstört. Die Bewohner wurden nach Böhmen ausgesiedelt. Nach dem Krieg kamen sie in ihre Heimat zurück und bauten ihren Ort wieder auf.

Auf einer grünen Terrasse der Trentiner Berge, über einem Felsvorsprung »schwebend«, der die venetischen Täler dominiert, liegt die kleine Dorfgemeinschaft von Luserna.
Sie verkörpert eine historische Sprachbrücke, weil hier der einzige Flecken Erde ist, wo man noch die antike Sprache der germanischen Kimbern in einer mittelalterlichen Form spricht. Luserna stellt die am südlichsten gelegene ethnische Insel der Alpen dar.

Dar Peer un dar Vinkh
A gjungar peer is gant in pa'nan balt, gaülane un lürnane.
Dénna hatten ghehöart a vinkh, un darsèl hatten khört: »Bas hasto, as to aso lürnst un gaülst?« – Un dar peer hat khöt: »I han vorloort mai Muatar un i vang khuan andra milch«. »Eh, bas bil'do as sai? – hatten khöt dar vinkh – I han o nia khuana ghevank, un leebe alls uas«. Un dar peer: »Liabar mai vinkh, ma'khentars in de schinkh, du hast ghetrunkht khuana milch!«

Der Bär und der Fink
Ein junger Bär ging heulend und brummend in den Wald.
Ein Fink hörte ihn und fragte: »Was hast Du, weshalb weinst Du und heulst Du so?« – »Ich habe meine Mutter verloren und bekomme keine Milch mehr!« »Das ist doch nicht so schlimm!« – antwortete der Fink – »ich habe nie Milch bekommen und lebe trotzdem«. Und der Bär: »Mein lieber Fink, man sieht es auch an Deinen Beinen, daß du nie Milch getrunken hast!«.

Panzerwerk Gschwent – Fort Belvedere (1777 Meter)

1914 erbaute man das mächtige Festungswerk Belvedere. Deutsch nennt man es Gschwent.
Es beherrschte das Astico-Tal bis zum Engpaß Barcarola; und kontrollierte gleichzeitig auf der anderen Seite, zusammen mit der Festung Cherle, die gesamte Hochebene »dei Fiorentini«.
Ein Motto schmückte sie: »Für Trient reiche ich«; wie trügerisch ist doch der menschliche Ehrgeiz.

Dieses Fort kann man sehr leicht mit dem Auto erreichen. Von der Ortschaft Capella (1 170 Meter) oder Lenzi Birti ist dieses sehenswerte, zu einem Museum ausgebaute Objekt zu besichtigen. Es ist das besterhaltene

Fort der gesamten Region. Das kleine Lokal lädt zu einem Besuch ein. Diese wohl einmalige Anlage ist für militärhistorisch Interessierte besonders lohnenswert.

Fort San Sebastiano (Cherle, 1445 Meter)

Um eine Verwechslung mit Verle zu vermeiden, bekam Cherle noch den Namen »San Sebastiano«.
Von Passo del Sommo (1343 Meter) südlich über die recht kurvenreiche Straße bis zur Malga Posta bzw. Al Fort Cherle führt ein fast ebener Wanderweg in ca. 20 Minuten zur Befestigung.
Wenn Sie Ruhe und Entspannung suchen, unternehmen Sie diese Wanderung.

Im Vergleich zu den anderen Festungen lag das Fort San Sebastiano weiter zurück. Es bestand aus einem Gebäudekomplex mit befestigten Unterständen, die in geschützter Lage gegen Norden ausgerichtet waren, und aus einer vorverlegten Batterie, die von vier 105-mm-Haubitzen in drehbaren Türmen gebildet wurde.

Fort San Sebastiano (Cherle)

Um die Festung zog sich ein breiter dreieckiger Graben. Die Befestigung erlitt durch Artilleriefeuer schwere Schäden. Da dieser Bau weit von der vordersten Linie entfernt lag, wurde er von der Infanterie niemals angegriffen.

Die in einem Projekt aus dem Jahre 1911 vorgesehene Ausrüstung:
4 105-mm-Haubitzen in drehbaren Geschütztürmen
4 Kasemattenhaubitzen
6 leichte Geschütze
16 Maschinengewehre

Dieser Bau ist heute am schlechtesten erhalten; da er nach dem in den dreißiger Jahren erfolgten Abbruch der Eisenstrukturen einstürzte.

Fort Sommo Alto (1613 Meter)

Von der Osteria Coe südöstlich von Sommo Alto gelangt man in ca. 30 Minuten zum Fort. Die Wanderung ist nicht anstrengend. Eine andere Möglichkeit ergibt sich vom Passo del Sommo (1343 Meter) in Richtung Folgaria auf der links abzweigenden kleinen Straße zum Rifugio Stella d'Italia (1536 Meter). Noch eine andere Variante bietet der Lift von Francolini zum vorerwähnten Rifugio und im kurzem Anstieg zum bereits sichtbaren Fort.

In einer Position zwischen Fort Cherle und Fort Dosso del Sommo gelegen, bestand es aus einer Hauptbefestigung, den Kasematten, und aus einem Komplex zum Schutze der Befestigung mit drehbaren Panzertürmen für die Maschinengewehre sowie einer modernen Anlage mit Positionen für den Nahschuß.
Zwischen der Befestigung und der Batterielinie zog sich ein Schützengraben auf dem Gebirgskamm Richtung San Sebastiano hin, der heute noch sichtbar ist.

Die in einem Projekt aus dem Jahre 1911 vorgesehene Ausrüstung:
2 105-mm-Haubitzen im drehbaren Geschützturm
20 Maschinengewehre
2 leichte Geschütze

Der Kasemattenkomplex ist am besten erhalten; die Gänge und die aus Eisenbeton bestehenden Räume sowie die Nischen auf dem Dach, in denen drehbaren Geschütztürme untergebracht waren, sind noch sichtbar.

Fort Dosso del Sommo/Doss del Sommo

Werk Serrada (1 670 Meter)
Direkt vom Ort Serrada nahe der Kirche, führt der Weg zur Kabinenbahn, die zur Baita Tonda Martinella (1 604 Meter) hinauffährt; anschließend gelangt man nach ca. 30 Minuten auf gutem Weg zum Fort Dosso del Sommo.

Die mächtigen Ruinen legen bis heute Zeugnis von den harten Kämpfen ab, die hier ausgetragen wurden, und sie stellen zugleich eine Mahnung dar.

Sie bestand aus einem Kellergeschoß mit Stahlkammern für die Unterkünfte und die Diensteinrichtungen, über dem sich eine zweienhalb Meter starke Eisenbetonschicht befand.

Darüber waren die drehbaren Beobachtungspanzertürme für die Artilleriegeschütze mittleren Kalibers (105-mm-Haubitzen) und die Panzertürme zur Beobachtung und für die Maschinengewehre eingebaut. Auf den Seiten befanden sich Kasematten mit Stellungen für leichte Geschütze und automatische Waffen. Die Festung war von einem großen Graben umgeben und davor befanden sich mehrere Drahtverhaue.

Sie bestand aus einem nach Nordwesten gerichteten dreistöckigen Gebäude, das etwa 100 Meter lang war und indem sich die Unterkünfte mit den Diensteinrichtungen befanden, und aus zwei Blöcken mit Haubitzenbatterien, die nebeneinander auf dem Hang nach Süden hin lagen.

Ein breiter, teilweise doppelter Graben von sieben Metern Tiefe, schloß die gesamte Befestigung ein.
Die Maschinengewehre waren noch weiter vorn auf der Südspitze der Festung Coepaß hin, und auf der westlichen Seite zum Schutz des Felshanges des Terragnolotals postiert.

Auf der östlichen Seite befanden sich sechs getarnte Geschütztürme aus Zink, die den Feind irreführen sollten.

Die in einem Projekt aus dem Jahre 1911 vorgesehene Ausrüstung:
4 105-mm-Haubitzen in drehbaren Geschütztürmen
2 Kasemattenhaubitzen
4 leichte Geschütze
21 Maschinengewehre.

Der Gebäudekomplex ist immer noch beeindruckend und das Hauptgebäude trotz der Schäden in seiner ganzen Länge gut erkennbar.

Von den in Folgaria bestehenden drei Befestigungen war dies die größte, und sie war auch nach den damals modernsten Kriterien erbaut worden.

Kompaß – Wanderkarte Nr. 75 und 101

Erwähnt werden soll noch das ehemalige Comando Austriaco. Von der Ortschaft Virti kommend erreicht man hinter einer leichten Rechtskurve einen Wanderweg. Die nicht mehr befahrbare ehemalige Kriegsstraße führt durch den Wald. Links befindet sich ein Stolleneingang, den Waldweg weiterverfolgend kann man ein in den Fels gehauenes, größeres, offenes Rechteck sehen. Hier befand sich gegen Fliegersicht getarnt, ein größerer Raum, der als das sogenannte Kaiserzimmer bezeichnet wurde. Der Thronfolger und spätere Kaiser Karl soll sich hier aufgehalten haben. Mehrere Eisenträger mit Isolatoren sind die einzigen Relikte, die noch zu sehen sind. Die österreichischen Stäbe hatten bis zum Zusammenbruch der k.u.k. Monarchie im November 1918 dort ihre Zentrale. Hier liefen die gesamten Verbindungen zu den Forts der Hochflächen zusammen.

Kompaß – Wanderkarte Nr. 75

Alt-Oesterreichs Gloria für 100 Lire
Die Überreste der k.u.k. Monarchie können Touristen nun im Fort Gschwent besichtigen. Leo Fröhlich berichtet von der Weltkriegs-Festung, die heute Privatbesitz ist.

»Der italienische Landwirt Eugenio Osele, vermutlich der einzige Privatmann der Welt, der über eine gewaltige Festungsanlage verfügt, die voll sein Eigentum ist. Über 50 000 Quadratmeter erstreckt sich sein Besitz aus Beton, Stahl und Eisen. Die Festung ist intakt, wenn auch die Waffen fehlen. Innerhalb von 24 Stunden wäre sie wieder zu armieren. Aber Osele denkt nicht an Krieg, sondern an den Fremdenverkehr. Gegen hundert Lire kann jeder ›seine Festung‹ besichtigen. Wenn seine italienischen Landsleute dann mit leichtem Schauer die Kavernen durchstreifen, durch Schießluken spähen und alte Stahlhelme, verrostete Gewehre, entschärfte Handgranaten besichtigen, dann betreten sie Boden, den kein Italiener im Ersten Weltkrieg mit der Waffe in der Hand betreten konnte.

Die Festung Eugenio Oseles ist das ehemalige österreichische Fort Gschwent, Kernstück der Verteidigungslinie Lavarone-Folgaria im Ersten Weltkrieg. Oberösterreicher, Wiener, Salzburger, Magyaren, Tschechen, Ruthenen und Slowenen, eine bunte Mischung, welche die k.u.k. Monarchie repräsentierten, hielten Fort Gschwent vier Jahre gegen eine oft zehnfache italienische Übermacht. Hier und in den weiteren Festungen Verle und Vezzena kämpften der Fähnrich Luis Trenker und der Oberleutnant Fritz Weber, einer der bekanntesten Weltkriegsautoren.

Doch was vor 80 Jahren höchste Festungsbaukunst verkörperte, ist heute nur noch Altmaterial. Die Trientiner Provinzregierung will die lästigen Relikte der Vergangenheit loswerden. So kam es zum Verkauf an Eugenio Osele. Eigentlich bezahlte er nur den Wert der Bäume, die auf den verkarsteten Kuppen des Forts aus den Granattrichtern wachsen. Oseles Idee, Fort Gschwent zu einer Fremdenverkehrsattraktion zu machen, schlug ein. Rund zehntausend Besucher kommen im Jahr, um Alt-Österreichs Gloria in Betonklötzen, blinden Schießscharten und an die Wände gekritzelten Verzweiflungssprüchen nachzuspüren. Gegen einhundert Lire Eintrittsgeld.

Manchmal finden diese Besucher ein verrostetes Kochgeschirr der k.u.k. Armee, manchmal eine noch lesbare Feldpostkarte an die »Liebe Zenzi«, dort ragt auch noch eine Bajonettspitze aus dem Kavernenbrunnen. Was die Besucher jedoch nicht mehr empfinden können, ist die Situation von damals, von 1915, als das Hochland von Lavarone zum Massengrab für Freund und Feind wurde.

Am Rande des Wahnsinns

Oberleutnant Fritz Weber beschreibt in seinem Buch »Ende einer Armee« das Grauen des Festungskrieges:

»Die Nacht ist eine zuckende Hölle. Pausenlos fegen Schrapnells über das Werk. Trotzdem schleppen unsere Rekruten Zement durch die Laufgräben, Eisenträger und Spannschrauben, um die Wände des Kasemattenblocks verstärken und pölzen zu können.

Zehn Tage rast das Feuer, ehe die Erlösung des Angriffs kommt. Dreitausend Dreißigzentimetergranaten und doppelt so viele Achtundzwanziger zersieben Decken und Panzer, bis die Ewigkeit dieser zehn Tage verflossen ist.

Wir liegen in den Kavernen, Maschinengewehre und Handgranaten griffbereit, die Köpfe bleischwer von Lärm und Sterbensangst, von Rum und Zigarettenrauch. Das Werk stürzt Teil für Teil zusammen, jede Stunde bringt neue Schreckensbilder. Nur Branntwein schützt uns vor dem Wahnsinn.

Ein Bereitschaftsraum wird durchschlagen. Die zerrissenen Träger hängen bis zum Fußboden hinunter. Acht Sappeure liegen unter dem Schutt, zerhackt, zerschmettert, verbrannt. Sieben finden wir. Sie werden ausgegraben und nebeneinandergelegt. Niemand erkennt sie mehr. Ihre Gesichter sehen wie verkohltes Brot aus. Vom achten ist nur ein Schuh zu finden, in welchem noch der Fuß steckt. Sein Körper ist in Atome zerrissen, klebt an den Wänden, ist mit Schotter und Staub vermengt.

Eine Kasematte stürzt ein. Wer von den Trümmern erdrückt wird, bleibt liegen, wo er liegt. Der Raum ist unbenützbar, eine Gefahr. Zubetonieren! Löcher klaffen in den mächtigen Mauern, ein Treffer kann die ganze Besatzung erledigen. Der freie Raum in den Gängen wird immer kleiner. Was außen abgetragen wird, kleben wir innen an, um Schutz zu finden vor dem mörderischen Feuer.

Ein Tobsüchtiger stürmt durch die Gänge, über Stiegen. Schaum flockt ihm vom Mund, in seiner Faust funkelt ein Beil. Er haut wild um sich und schreit, schreit wie ein rasendes Tier. Mauerecken und Holzteile splittern unter seinen Hieben.

Drei sind hinter ihm her. Sie haben Gewehre in den Händen. Vor der Tür des Proviantlagers stellen sie den Tobenden. Er wird auf einmal still, steht mit gegrätschten Beinen in einem Winkel, dreht den Kopf hin und her. Dann plötzlich stößt er einen plärrenden Schrei aus und springt den ersten seiner Verfolger an. Der unterläuft ihn, wirft ihn zu Boden. An Händen und Füßen gefesselt, tragen sie ihn hinauf. Er wimmert und weint wie ein kleines Kind. Eine Morphiumspritze erlöst ihn von den Schrecken dieser Hölle ...«

Das alles kann kein Besucher von Fort Gschwent mehr ahnen. Kaum einer denkt daran, was sich damals wirklich in den Festungen abgespielt hat, die heute nur noch Reste von Beton und Stahl geworden sind. Ein paar Kilometer weiter, am kleinen Kriegerfriedhof Slaghenaufi, ruhen die toten Zeugen, die noch lebenden sind in alle Teile Europas verstreut.

Ein paar junge Burschen und Mädchen aus Bologna sind mit dem Autobus gekommen. Übermütig, bester Laune. Sie klettern den Laufsteg zu den Geschützkuppeln hinauf, schauen von dort zum benachbarten TV-Richtstrahler für Venetien, lachen, scherzen. Bis einem der Burschen der alte österreichische Stahlhelm in die Hände fällt, der in einer Felsspalte neben der Panzerkuppel hervorlugt.

Stahl für Mussolini

Es ist ein massiver, schwerer Helm. Verrostet, zerbeult, aber das ist es nicht, was plötzlich die Gesichter der jungen Leute ernst werden läßt. Die zwei Zacken im sonst heilen Helm sind es. Löcher, die von einem Granatsplitter stammen müssen. Der Träger des Helm wird wahrscheinlich unter einem der Holzkreuze in Slaghenaufi liegen.

Später wandern die Burschen und Mädchen durch das Fort Gschwent. Stiller jetzt. In einer der Kasematten sind von den Österreichern erbeutete italienische Ausrüstungsgegenstände zu sehen. Darunter auch Helme mit Einschußlöchern. Sie könnten von den Großvätern der Zwanzigjährigen stammen ...

Doch was vor 80 Jahren Weltgeschichte war, ist heute schon lange, lange Vergangenheit. Zuviel ist in dem vergangenen halben Jahrhundert passiert, als daß man heute noch viele Gedanken an den Ersten Weltkrieg verschwendet. Dennoch beeinflußte das damalige Sterben der Großväter und Väter auch das Leben der folgenden Generationen.

Noch einmal in der ersten Hälfte unseres Jahrhunderts sollten die österreichischen Forts Gschwent, Verle und Vezzena eine gewisse Rolle bei kriegerischen Ereignissen spielen. Als Mussolini seinen Abessinienfeldzug begann und durch die Völkerbundaktionen in arge Rohstoffbedrängnis kam.

Damals erinnerten sich die Faschisten an die ehemaligen österreichischen Befestigungsanlagen bei Lavarone. Die aus Donawitz stammenden Stahltraversen sollten den Faschisten aus ihrer Stahlknappheit helfen.

Demontagetrupps rückten an. Versuchten, die Stahlrippen herauszumeißeln, später herauszusprengen. Die Sache endete mit einem Fiasko. Zunächst konnte überhaupt nur ein kleiner Teil des verbauten Stahls geborgen werden, dann ergaben sich solche Schwierigkeiten beim Abtransport, daß die Demontage eingestellt werden mußte.

V. Die Forts und Sperren an der Dolomitenfront

Von Westen nach Osten befanden sich im Col-di-Lana-Gebiet folgende Sperren. Tra i Sassi und Buchenstein (Ruaz und Corte). Tra i Sassi lag am Nordfuße des Hexenstein. Das Fort hatte den Einbruch über Valparolasattel in das Abteital zu verhindern. Diese Sperre sah man als feldgeschützsicher an. Bewaffnet war es mit vier MG älteren Systems sowie zwei 6-cm-Kasemattkanonen und einer Schußweite von 1500 Metern, zwei 8-cm-Minimalschartenkanonen komplimentierten die Sperre. Diese hatten einen Ertrag von 3300 Meter.

Einen Offizier und 36 Mann beherbergte diese Anlage. Nach der Desarmierung 1915 wurden die Geschütze des Werkes wie folgt eingesetzt. Die zwei 8-cm-Minimalschartenkanonen M. 94, wurden auf dem Valparolasattel eingebaut, zwei 6-cm-Kasemattkanonen M. 98 beim Hexenstein (Sasso di Stria). In dem Stollen des Hexensteins wurden die vier Maschinengewehre verbracht. Die Sperre Buchenstein bestand aus dem Werk La Corte, südwestlich des gleichnamigen Ortes. La Corte war bombensicher und widerstand sogar 21-cm-Granaten. Die Armierungen waren zwölf MG alten Systems, zwei 10-cm-Haubitzen unter drehbaren Panzern und vier 12-cm-Minimalschartenkanonen M 96. Das Werk Ruaz war mit zwei Maschinengewehren bestückt. Beide Befestigungen hatte man mit zehn Offizieren und 178 Mann besetzt.

Am 5. Juli 1915, um 4.30 Uhr, begann die italienische Artillerie mit einer planmäßigen Beschießung dieser Sperren. Die Italiener setzten dabei 50 Geschütze, darunter 18 schwere ein. Auch 28-cm-Kaliber mußten diese Befestigungen über sich ergehen lassen. Tra i Sassi wurde stark beschädigt und erhielt mehrere Durchschläge und schwere blutige Verluste.

Anfang Juli erhielt das Werk La Corte ohne Unterbrechung heftiges Artilleriefeuer. 8000 Schuß verschiedenen Kalibers bis zu 21-cm-Granaten wurden hierbei abgefeuert. Die Panzerplatten der 12-cm-Kanonenbatterie hatten sich bereits losgelöst, deshalb begann man am 15. Juli mit der Desarmierung des Werkes. Das Abmontieren der Geschütze und der Transport ins Gelände war eine harte Arbeit. Die 12-cm-Kanonen kamen in Stellungen am Cherz-Plateau. Die beiden 10-cm-Panzerhaubitzrohre wurden mit ihren vier Tonnen schweren Panzerkuppeln am Südwesthang des Monte Sief (2200 Meter Höhe) in ein improvisiertes Betonwerk eingebaut. Diese Leistung muß man um so höher würdigen, wenn man bedenkt, daß dieses unter schwerstem Artilleriefeuer erfolgte. La Corte wurde völlig in Trümmer geschossen. Die Straßensperre Ruaz erlitt das gleiche Schicksal wie La Corte. Am 5. September meldete der italienische Generalstabschef Cadorna, daß es den Österreichern gelungen sei, das zusammengeschossene La Corte wieder instand zu setzen. Daraufhin begann die italienische Artillerie wieder mit ihrem Vernichtungswerk. Aber das Fort war bereits geräumt. Blechschutzkappen täuschten dem Gegner die Panzerkuppeln vor, Holzstämme markierten die Geschützrohre. Eine alte Gebirgskanone am Werk schoß fleißig und machte den Feind glauben, daß das Fort noch besetzt sei. Die Italiener verschossen hier nutzlos eine Unmenge Munition.

Die härtesten Kämpfe an der Dolomitenfront spielten sich im Raume dieser drei Befestigungen, in deren Mitte der heißumkämpfte Col-di-Lana (Col di Sangue – Berg des Blutes) lag, ab. Dieses Geschehen um das Gebiet dauerte fast zweieinhalb Jahre und kostete viele Menschenleben.

Zwischen Cortina d´Ampezzo und Schluderbach (Carbonin) befanden sich die feldmäßigen Anlagen: Fanes, Son Pauses und Gottres. Der Sammelbegriff war Peutelstein. Zwei Offiziere und 74 Mann versahen hier ihren schweren Dienst.

Zwei Werke sollten den Durchbruch über das Höhlensteintal nach Toblach verhindern. Das Sperrfort Plätzwiese in einer Seehöhe von 2 000 Metern verfügte über zwei 15-cm-M.80-Panzermörser sowie zwei 8-cm-Minimalschartenkanonen M. 94. Erstere wurde auf dem Knollkopf, letztere auf die Strudelköpfe verbracht. Elf eingebaute Maschinengewehre sollten das Fort gegen infanteristische Angriffe schützen. Die Artillerie der veralteten Sperre wurde bei Kriegsbeginn desarmiert und in feldmäßige Feuerstellungen gebracht. Zahlreiche Granattreffer der italienischen Artillerie mußte das Werk hinnehmen. Das Fort wurde infanteristisch nie angegriffen. Zu Kriegsbeginn war es mit acht Offizieren und 121 Mann belegt. Feldmäßige Anlagen befanden sich auf der Strudelalpe, Geierwand, Knollkopf und im Knappenfußtal. Im Höhlensteintal befand sich die total veraltete Sperre Landro, sie besaß geringen militärischen Wert. Die Armierung bestand aus sechs Feldkanonen, Kaliber 9-cm-Modell 75/96, drei Minimalschartenkanonen, Kaliber 12-cm-Modell 80, drei Panzerhaubitzen, Kaliber 10-cm-Modell 99. Mitrailleusen vom Kaliber 8 und 12 mm sogenannte Salvengeschütze und mehrere eingebaute Gewehrlafetten.
Fünf Offiziere und 95 Mann waren die Besatzung dieser Sperre. Angegliedert waren die feldmäßigen Anlagen am Rautkofl, Schwalbenkofl und

am Drei-Zinnen-Plateau. Erst als die Verteidigungslinie auf Grund erzielter Geländegewinne vorverlegt wurde, desarmierte man diese Befestigung. Sie diente dann als Infanteriestützpunkt.

Fast östlich befand sich die Sperre Sexten. Mit den feldmäßigen Anlagen Innergsell und Hornischeck. Nahe dem Ort Sexten befanden sich knapp südlich das Fort Mitterberg und gegenüber Fort Haideck. Sie waren gedacht, den Durchbruch in das Pustertal zu verhindern. Aus sechs Offizieren und 282 Mann bestand die Besatzung dieser Stützpunkte.

Ganz interessant sind die im Wiener Kriegsarchiv liegenden Rapportpläne, diese wurden immer erst nach Fertigstellung der Objekte angefertigt. So kostete das Werk Mitterberg folgende Summe:

Grundankauf	4756,00 Gulden =	9512,00 Kronen
Bau und Einrichtung	194619,00 Gulden =	389238,00 Kronen
Administration	14459,00 Gulden =	28918,00 Kronen
Zusammen	213834,00 Gulden =	427668,00 Kronen

In diesen Beträgen sind jedoch die Kosten für die Geschütze und die anderen Waffen sowie für die Munitonsausrüstung nicht enthalten.

Nach dem Ausrüstungsgeneralentwurf für die Sperre Sexten (1914) bestand die Armierung wie folgt:

Kampfanlage Hornischek und Höhenbeobachtungsposten:
4 Stück 8-mm-Schwarzlose-Maschinengewehre M 7

Werk Mitterberg:
3 Stück 12 cm-Minimalschartenkanonen M. 80/85,
3 Stück 10 cm-Panzerhaubitzen in der Panzermörserlafette,
4 Stück 11 cm-Montigny-Mitrailleusen in Panzerkoffern,
8 Stück Gewehrlafetten.

Werk Haideck:
2 Stück 12-cm-Minimalschartenkanonen M.80/85,
3 Stück 10-cm-Panzerhaubitzen in der Panzermörserlafette,
4 Stück 11-mm-Montigny-Mitrailleusen in Panzerkoffern,
1 Stück 8-mm-Maschinengewehr M. 93 in einem Panzerstand,
4 Stück Gewehrlafetten,
4 Stück 9-cm-Feldkanonen M. 75 in der Schmalspurlafette für mobile Verwendung.

Kampfanlage Innergsell und Höhenbeobachtungsposten:

4 Stück 12-cm-Kanonen M.80 in der Belagerungslafette,
4 Stück 15-cm-Batteriehaubitzen M.99/4, beide in offenen Geschützständen
4 Stück 8-mm-Maschinengewehre M.7.

An Munition war pro Waffe vorhanden:

- Maschinengewehr M.7, je 20 000 Mannlicherpatronen M.93,
- Maschinengewehr M.93, 8 500 Mannlicherpatronen M.93,
- Mitrailleuse, 100 Dechargen (Salvenladungen) mit je 37 Werndlgewehrpatronen M.67,
- Minimalschartenkanone, 340 Granaten, 340 Schrapnells, 20 Kartätschen,
- Belagerungskanonen, 148 Granaten, 148 Ekrasitgranaten, 200 Schrapnells,
- 4 Kartätschen,
- Panzerhaubitzen, 170 Granaten, 330 Schrapnells,
- Batteriehaubitze, 96 Granaten, 100 Ekrasitgranaten, 100 Schrapnells,
- 4 Kartätschen.

Diese genauen Angaben können nicht für alle Befestigungen wiedergegeben werden. Es würde den Rahmen dieses Buches sprengen.

Die teilweise Desarmierung der beiden Werke Haidek und Mitterberg begann im Januar 1915.
Die Panzerhaubitzen des Werkes Haideck kamen in eine Betonstellung auf dem Innergsell und diejenigen des Werkes Mitterberg in eine Betonstellung des Tschurtschentales. Die übrigen Geschütze kamen in offenen Batteriestellungen auf dem Hahnspiel zum Einsatz.

Mitte Juni 1915 war die Desarmierung beider Werke noch nicht abgeschlossen.

Nachdem die Italiener im Val Padola eine Batterie 210-mm-Mörser und eine Batterie 149-mm-A-Kanonen sowie eine weitere Batterie 149-mm-G-Kanonen feuerbereit hatten, drängte das Landesverteidigungskommando Tirol im Hinblick auf die gemachten Erfahrungen bei den Werken auf den Sieben Gemeinden auf schnelle Desarmierung. Diese war am 12. Juli 1915 beendet. Die Sperre Sexten war somit kein taktischer Bestandteil der Front mehr. Den Italienern entging das, und sie fuhren deshalb noch stärkere Artillerie auf. Mit drei 280-mm-Haubitzen beschossen sie die verlassenen Werke. Die alten Forts hatten somit ihren Zweck erfüllt.

Werk Landro

Die Reichsbefestigungskommission 1850 beantragte, die aus dem oberen Piavetal, dem Cadore, über Landro ins Pustertal führende Strada d' Alemagna durch eine Paßsperre im Höhlensteintal (südlich der Klausbrücke bei Landro) zu sperren; es kam jedoch nicht zur Ausführung dieser Befestigung.

Dieser Straßenzug stand schon seit dem 13. Jahrhundert in Vertretung des Plöckenweges in Verwendung.

Die Strada d' Alemagna selbst ist noch nicht sehr alt. Vorher bestand ein uralter Fahr- und Saumweg und führte über das »Gemärk« (Rimboanco) und das im 13. Jahrhundert gegründete »Hospiz« (Ospitale) unter der Feste Peutelstein vorbei.

An dieser Straße gab es nur zwei Stationen: »Hospital« (St. Blasius-Hospiz) und die »Höhlensteiner Einkehr« (Landro). Dort wurde ein in Venedig sehr begehrtes Bier gebraut.

Halbwegs lag ein großer Holzumschlagplatz »Am Lager«, später, als sich dort ein Köhler ansiedelte, »Al Carbonin« (beim Köhler) genannt. Der Bauer Ploner (Hausname »Schluderbacher«) siedelte sich hier 1836 an. Daher stammt der spätere Ortsname »Schluderbach«, von den Italienern nach 1918 ebenfalls »Carbonin« genannt.

Aufgrund eingehender Rekognoszierungen in Südtirol verfaßte Oberst Vogl ein Mémoire über die Befestigung dieses Gebietes im Jahre 1881 und schlug für Landro vor:
Die Sperre des Höhlensteiner-Tales dürfte am zweckmäßigsten durch ein Werk bei Höhlenstein (Landro) zu erreichen sein.

Die nächsten möglichen Gegenstellungen wären am Südrande des Dürrensees (das Terrain am Nordrande des Dürrensees ist durch die Schwarze Rienz derart vermurt, daß das Gehen darüber mit Schwierigkeiten verbunden, der Transport von Geschützen aber eine absolute Unmöglichkeit ist), je nach dem Wasserstande des in etwa 2 000–2 500 Meter Entfernung mit Aufstellungsraum für etwa zehn Geschütze.

Gegen diese Stellungen sowie zur Bestreichung der an beiden Seeufern entlang führenden Wege, wäre eine Panzerbatterie für drei 12-cm-Stahlbronzekanonen anzuordnen.

Die Besatzung hätte etwa zwei Offiziere und 80 Mann zu betragen.

Die Kosten würden sich auf rund 100 000 Florin belaufen, wobei jedoch zu erwägen wäre, ob die sehr entfernten Gegenstellungen nicht eine Herabminderung der Panzerstärke und damit eine bedeutende Verminderung der Kosten zulässig machen.

Armierung: 3 12-cm-Stahlbronze-Hinterladekanonen in Minimalschartenlafetten.

Kostenausweis:

1. Unterkunftsraum für 80 Mann Besatzung
   1 060 Meter Mauerwerk
2. Munitionsmagazin
   240 Meter Mauerwerk
3. 3 Koffer 300 Meter Mauerwerk
4. Freistehende Mauern 400 Meter Mauerwerk
   zus. 2 000 Meter Mauerwerk

2 000 Meter Mauerwerk zu 8 fl	16 000 fl
20 Prozent für sonstige Arbeiten	3 200 fl
Erdarbeit	5 800 fl
3 Panzerstände	72 000 fl
	zus. 97 000 fl

Also samt Expropriation rund 100 000 fl.

Dieses Projekt wie auch die von der Reichsbefestigungskommission 1868 erneut vorgeschlagene Talsperre bei der Klausbrücke kam, obwohl die Befestigung des Höhlensteintales mit dem Verlust Venetiens 1866 dringend wurde, nicht zur Ausführung. Die Sperrung war um so dringlicher, als die Reichsgrenze hier nur noch zwölf Kilometer vor dem Pustertal verlief, der wichtigen Querverbindung, deren Bedeutung noch mehr stieg, als 1863 bis 1871 die Bahnlinie Marburg-Franzensfeste gebaut wurde.

Es wurde ein neues, wesentlich erweitertes Projekt erstellt, dem die Abteilung 8 des Reichskriegsministeriums mit Erlaß Nr. 5.541 ex 1883 vom 17. Januar 1884 die Baugenehmigung erteilte.

Der Kostenvorschlag lautete:

Baugrund	4401,03 fl
Bauausführung	212851,91 fl
Administrationsauslagen	10 290,20 fl
	zus. 227 543,14 fl

Mit dem Bau des Werkes wurde am 25. April 1884 begonnen, und zwar mit der Errichtung der Mörserbatterie, die 1891 vollendet wurde.

Die Kanonenbatterie wurde 1887 begonnen und am 26. Oktober 1894 vollendet.

Die tatsächlichen Ausgaben betrugen:

Baugrund	4 401,03 fl
Bauausführung	160 782,68 fl
Administrationsausgaben	10 290,20 fl
	zus. 175 473,91 fl

Die Einsparung betrug somit 52 069,23 fl.
fl = Florin (französische Bezeichnung für Gulden).

Beschreibung des Werkes:
Aufgabe des Werkes ist die Sperrung des Höhlensteintales und der Strada d´Alemagna.

Das Höhlensteintal hat vorwärts (südlich) der Sperre eine 300 bis 500 Meter breite Talsohle, welche mit der Cristallo-Mure beginnt und auf halbem Wege den Dürrensee enthält, welcher durch Stauung der aus dem Tal der Schwarzen Rienz kommenden Rienz-Mure gebildet wurde.

Bei der Sperre wird das Tal im vollsten Sinne des Wortes ein Engtal und behält diese Eigenschaft bis kurz vor seiner Mündung in das Pustertal bei.

Die Straße d' Alemagna geht am westlichen Ufer des Dürrensees vorüber und passiert die Sperre in unmittelbarer Nähe. Sie ist durch den Beobachtungsstand von den Häusern von Landro an bis zu dem bewaldeten Schutthügel am Nordende des Sees vollständig einzusehen.

Der Schnee weicht in der Regel erst Mitte Mai, der im Vorgelände liegende Dürrensee ist deshalb periodisch und von ungefähr Ende September bis Anfang Mai ohne Wasser.

Gegenstellungen: Hat der See nicht gerade seinen höchsten Wasserstand, so liegt meist am Südende desselben zwischen dem Wasserspiegel und dem Wald (Muren-) Boden ein Streifen des Seebodens trocken, welcher für den Bau von Angriffsbatterien günstig ist. Diese Gegenposition ist (je nach Wasserstand) ca. 1 850 bis 2 000 Meter vom Werk Landro entfernt, bietet Raum für die Etablierung von ca. 20 Geschützen in Angriffsbatterien und ist wohl die einzige, welche tatsächlich in Betracht kommt.

Armierung, Bestreichungsverhältnisse, Konstruktion:
Die Armierung der Sperre besteht aus:
3 12-cm-Minimalschartenkanonen
3 15-cm-Hinterladmörser
2 Montigny-Mitrailleusen
4 Handmitrailleusen.

Die Kanonenbatterie erforderte des besseren Ausschusses und der Übersicht des Terrains wegen unbedingt eine etwas höhere Lage auf der Mure. Da jedoch hier der Bauplatz (wegen Steilheit der Mure) äußerst ungünstig und beschränkt ist, so mußte das Werk geteilt werden; auf eine entsprechend hoch gelegene Stelle der Mure wurde der kleinere Werkteil gelegt, welchen außer den Kanonenkasematten nur deren Munitionsmagazine sowie die für Unterbringung einer Bereitschaft nötigen Räume enthält, während der größere Werkteil, die eigentlichen Unterkunfts- und Depoträume sowie die Mörserbatterie mit ihren Munitionsmagazinen enthaltend – auf den flachen Fuß der Mure nahe an der Straße verlegt wurde. Die beiden Werke sind durch eine unterirdische Poterne verbunden.

Das ganze Werk ist aus Beton gebaut, da ein brauchbarer Baustein entweder aus der Gegend von Innichen oder Aqua bona hätte transportiert werden müssen.

Die Kanonen stehen in Panzerkasematten mit einer von der normalen etwas abweichenden Konstruktion. Sie gestatten eine Seitenwendung von 40 Grad (20+20 Grad), eine Depression von 5 Grad und eine Elevation von 20 Grad. Infolge der geringeren Seitenwendung sind diese Kasematten schmaler als die normalen.

Eine weitere Verkürzung der Frontlänge der Batterie wurde mit Rücksicht auf das beschränkte Emplacement durch eine Eisenkonstruktion erzielt, wodurch die Zwischen- und die starken Erd-Widerlager entbehrlich wurden.

Die Batteriefront ist so gestellt, daß der äußerste Beschuß links den oberen Teil der Rienz-Mure trifft. Die äußerste Schußlinie rechts durchschneidet die Straße bei dem Gehöft Landro in einer Entfernung von ca. 370 Metern von der Batterie.

Die drei Mörser stehen in normalen Panzerständen, haben demnach (im Sinne der horizontalen Wendbarkeit) ein unbegrenztes Schußfeld.

Die zwei Montigny-Mitrailleusen stehen in Halbkoffern im unteren Werkteil. Die eine bestreicht bei einem Schußfeld von 140 Grad die rechte Flanke dieses Werkteiles und das Vorfeld derselben mit der Straße, den Hang des Strudelkopfes (bis zu 20 Grad Elevation) und den auf selben führenden Weg zum Helltal.

An dieses Schußfeld schließt jenes der zweiten, auf dem Deck placierten Montigny-Mitrailleuse an, welche das Terrain in der Kehle und linken Flanke, ferner teilweise den Front- und Kehlgraben und insbesondere die Böschung des Glacis coupe des oberen Werkteiles unter Feuer nimmt.

Die Hand-Mitrailleusen stehen in normalen Panzerständen mit 60 Grad Wendbarkeit, 20 Grad Depression und 25 Grad Elevation, drei im unteren, eine im oberen Werkteil.

Von den drei Hand-Mitrailleusen des unteren Werkteiles sind zwei in der Front, eine in der Flanke disponiert, die ersteren haben das Glacis und Vorterrain des unteren Werkteiles wie auch jenen Teil des Vorfeldes des oberen Werkteiles unter Feuer zu nehmen, welcher seiner tiefen Lage wegen von oben nicht bestrichen werden kann.

Die dritte Hand-Mitrailleuse in der Flanke hat letztere Bestreichung zu ergänzen, insbesondere aber den Frontgraben des oberen Werkteiles zu flankieren und die waldigen Abhänge des Raukofels in der linken Flanke des oberen Werkteiles zu bestreichen.

Gewehrscharten in der linken Flanke und Kehle des oberen Werkteiles sowie die beiden Flanken und der Kehle des unteren ergänzen und vermehren die Feuerwirkung der Mitrailleusen auf das Vorfeld.

Die Flankierung des Front- und Flankengrabens des unteren Werkteiles erfolgt aus einem Infanteriekoffer, jene der Kehle aus der Poterne.

Die linke Flanke des oberen Werkteiles wird durch einen kleinen Infanteriekoffer, dessen Kehle aus dem Deckkoffer des unteren Werkteiles teilweise flankiert.

Der Grundriß des unteren Werkteiles ist trapezförmig; die Schrägstellung der Frontseite (unter einem Winkel von 120 Grad zur linken Flanke) erfolgte, weil ursprünglich – vor Schaffung der Hand-Mitrailleusenstände – eine Infanteriegalerie (mit gewöhnlichen Infanteriescharten) auf Deck geplant war, welche Terrain und Glacis in der linken Flanke und Front bestreichen sollte.

Die Anwendung von Hand-Mitrailleusenständen von Anfang an hätte einen rechteckigen Grundriß und damit einfachere Anordnung der inneren Räume gestattet.

Die Eskarpe der Front ist durch ein Glacis mit Kontereskarpe gedeckt und es kann der Kordon nur unter einem Einfallwinkel von 17 Grad getroffen werden.

Dieser Werkteil (1884 begonnen) ist noch mit einer Erddecke versehen, doch sind, wo dies nötig war, zum Schutze gegen Torpedobomben Abpflasterungen angebracht.
Diese Bomben können in die außerordentlich festen Anschüttungen aus Murenmaterial wenig eindringen.

Aus diesem Grunde sind keine besonderen Vorkehrungen zur Sicherung der Kontereskarpe und der Fundamente getroffen worden.

Dieser Werkteil besitzt noch einen Hof, der jedoch gegen die stark überhöhenden Hänge des Strudelkopfes nicht vollständig defiliert gesichert werden konnte.

Der obere Werkteil ist im Grundriß rechteckig und enthält außer Kanonenbatterie und deren Munitionsmagazin nur die zur Unterbringung einer Bereitschaft nötigen Räume. Doch wurde für selbe, der schwierigen Verbindung mit dem unteren Werkteil wegen, auch eine kleine Küche und ein Proviantdepot angeordnet. Der Keller in der rechten Flanke ergab sich durch das stark fallende Terrain.

Der Beobachtungsstand gewährt eine gute Übersicht des Terrains in Front, linke Flanke und Kehle und sieht insbesondere die ganze Rienz-Mure sowie den trockenen Seeboden vollständig ein.

Das Tor wird nur in Friedenszeiten benutzt. Im Kriege wird es geschlossen und die Verbindung erfolgt ausschließlich durch die Poterne.

Sperrfort Mitterberg (1578 Meter)

Mitterberg ist ohne Schwierigkeiten mit jedem Kraftfahrzeug erreichbar.

In Sexten nach der Kirche nimmt die alte Armierungsstraße, Markierung 4C, des Werkes Mitterberg ihren Ausgang. Heute ist die Straße asphaltiert und wird auch im Winter geräumt.

Im Volksmund wird sie »Kaiserstraße« genannt und hat eine Gesamtlänge von 2 990 Metern. Durch einen Lärchenwald zieht die Straße in Serpentinen vorbei am Gasthof »Panorama« (Parkplatz) aufwärts bis zum Fort.

Von dem Werksgelände aus bietet sich ein umfassendes prachtvolles Panorama. Das Betreten des Objektes ist aus Sicherheitsgründen verboten. Aber auch ein Rundgang außenherum bietet einen informativen Überblick über die Festungsbautechnik der achtziger Jahre des vorigen Jahrhunderts.

Gern vergleicht man die psychische Lage einer Werksbesatzung während der Beschießung mit der einer Kriegsschiffbesatzung in einem Seegefecht. Daraus folgert man dann die gleiche Einstellung zu den Geschehnissen. Hier übersieht man jedoch wesentliche Unterschiede, vor allem die in der Tradition der beiden Waffengattungen begründeten: Seit Jahrhunderten besteht in allen Kriegsmarinen der Welt die Tradition, im Kampf mit dem Schiff unterzugehen. Dieses Ideal war und ist in der Seekriegsgeschichte Gemeingut aller Kriegsmarinen.

Das Fort Mitterberg bei Sexten
Ein Museumsprojekt

Vor nicht langer Zeit bestand die Absicht, diese Befestigung abzubrechen und die Steinquader zur Wildbachverbauung im Raum Sexten zu verwenden. Diese Lösung wurde aber wieder verworfen. Man plante, ein Museum einzurichten. Leider kam es nicht zur Ausführung. Vermutlich scheiterte der Plan an finanziellen Mitteln. Ein gutes Beispiel bzw. Vorbild wäre das ehemalige k.u.k. Fort Gschwent, heute Belvedere genannt. Im Inneren des sehenswerten Museums ist in anschaulicher Form ein Überblick über die Ereignisse der Jahre 1915–1918 auf den Hochflächen der Sieben Gemeinden zu sehen. Der Besucher hat hier die Möglichkeit, sich über die Festungsbauweise vor dem Ersten Weltkrieg zu informieren. Die Besucherströme aus dem In- und Ausland bezeugen es. Herrn Oseli aus Lavarone ist die Wiederinstandsetzung dieser Anlage zu verdanken.

Das Werk Mitterberg würde die gleichen Voraussetzungen bieten. Der Tourist würde unmittelbar in den Raum des Kreuzbergsattels zu den Sextener Dolomiten bis hin zum Drei-Zinnen-Plateau das ehemalige Kampfgebiet instruktiv überblicken. Eine gezielte, aufbauende Darstellung könnte für breite Kreise einen Beitrag zur Landesgeschichte bringen.

Sexten als bedeutendes Zentrum des Alpinismus bzw. Tourismus wäre gerade durch seine verbindende Lage und Funktion der beste Ansatzpunkt, Geschichte nahezubringen.

Werk Mitterberg wurde in den Jahren 1884–1889 am Hang des Helms erbaut. Das Nachbarwerk Haideck liegt etwa 80 Meter über der Talsohle des Fischleintales in 1412 Meter Höhe. Dieses Werk wurde nach dem Ersten Weltkrieg gesprengt und das Material zum Wiederaufbau von Sexten verwendet. Dieses Fort kann als vollständig zerstört angesehen werden. Die Relikte sind heute vollkommen verwachsen, so daß sich nur mehr die Lage dieser Befestigung feststellen läßt. Insofern ist ein Besuch nicht mehr lohnenswert. Mitterberg diente dagegen in den ersten Nachkriegsjahren den Sextener Familien als Unterkunft, bis ihre zerstörten Häuser wieder aufgebaut waren. Das Fort ist in seiner Gesamtheit ein Objekt, daß sich vom historischen Standpunkt und seinem relativ guten Erhaltungszustand aus für die Errichtung eines Museums geradezu anbietet. Leider wird es aufgrund der knappen finanziellen Mittel der Kommunen beim Projekt bleiben. Ein lebendiger Beitrag zur Tiroler Geschichte wird somit nicht in die Tat umgesetzt. Beim Werk Landro im Höhlensteintal wurde auch ein Vorhaben dieser Art leider nicht verwirklicht. So bleiben dem Touristen nur das sehenswerte Fort Gschwent (Belvedere) bzw. die Sperre Ruaz (Lokal) im Buchensteintal als wieder instandgesetzte Objekte übrig.

Fort Haideck – Kehle und rechte Flanke (Sperre Sexten)

Werk Haideck (1413 Meter)

Dieses Fort sollte mit dem gegenüberliegenden Fort Mitterberg den Einbruchsweg aus dem Cadore durch das Val Padola über den Kreuzberg sperren. Heute ist diese Befestigung nur mehr ein überwachsener Trümmerhaufen. Wer es trotzdem aufsuchen will, geht von S. Veit über den Ortsteil Waldheim und den beschilderten Waldweg ins Fischleintal. Die ehemalige Befestigung wird man leicht finden, obwohl die Aussicht durch starke Verwachsungen verdeckt ist.

Das Material wurde nach dem Ersten Weltkrieg nach einer Sprengung für die Wiederherstellung der stark zerstörten Ortschaft Sexten verwendet.

Nach der Desarmierung im Jahre 1915 wurden die Kanonen auf den Innergsell (2 055 Meter) gebracht.

Heute ist das Werk Haideck nur mehr für militärhistorisch Interessierte besuchenswert.

Von Sexten über den markierten Weg 1A ist es in einer leichten Wanderung in ca. einer Stunde erreichbar.

Werk Landro (Sperranlage) (1400 Meter)

Der Name kommt vom Ort Landro.

Dieser wurde im Ersten Weltkrieg gesprengt, um ein freies Schußfeld zu bekommen. Es besteht aus dem oberen und unteren Werk. Armiert war es mit sechs Feldkanonen (9-cm-M 75–96), drei Minimalschartenkanonen (12-cm-M 80) und drei Panzerhaubitzen (10-cm-M 99).

Heute ist es nur noch bedingt betretbar.
Der heiß umkämpfte Monte Piano zeigt sich hier besonders eindrucksvoll.

Dieses Fort erreicht man vom Ort Toblach im Pustertal, durch das Val di Landro auf der Straße nach Cortina, kurz vor dem Dürrensee.

Italienische Sperrforts namentlich aus den zwanziger und dreißiger Jahren sind nördlicher davon mit einiger Mühe noch zu finden.

Kompass – Wanderkarte Nr. 58

Fort Plätzwiese (Sperrwerk) (2040 Meter)

Armiert war es mit zwei Feldkanonen (9-cm-M 75/76), zwei Belagerungshaubitzen (15-cm-M 99/14) und zwei Panzermörsern (15 cm)

Diese Befestigung ist ganz leicht erreichbar.
Im Pustertal zweigt die Straße zum weltbekannten Pragser Wildsee ab. Auf gut ausgebauter Straße führt diese ehemalige Armierungsstraße bis zum Hotel »Plätzwiese«. In bequemer Wanderung (ca. 20 Minuten) erreichen Sie die Dürrensteinhütte. Ganz in der Nähe befindet sich die eindrucksvolle Cristallogruppe.

Der freundliche Wirt in der einladenden Hütte zeigt Ihnen gerne das Fort, das durch einen unterirdischen Gang mit dieser Befestigung verbunden ist.
Besuchen Sie die wohl einmalige Stätte mit dem prachtvollen Panorama!

Kostenberechnung: Bestehend aus den Werken Landro und Plätzwiese belief sich die Sperre auf 115000 fl.

Fort Tra i Sassi (2192 Meter)

Fahren Sie von Cortina d'Ampezzo in Richtung Falzarego-Paß, einem der schönsten Gebirgspässe der Welt.
Diese Hochgebirgsstraße vermittelt großartige Eindrücke. Direkt auf der Paßhöhe zweigt die gut befahrbare Straße zum Valparola-Paß (2192 Meter) ab. Kurz davor liegt das ehemalige Fort Tra i Sassi. Sie können es nicht übersehen!
Hier, von dieser Befestigung aus erblickt man die damalige Kampflinie der Ampezzaner-Front.

Ganz nahe sehen Sie den Col di Lana, die Marmolada, Sasso di Stria und den gesprengten Lagozuoi.

Im Sommer ist hier viel Betrieb! Fahren Sie einmal im Spätherbst dorthin, dann können Sie die Ruhe in dieser wohl einmaligen Landschaft genießen.

Fort Ruaz (1465 Meter)

Im eigentlichen Sinne ist das Fort Ruaz eine sogenannte Straßensperre. Diese Befestigung sperrte mit dem Fort La Corte den Übergang zum

Pordoi-Joch. Die beiden Orte Pieve di Livinallongo und Corte (1465 Meter) im Buchensteintal wurden im Ersten Weltkrieg weitgehend zerstört.

Ruaz liegt neben der Straße und ist durch zwei Gebirgsgeschütze bemerkenswert. Ein nettes Lokal lädt zu einem Besuch geradezu ein.

Fort La Corte (1500 Meter)

Fahren Sie vom vorerwähnten Fort weiter. Rechts zweigt eine kurvenreiche kleine Straße bis zum kleinen Fort ab, das nach dem gleichnamigen Ort benannt ist.
Hier ist es besonders einsam, und die eindrucksvolle Civetta-Nordwand bietet einen prachtvollen Blick.

Das Fort zeigt noch deutlich die starken Beschußspuren. Es wird heute als Einstellplatz für landwirtschaftliche Geräte benutzt.

Siehe: Die Dolomitenfront – Kompaß – Wanderkarte 972 von Rudolf Schwindl.

Fort Albuso und Fort Dossaccio im Val Travignolo und Sperre Someda im Val di Fassa

Die Forts Albuso (1450 Meter) und Dossaccio (1838 Meter)
Von Predazzo (1 014 Meter) über Bellamonte zum Stausee Lago di Paneveggio liegt die Sperre Albuso am westlichen Ufer des Sees.
Sie kann heute nicht mehr betreten werden, da sie im Privatbesitz ist. Das Fernkampfwerk Dossaccio (1838 Meter) ist jedoch auf einer einstündigen Wanderung leicht zu erreichen. Direkt vom westlichen Ufer des Lago di Paneveggio führt die alte Armierungsstraße zum Fort.

Ein zweite Route leitet uns vom östlichen Ufer des Sees auf gut markiertem Weg abwechslungsreich über die südwestlichen Hänge durch Mischwald zum schon erwähnten Fort.

Das Werk lag im frontnahen Raum, wurde aber trotzdem 1915 desarmiert. Die 10-cm-Panzerhaubitzen wurden nördlich des Werkes in feldmäßige Feuerstellungen verbracht. Das Werk weist keine schweren Beschädigungen auf. Recht gut ist noch die Wasserauffangfläche sichtbar. Der Kasemattblock kann noch betreten werden. Das Verdeck ist gut erreichbar. Ganz interessant sind noch die vier Panzerkuppeln aus nachgegossenem Beton. Sie sollten mit den einbetonierten Baumstämmen die

Werk Abuso-Val Travignolo während des Ersten Weltkrieges aufgenommen.

Fort Dossaccio – Val Travignolo

nicht mehr vorhandene Artilleriekraft vortäuschen. Die frontwärts liegende Poterne zum Scheinwerferstand ist noch mit einiger Vorsicht begehbar.

Fort Dossaccio. Aufgenommen während der Inspektionsreise des General-Artillerie-Inspekteurs im Frühjahr 1916 (zweiter von rechts Erzherzog Leopold Salvator).

Ganz grandios der Blick zur Pala-Gruppe mit der Cima della Madonna und zur höchsten Erhebung, der Cima della Vezzana. Südlich zeigen sich auch die Berge der Lagorai-Gruppe.

Die Sperre Someda im Fassatal (1 320 Meter)

Vom bekannten Fremdenverkehrsort Moena ist diese sogenannte Straßensperre in einem Spaziergang zu erreichen.
Ein zweiter Weg führt in ebenso leichter Wanderung durch das Pellegrino-Tal vom Gasthof Piz Meda (Seilbahnstation) zur Sperre Someda in ca. 20 Minuten. Die Sperre wurde nach dem Ortsteil Someda benannt.

Verteidigungstechnisch war sie durch die veraltete Bauweise des vorigen Jahrhunderts wertlos. Außerdem lag sie nicht im unmittelbaren Kampfgebiet. Desarmiert blieb sie gut erhalten. Die veralteten Geschütze wurden an den Pellegrino-Paß und dessen Umgebung verbracht.

Heute ist diese sogenannte Straßensperre militärhistorisch immer noch sehenswert und ein Besuch lohnt sich in dieser besonders schönen Landschaft auf jeden Fall.

Die kleine Sperre Someda (Moena) kostete 30 000 fl.

Kompaß – Wanderkarte Nr. 76

VI. Geschichte der Forts in den Karnischen und Julischen Alpen

Auf die napoleonischen Kriege ist die Entstehung der Kärntner Sperranlagen zurückzuführen. Nach Eroberung der Lombardei in den Jahren 1796/1797 zogen die Truppen des jungen Generals Bonaparte über Tarvis und Villach ins Reichsinnere Österreichs. Dies war die kürzeste und schnellste Verbindung in dem damals wegarmen Gebiet der Karnischen und Julischen Alpen. Das altösterreichische Fort Hensel, früher Fort Malborghet genannt, sperrte im Kanaltal den Zutritt nach Kärnten. In den Julischen Alpen erfüllten die Forts am Raibler See (Lago di Predil) und am Predil Paß mit der Straßensperre und Batterie Predilsattel dieselben Aufgaben. Und in der Talenge des Koritnicatales verhinderte das Fort Hermann/Flitscher Klause während des Ersten Weltkrieges die Durchbruchsversuche der Italiener aus dem Isonzotal. Eine kurze, informative Abhandlung über die kriegsgeschichtliche Bedeutung der Festungswerke von Fort Hensel, Batterie Predilsattel und Straßensperre Predil, Fort Raibler See und des Werkes Fort Hermann/Flitscher Klause dürfte zum besseren Verständnis von Interesse sein.

Fort Hensel (Fort Malborghet, 791 Meter)

Als im Jahre 1808 Österreich zum bevorstehenden Kampf gegen Napoleon rüstete, ordnete Erzherzog Johann an, um das Kanaltal zu sichern eine Talsperre auf einem Felsvorsprung bei Malborghet in den südseitigen Hanglagen des Stabet zu errichten. Auf dem sogenannten Tschalawaj in etwa 850 Metern Seehöhe, zwischen Malborghet und Uggowitz, betreute und beaufsichtigte Hauptmann Friedrich Hensel vom Ingenieur-Korps die Bauarbeiten. Zur Verteidigung standen mehrere Kanonen und eine siebenpfündige Haubitze zur Verfügung. Ein Jahr später leitete er selbst mit seinen Kameraden die Verteidigung gegen die anstürmenden Franzosen bis zum letzten Atemzug. Ihm als Erbauer waren die Schwächen dieser Sperre bekannt, denn als er sich am 10. Mai 1809 von seinen Freunden verabschiedete, gebrauchte er die Worte: »Es wird mein und meiner Gefährten Grab sein, dieses Fort – aber ein herrliches Grab, wie das des Königs Leonidas und seiner Spartaner bei den Thermopylen.« Am 17. Mai 1809 fiel die Sperranlage in die Hände der Franzosen, die sie ein paar Jahre später räumten. Im Laufe der Zeit erfuhren die Befestigungsanlagen von Malborghet mancherlei technische Verbesserungen und bauliche Veränderungen. Durch den neuen Grenzverlauf von 1866 bei Pontafel-Pontebba und den Bau der Eisenbahnlinie Villach-Udi-

Fort Hensel

ne erwies sich der Standort des umgebauten Forts von großem, strategischen Wert. Zur Erinnerung an die glorreiche Verteidigung im Jahre 1809 ist am 19. März 1882 der Talsperre der Name »Fort Hensel« verliehen worden. Es bestand aus dem höher gelegenen Werk A und dem unteren Kampfwerk B, die durch einen gedeckten Gang miteinander verbunden waren. Die Decken des Festungswerkes wurden aus statischen Gründen teilweise durch Steinquader und Beton verstärkt. Auch die Armierung des Werkes A erfuhr mehrmals gravierende Veränderungen. Nach Ausbruch des Ersten Weltkrieges entschloß sich Österreich, um den unsicheren Bundesgenossen Italien nicht zu verletzen, zu einer Teil-Desarmierung von Fort Hensel. Am 23. Mai 1915 erklärte Italien der Monarchie dennoch den Krieg. Mit seiner verminderten Artilleriekraft aber heldenhaften Besatzung konnten die Italiener Fort Hensel niemals niederkämpfen. Am zerstörendsten erwies sich die Beschießung durch zwei 30,5-cm-Haubitzen, die im zwölf Kilometer entfernten Dogna postiert waren. Heute noch können die stark bewachsenen Ruinen der ehemaligen Festungsanlage besichtigt werden. Entgegen anderslautenden Berichten besteht weder Begehungs- noch Fotografierverbot!

Touristische Hinweise:
Am schnellsten und bequemsten erreicht man Malborghet (Malborghetto), wenn man von Villach die Südautobahn in Richtung Udine benutzt.

Nach dem Grenzübergang in Tarvis führt die italienische Autostrada noch ein Stück bis zur Ausfahrt Pontebba (Mautstelle). Nun auf der Bundesstraße im Kanaltal zurück zur kleinen Ortschaft Malborghetto. Am östlichen Ortsrand, vor dem Tunnel »Forte«, befindet sich an der linken Straßenseite das im Jahre 1847 errichtete Denkmal zu Ehren Hauptmann Hensels und der mit ihm gefallenen Kampfgenossen. Hinter dem Tunnel-Ausgang bieten sich gleich linker Hand oder etwas weiter rechts Parkmöglichkeiten an. Um den bewaldeten Festungshügel des Forts Hensel zu besteigen, folgen wir von der nördlichen Straßenseite aus der ehemaligen Armierungsstraße. Durch dichten Baumbestand kommen wir an gut getarnten Kavernen vorbei und alsbald zur höchsten Stelle im sogenannten Werk A. Allerorts sind noch Reste von Kasematten, Beobachtungsständen oder Fundamenten der Panzerhaubitzbatterien zu sehen. Selbst die Mauern des Rondells stehen noch. Wegen Einsturzgefahr sollten die ruinenhaften Überreste der Anlage nicht betreten werden. Die schwere Beschießung der Anlage ging schon am 4. August 1915 zu Ende. Vereinzelte Angriffe folgten danach, zum Beispiel der Beschuß durch eine neue italienische 28-cm-Batterie, die das Fort endgültig zerstörte. Heute ergeben sich schöne Ausblicke nach Ugovizza und südlich zum Mittagskofel, der im Ersten Weltkrieg von einer Alpinikompanie besetzt war. Er bot den Italienern die instruktivsten Einblicke auf die Anmarschwege der Österreicher, die sich im Kanaltal formierten. Die Wanderung zum Fort dauert nur 20 Minuten.

Straßensperre Predil (1156 Meter), Batterie Predilsattel

Schon im Altertum hat der Übergang aus dem Isonzotal über den Predile-Paß ins Save- und Drautal eine bedeutende Rolle in der Geschichte der Völker gespielt. Es lag daher nahe, im Jahre 1808 ebenfalls mit dem Bau einer Sperranlage am Predil zu beginnen. Ein zweistöckiges, als Provisorium erbautes Blockhaus bildete alsbald den Kernpunkt der Sperre und ein einstöckiges Vorwerk stellte den rechten Flügel dar. Am 10. April 1809 wurde von den Österreichern der Feldzug gegen Napoleon eröffnet. Hauptmann Hermann von Hermannsdorf verteidigte das unterhalb der Paßhöhe gelegene Fort gegen die anstürmenden Franzosen. Aber schon am 18. Mai konnten die Verteidiger dem Ansturm der zahlenmäßig überlegenen Gegner nicht mehr standhalten. Hauptmann Hermann starb mit dem Degen in der Faust und das gleiche Los traf fast alle seiner tapferen Kampfgenossen. Die Truppen Napoleons sprengten hernach die Reste der noch vorhandenen Anlagen in die Luft. Wegen der beispiellosen, heldenhaften und aufopfernden Verteidigung des Paßüberganges weihte die

Monarchie im Jahre 1847 das Hermanndenkmal ein. Durch den Ausbruch der Revolution des Jahres 1848 in Italien beschloß Österreich an den Standorten der alten Sperren neue Sperranlagen zu bauen. Die neuerrichtete Paßsperre Predil bestand aus einem nördlich der Straße stehenden Kreuzblockhaus, das durch eine Poterne mit der südlich gelegenen Straßenbatterie verbunden war. Später kam das Kriegsministerium jedoch zu der Ansicht, daß die Paßsperre Predil für die Verteidigung nicht mehr in Frage käme, sondern es sinnvoll wäre, den von Süden kommenden Gegner schon in der Flitscher Klause aufzuhalten. Ende des 19. Jahrhunderts wurde deswegen die Bezeichnung der Sperre geändert in »Depot Oberbreth« und ab dem Jahre 1907 in »Depot Predil«. Bis zum Ende des Ersten Weltkrieges diente die Anlage als Versorgungs- und Unterkunftsobjekt. Zur Absicherung der Reichsgrenze beziehungsweise Sperrung des Seebachtales dienten das Werk Raibler See, die Straßensperre Predil und die Batterie Predilsattel. Letztere wurde nach zweijähriger Bauzeit 1899, in Nähe der Paßhöhe an den zum Raibler See herabreichenden Hängen, fertiggestellt. Wegen der schwachen Kasemattenpanzerung war die Anlage höchstens gegen 10,5-cm-Haubitzen widerstandsfähig. Während im Juni des Jahres 1915 die italienische Artillerie schwere Kaliber auf die Seebachsperren abfeuerte, wurden das Werk Raibler See und die Batterie Predilsattel geräumt und deren Geschütze außerhalb in Stellung gebracht. Infanteristische Einsätze gegen die Forts

Predilsattel – Gesamtansicht der Kehle

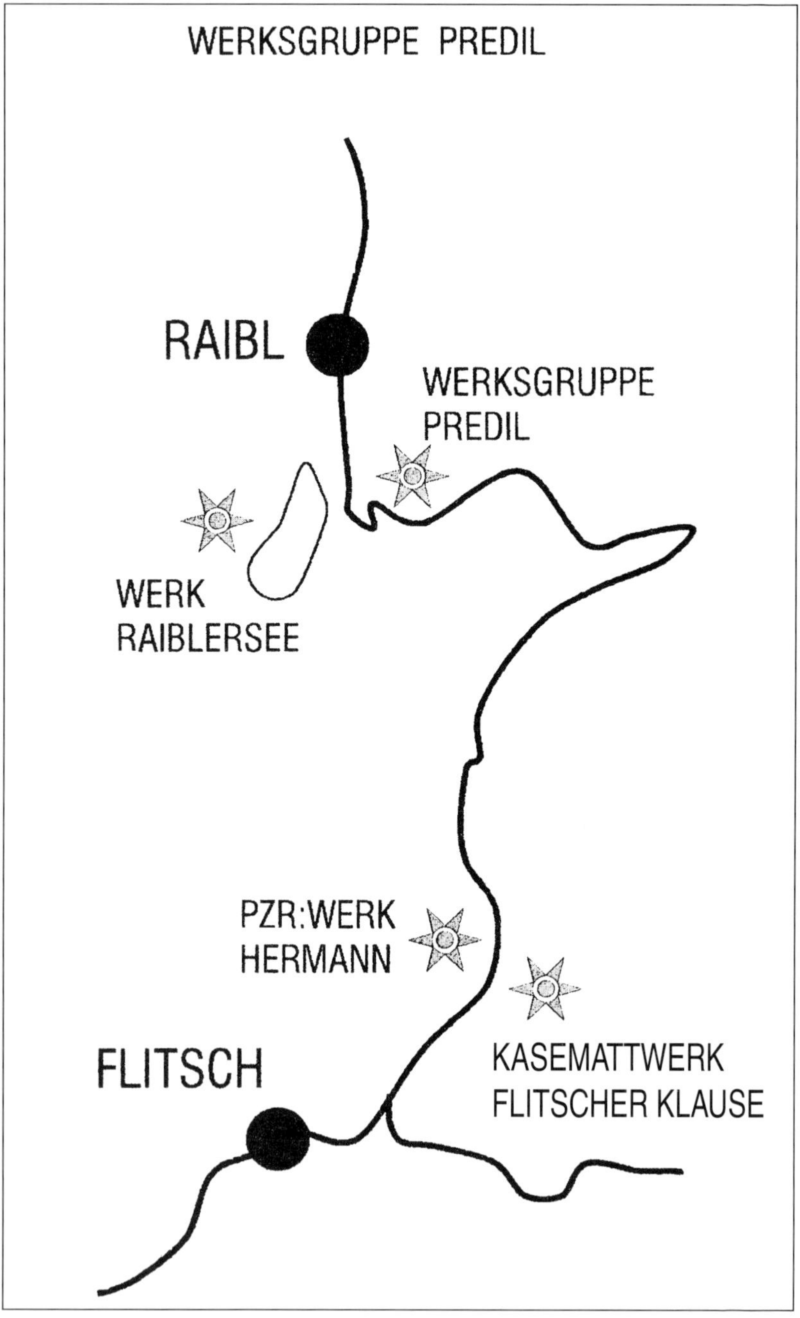
WERKSGRUPPE PREDIL
RAIBL
WERKSGRUPPE
PREDIL
WERK
RAIBLERSEE
PZR:WERK
HERMANN
FLITSCH
KASEMATTWERK
FLITSCHER KLAUSE

führten die Italiener nicht durch. Dadurch gewannen die Österreicher Zeit, ausreichenden Nachschub für die Verteidigung ins Seebachtal heranzuführen und die neu entstehende Gebirgsfront in der Wischberggruppe aufzubauen.

Touristische Hinweise:
Von Tarvis (Tarvisio) fahren wir südwärts durch das Seebachtal nach Raibl (Cave del Predil) mit seinen Blei- und Zinkvorkommen. Der Ort bot vor dem Ersten Weltkrieg gelegentlich Unterkunft für König August von Sachsen, der in der Umgebung zahlreiche Jagdreviere besaß. Auch für Julius Kugy war Raibl der Ausgangspunkt für seine Erschließungstouren in den westlichen Julischen Alpen. Vom Nordostufer des Raibler Sees führen schließlich Serpentinen hinauf zum 1156 Meter hohen Predil-Paß. Kurz vor der Paßhöhe liegt rechter Hand die relativ gut erhaltene Sperre »Batterie Predilsattel«. Von einer Begehung der Anlage ist wegen der Einsturzgefahr abzuraten! Auf der Paßhöhe verläuft seit dem Jahre 1947 die italienisch-jugoslawische, heute die slowenische Staatsgrenze. Das von der Monarchie errichtete Denkmal zum Gedenken an Hauptmann Hermann und seine tapferen Kampfgenossen ist kurz hinter dem slowenischen Grenzübergang an der linken Straßenseite zu sehen. Beim Ausbau der nach Flitsch (Bovec) talwärts führenden Straße ließ man die Mauerreste der ehemaligen Sperranlage stehen. Einige Meter vor dem Hermanndenkmal sollte man die kleine Bucht zum Parken nutzen, ansonsten bietet sich erst weiter unten eine zweite Parkmöglichkeit an. Die von den Italienern nach dem Ersten Weltkrieg gebaute Straße, die bis unter das Gipfelmassiv des Mangart führt, zweigt etwa einen Kilometer nach der Paßhöhe links ab. Heute allerdings sperrt ein Verbotsschild diese bequeme Zufahrt zur Mangart-Hütte, Koca Mangartu.

Fort Hermann (660 Meter)/ Fort Flitscher Klause (532 Meter)

Im Jahre 1878 kam das Reichskriegsministerium der k.u.k. Monarchie zur Einsicht, daß der von Süden einfallende Gegner schon in der Flitscher Klause aufzuhalten wäre, um womöglich den Italienern den Zugang zum Predil-Paß durch das Koritnicatal zu sperren. Daraufhin entstand an dem früheren Standort der »Veste an der Flitscher Klause«, die 1796 in französischen Besitz geraten und zerstört worden war, im Jahre 1881 ein neues Bollwerk, die Straßensperre »Flitscher Klause«. Diese war jedoch im Vergleich zu anderen fortifikatorischen Objekten von der Ausstattung und Bauweise her bereits veraltet. Man entschloß sich demzufolge zur Modernisierung und Erweiterung der Anlage in den Jahren von

1898 bis 1900. Es entstand an den ostseitigen Hängen des Rombon, des beherrschenden Berges im Flitscher Becken, das neue, höher liegende Panzerwerk Fort Hermann. Die Armierung bestand aus 12-cm-Kanonen und Maschinengewehren. Gleich zu Beginn des Ersten Weltkrieges fand jedoch eine teilweise Desarmierung statt. Nur wenige Geschütze verblieben im Fort. Die Österreicher legten außerdem eine Steiganlage auf den strategisch wichtigen Gipfel des Rombon an, den die Italiener nicht erobern konnten. Er blieb in österreichischer Hand. Fort Hermann fiel schließlich der schweren, massiven italienischen Beschießung durch 30,5-cm-Kaliber zum Opfer. Das alte Fort in der Flitscher Klause bekam dagegen keinen Treffer ab. Hier gönnten sich die altösterreichischen Soldaten, die im Hexenkessel von Flitsch oder am Rombon eingesetzt waren, eine kurze, verdiente »Verschnaufpause«. Verwundete wurden versorgt, den Schwerverwundeten und Sterbenden Trost gespendet. Höhere Offiziere sowie die Kommandanten der Verbände, die die Front von Flitsch, Rombon und Krn verteidigten, fanden hier Unterkunft.

Touristische Hinweise:
Im Mittelpunkt des landschaftlich reizvollen Flitscher Beckens liegt Flitsch (Bovec). Der während des Ersten Weltkrieges heiß umkämpfte und völlig zerstörte Ort ist von Tarvis über den Predil-Paß zu erreichen. Flitsch ist heute ein aufstrebendes Städtchen mit südländischem Charak-

Fort Hermann: Nordwestseite mit herabgeworfenem Schütterkoffer.

ter. In Kreisen der Kajak- und Raftingsportler ist es schon lange ein beliebtes Urlaubsziel. Auch eine Seilbahn verwöhnt die Bergbegeisterten, die in der herrlichen Landschaft Touren zum Kanin (2 587 Meter) oder Prestreljenik (Monte Forato, 2 499 Meter) unternehmen möchten. Eine andere Zufahrtsvariante nach Flitsch bietet sich von Villach über den Wurzen-Paß nach Kranjska Gora an. Hier zweigt die Straße zum Vrsic-Paß ab. Sie wurde im Ersten Weltkrieg von österreichisch-ungarischen Pionieren und russischen Kriegsgefangenen gebaut. Eine im byzantinischen Stil erbaute orthodoxe Holzkapelle erinnert daran. Dem so wichtigen Nachschubweg wurde er Name »Erzherzog-Eugen-Straße« verliehen. Einige interessante, anspruchsvolle Bergtouren sind von der Paßhöhe aus zu unternehmen, zum Beispiel über den Prisojnik-Klettersteig durch das »Fenster« zum 2 547 Meter hohen Hauptgipfel. Die weiterführende Straße zieht nun hinab zum Quellgebiet des Isonzo und gen Westen durch das Tal der Trenta bis Flitsch. Nordöstlich gelangen wir in Richtung Predil-Paß zur sogenannten Flitscher Klause (Trdnjava Kluze). Hier sehen wir den wuchtigen, aus Steinquadern gemauerten Gebäudekomplex der altösterreichischen Festung. Sie ging als Fort Hermann/Flitscher Klause in die Kriegsgeschichte ein. Heute kann das alte Fort wieder besucht werden. Tief unten in der Schlucht der Klause rauschen und tosen die Wildwasser der Koritnica. Gegenüber dem Fort – eine Hinweistafel heißt uns in Slowenien und im Nationalpark Triglav willkommen – nimmt der Kriegssteig auf den Rombon seinen Anfang. Nach wenigen Metern passieren wir den Eingang eines Stollens (Taschenlampe nicht vergessen!) und hernach die Reste des ehemaligen Forts Hermann, das um die Jahrhundertwende gebaut wurde. An den bewaldeten Osthängen des Rombon steigen wir höher und nach der Baumgrenze entlang österreichischer Stellungsreste zum eigentlichen Gipfelaufbau. Steigspuren leiten schließlich hinauf zur höchsten Stelle des Rombon (2 208 Meter). Es bietet sich eine atemberaubende Sicht zu den gegenüberliegenden Frontbergen von Montasch und Wischberg sowie ins Seebachtal mit dem Raibler See oder nach Süden ins Flitscher Becken. Diese Wanderung dauert fünf Stunden.

In der Nacht zum 24. Oktober 1917 stand die 14. Armee, gebildet aus Elitedivisionen Österreich-Ungarns und des Deutschen Reiches, im Raum Flitsch-Tolmein-Karfreit vor der 12. Isonzo-Schlacht zum Anriff bereit. Um 2 Uhr nachts begann das Gasschießen von der Flitscher Klause bis südlich von Tolmein. Bereits am 27. Oktober war die italienische Front nach ununterbrochenen, schweren Kampfeinsätzen durchbrochen. Der Vormarsch durch das Tiefland Oberitaliens begann, bis die Angriffsverbände am 9. und 10. November entlang des Piave-Ostufers standen. Die italienische Armee brach physisch zusammen.

Wenn wir nach der Flitscher Klause aufwärts nach Mittelbreth (Log pod Mangartom) fahren, liegt am südwestlichen Ortseingang der Gemeindefriedhof und dahinter der österreichische Soldatenfriedhof mit dem 1917 errichteten Denkmal, das an die Kämpfe am Rombon und im Flitscher Becken erinnert. Es stellt einen Gebirgsschützen mit der Spielhahnfeder auf der Mütze dar und einen Bosniaken mit dem Fez als Kopfbedeckung. Ihre Blicke schweifen in Richtung Flitsch, dem Durchbruch während der 12. Isonzo-Schlacht. In der Nähe des Soldatenfriedhofs liegt außerdem der fünf Kilometer lange Breter Stollen, zwischen Mittelbreth und dem Bergwerk in Raibl. Er diente während des Ersten Weltkrieges zur Versorgung der Front im Flitscher Abschnitt.

Werk Raibler See (939 Meter)

Die Reichsgrenze von 1866 zwischen Österreich und Italien verlief östlich des Neveapasses. Eine Straßenverbindung entlang des Raibler Sees bis Tarvis stand bereits zur Verfügung. Es war zu erwarten, daß von den Italienern eine befahrbare Straße, westlich des Passes, ins Raccolanatal ausgebaut würde. Das Kriegsministerium der k.u.k. Monarchie zog in Erwägung, im Jahre 1885 mit dem Bau einer Sraßensperre am nordwestlichen Ufer des Raibler Sees zu beginnen. Im Falle eines Krieges sollte verhindert werden, daß Fort Hensel, die Batterie Predilsattel oder die Sperre Fort Hermann/Flitscher Klause von den Italienern umgangen werden konnte, um den Durchbruch über den Nevea-Paß durch das Seebachtal nach Tarvis zu erzwingen. Direkt bei der Einmündung des Aiblbaches wurde eine Batterie errichtet und in der Aiblschlucht ein Blockhaus. Zwei Jahre nahm der Bau der Verteidigungsanlage in Anspruch. Die Errichtung weiterer Gebäude, Verstärkung der Armierungen sowie eine Poternenverbindung zwischen Batterie und Blockhaus erfolgten in den nächsten Jahren. Bereits am 24. Mai 1915, einen Tag nach der Kriegserklärung Italiens an Österreich, wurden das Werk Raibler See und die Batterie Predilsattel massiv beschossen. Als jedoch im Juni schwere Kaliber auf beide Anlagen, die zwei Kilometer hinter der Hauptverteidigungslinie lagen, niedergingen, war die Aufgabe und Desarmierung der Sperren die Folge. Die österreichische Verteidigungslinie konnte sich jedoch im Seebachtal und gegen den Neveasattel hin behaupten und in allen Kriegsjahren die italienischen Angriffe abwehren.

Touristische Hinweise:

In Tarvis leiten Hinweistafeln mit der Aufschrift »Predil-Paß« durch das wildromantische Seebachtal (Val Rio di Lago) nach Raibl (Cave del Predil). Wegen der Blei- und Zinkgewinnung zu Zeiten der k.u.k. Monarchie war es verständlich, daß sich Italien zu Kriegsbeginn im Jahre 1915 für dieses Bodenschätze interessierte. Heute allerdings verleihen die verfallenen Bergwerksanlagen dem Ortsbild kein einladendes Aussehen. Im Werksgelände steht noch als Fragment das Eingangsportal zum Kaiser-Franz-Erbstollen. Am südlichen Ortsrand liegt der Friedhof mit der österreichischen Heldenkapelle. Die weiterführende Straße – auf die Abzweigung zum Nevea-Paß achten! – führt direkt am Nordwestufer des Raibler Sees (Lago di Predil) entlang. Bei der Einmündung des Aiblbaches sind nur noch grasbewachsene Hügel und ein spärlicher Mauerrest von der ehemaligen Festung zu entdecken. Das Blockhaus in der Aiblschlucht, an der rechten Straßenseite, ist allerdings fast unversehrt. Vom Nevea-Paß (1 195 Meter) aus sind zahlreiche Bergtouren in die Montasch- oder Kaningruppe. Nähere Auskünfte erteilt der Wirt (spricht etwas deutsch) von der Baita della Guide da Tarvisio. Die Kanin-Seilbahn nimmt ihren Betrieb erst Ende Juni/Anfang Juli auf!

Freytag & Berndt – Wanderkarten 1:100 000

Anmerkung:
Aus der Feder von Gerd Bürger stammen die militärhistorischen sowie touristischen Beschreibungen der folgenden fünf Forts in den Karnischen und Julischen Alpen.

VII. Kurzbiographien

General Franz Conrad von Hötzendorf

Conrads Aufstieg

Die Familie Conrad aus Mähren hatte keinerlei militärische Traditionen. Der Urgroßvater war im Kongreßjahr1815 als Brünner Rechnungsrat geadelt worden, der Großvater wurde Pächter und Gutsverwalter, und erst der 1793 geborene Vater des künftigen Feldmarschalls schlug die Laufbahn eines Kavallerieoffiziers ein. Als Oberstleutnant im ungarisch-galizischen Husarenregiment Nr. 4 stürzte der heitere, lebenslustige Mann bei einem Einsatz gegen die Revolution in Wien 1848 so schwer mit dem Pferd, daß er als dienstuntauglich entlassen wurde, worüber ihn die Beförderung zum Obersten hinwegtrösten sollte.

Drei Jahre später heiratete er die 32 Jahre jüngere Handwerkertochter Barbara Kübler, und am 11. November 1852 kam Franz Conrad v. Hötzendorf in Penzing bei Wien zur Welt. Er bekam noch eine jüngere Schwester Barbara, die unverehelicht blieb. Entgegen dem Wunsch der puritanisch-pflichtstrengen Mutter, die ihren Sohn lieber in einer technisch-künstlerischen Laufbahn gesehen hätte, trat dieser im Alter von zehn Jahren in die Kadettenanstalt von Hainburg ein, deren spartanische Erziehung ihm angesichts der strengen Kinderzeit wenig Beschwerden machte. Nach Absolvierung der Theresianischen Militärakademie in der Wiener Neustadt wurde er am 1. September 1871 als Leutnant ausgemustert und zum Feldjägerbataillon 11 nach St. Pölten versetzt.

Franz Freiherr Conrad von Hötzendorf, General der Infanterie, Generalstabschef der k. u. k. Armee (1852–1925).

Aufgrund seines Ehrgeizes und seiner Leistungen im Truppendienst gelang es ihm bereits nach zweieinhalb Dienstjahren, an der Kriegsakademie aufgenommen zu werden, die er nach den obligatorischen zwei

Lehrgangsjahren als junger Generalstabsoffizier der 6. Kavalleriebrigade (Kaschau/Ungarn) verließ.

Als die Österreich-Ungarn auf dem Berliner Kongreß 1878 zugestandene Besetzung Bosniens zu einem erbitterten Okkupationsfeldzug führte, suchte Conrad um Frontverwendung nach und wurde der mobilen 4. Infanterie-Truppen-Division zugeteilt. Seine teilweise unter Inkaufnahme größter persönlicher Gefahren im Verband der 1., 7., und 8. Gebirgsbrigade gemachten Erfahrungen ließen in ihm für die Zukunft eine tiefe Abneigung gegen die praxisferne, allzu formalistische Truppenausbidlung zurück. Im Mai 1879 zum Hauptmann I. Klasse des Generalstabscorps befördert, erlebte er drei Jahre später den nächsten Kriegseinsatz gegen die Aufständischen in Süddalmatien, wo es ihn erneut zur Truppe in die vorderste Linie drängte, um Geländeaufnahmen und Erkundungen durchzuführen. Nach Abschluß der Kämpfe kehrte Conrad in das Landesbeschreibungsbüro nach Wien zurück.

Im Oktober 1883 wurde er als Generalstabsoffizier zur 11. Infanterie-Truppen-Division nach Lemberg versetzt, wo er seine erste Frau, Wilhelmine v. LeBeau, ehelichte. Von den vier Söhnen sollten zwei im Ersten Weltkrieg fallen, ein dritter diente schließlich als Oberst im Generalstab der deutschen Wehrmacht.

Nach kurzer Dienstzeit in der Operationsabteilung des Generalstabes wirkte Conrad in den Jahren 1888–1892 als Lehrer für Taktik und Kriegsgeschichte an der Kriegsschule in Wien, wobei er die praktische Geländebesprechung vor Ort dem Hörsaalunterricht vorzog und von den angehenden Generalstabsoffizieren viel Mitarbeit und eigenes Urteil verlangte. Seine Vorbilder waren Prinz Eugen und der ältere Moltke.

Bereits 1890 zum Oberstleutnant befördert, tat Conrad von 1892–1894 Truppendienst als Bataillonskommandeur im Infanterieregiment 94, stieg währenddessen 1893 zum Oberst d.G. auf, kommandierte von 1895–1899 das Infanterieregiment Nr. 1 in Troppau, dessen Inhaber der Kaiser selbst war, und anschließend bis 1903 die 55. Infanteriebrigade in Triest. Hatten ihn seine früheren Kriegserlebnisse mit den Verhältnissen auf dem Balkan vertraut gemacht, so folgten nun die ersten Erfahrungen mit der italienischen Irredenta. In diese Zeit fällt auch die Herausgabe mehrerer Schriften zur Taktik und vor allem zu einer modernen Infanterieausbildung. Zur Veranschaulichung seiner kriegsgeschichtlichen Geländekunde kam ihm sein außerordentliches Zeichentalent zur Hilfe.

Der Herbst 1903 brachte Conrad die Ernennung zum Kommandeur der 8. Infanterie-Truppen-Division in Innsbruck, einem ausgesprochenen Eliteverband, zu dem auch vier Kaiserjägerregimenter gehörten. Noch im selben Jahr zum Feldmarschalleutnant aufgerückt, verfaßte er eine richtungweisende Denkschrift zur Verteidigung Südtirols. Privat war diese Zeit überschattet von dem unheilbaren Krebsleiden seiner Frau, dem sie 1905 erlag.

Gerade in diesem Jahr fanden die letzten Kaisermanöver in Tirol statt, die für Conrads weitere Karriere von ausschlaggebender Bedeutung werden sollten. In schwierigem Gebirsgelände stellte er kriegsnah hohe Anforderungen an seine Truppe und brillierte als Führer der Südpartei taktisch derart, daß er den allerhöchsten Herrschaften auffiel.

Chef des Generalstabes
Generaloberst Friedrich von Beck-Rzikowsky hatte sich 25 Jahre lang als Generalstabschef eifrig, aber mit begrenztem Erfolg um den Ausbau der k.u.k. Streitmacht bemüht. Nach zwei mißglückten Manövern 1906 mußte der greise Kaiser einsehen, daß sein gleichaltriger »Weggefährte« den zeitgemäßen Anforderungen nicht mehr gewachsen war. Dem Erzherzog-Thronfolger Franz Ferdinand war bereits in Troppau der drahtige Oberst Conrad v. Hötzendorf aufgefallen; zusammen mit Graf Lexa v. Aehrenthal als Außenminister und Freiherrn v. Schönaich als Kriegsminister setzte er Conrad als neuen Generalstabschef bei Franz Joseph durch. Conrad lehnte diese undankbare, praktisch unerfüllbare Aufgabe rundweg ab. Nach fünfzehn Jahren Truppendienst erschien ihm ein Korpskommando erstrebenswerter, doch einem unmißverständlichen allerhöchsten Wink fügte er sich.

Bei seiner Ernennung am 18. November 1906 brachte er aus Erfahrung klare Vorstellungen vom künftigen österreichisch-ungarischen Heer mit. Besonderen Wert legte er auf kriegsnahe taktische Schulung der Truppe und realistische Manöverabläufe, deren altgewohnte drehbuchgesteuerte Anlagen er revolutionierte. Zum Mißfallen seiner konservativen Kollegen sowie des Kaisers und seines Thronfolgers schränkte er den Formaldienst stark ein. Im Gegensatz zu seinem konzilianten und höfischen Vorgänger Beck trat er energisch und temperamentvoll auf – ein Feuerkopf; seine Forderungen waren kompromißlos, und oft ein wenig sprunghaft, und Kaiser Franz Joseph klagte schließlich, daß er sich bei Conrads hartnäckigen Eingaben »gewöhnlich ärgern« müsse. Der Kampf um die Heeresvermehrung (Habsburg hätte der Bevölkerungszahl nach 1914 statt 48 Divisionen 70 ins Feld stellen können) und Verbesserung der Ausrüstung führte lediglich bei der Artillerie und namentlich bei der Gebirgstruppe zu nennenswerten Erfolgen. Die Vernachlässigung des Gefechtes der verbundenen Waffen konnte bis in den Krieg hinein nicht mehr ausgebügelt werden. Besonders die Kavallerie setzte einer Anpassung ihrer Einsatzgrundsätze so wirksamen Widerstand entgegen, daß sie 1914 bei Aufklärungs- Abschirm-, und Raidunternehmungen gänzlich versagte.

Präventivkriegforderungen

Kaiser Franz Joseph zweifelte an Conrads politischem Verständnis – weniger am Weitblick, sondern mehr an seinem Augenmaß für das unmittelbar Praktizierbare. Dabei verstand sich der Generalstabschef durchaus als politischer Militär. Das begann bei dem Bemühen um eine Reorganisation des Generalstabes, besonders der Hebung seiner Bedeutung. Als »Hilfsorgan des Reichskriegsministeriums« war er weit von der Immediatstellung im Deutschen Reich entfernt und erlangte erst 1913 einige Selbständigkeit. Weiter gingen die außen- und militärpolitischen Denkschriften Conrads, die schließlich seine erste Entlassung bewirken sollten.

Grundsätzlich glaubte Conrad die Donaumonarchie in einem Verfallsprozeß begriffen, in dem »nur eine agressive Politik mit positivem Ziel« den nahenden Untergang abzuwenden vermochte. Dazu gehörte eine begrenzte Expansionspolitik auf dem Balkan, um die Monarchie nach innen und außen zu stärken und ihre Gegner zu schwächen. Den Hauptgegner sah Conrad in dem problematischen Dreibundpartner Italien, welcher einige Jahrzehnte zuvor alle norditalienischen Provinzen Habsburgs mit Ausnahme Welschtirols an sich gebracht hatte und auch letzteres durch eine halbverdeckte Irredentapropaganda gefährdete. Zur Begegnung dieser Herausforderung drängte Conrad bereits 1907 zum Präventivkrieg. 1908 listete er die österreichfeindlichen Rüstungsmaßnahmen des Königreiches folgendermaßen auf:

- Vermehrung und Entwicklung der Kriegsmarine
- Ausbau der Befestigung an der österreichischen Grenze
- Befestigung Venedigs
- Ausbau von Funkstationen
- Ausbau des Eisenbahnnetzes in Oberitalien
- Schaffung der Rahmen für zwei neue Armeekorps
- Vermehrung der Alpinitruppe an der Nordostgrenze
- Ausbau eines Spionagenetzes gegen Österreich-Ungarn
- Vorbereitungen für Sabotageakte gegen österreichische Bahnen und
- Vorbereitung von Brieftaubenverkehr zwischen Österreich und Italien.

(Hans Jürgen Pantenius)

Ein weiterer Faktor war Italiens notorisches Interesse für Albanien, dessen Besetzung gegenüber der Absatzspitze Apuliens den Italienern die Schließung der Straße von Otranto ermöglicht hatte, wodurch die Habsburger Seestreitkräfte automatisch in der Adria eingesperrt würden.

Konflikt mit Aehrenthal

Außenminister Graf Aehrenthal wies diese politischen Vorstöße des Generalstabschefs zurück, und Kaiser Franz Joseph nahm trotz der unfreundlichen Haltung der italienischen Politiker die Aufforderung zum Wortbruch an einem Verbündeten in seiner honorigen Rechtlichkeit übel auf. In der folgenden Annexionskrise um Bosnien gelang es v. Aehrenthal sogar, Italien (Außenminister Tittoni) ruhig zu stellen, dafür düpierte er Rußland (Außenminister Iswolski) in gefährlicher Weise. Als aber Conrad diesmal zum Präventivkrieg gegen Serbien mit dem Ziel der Annexion desselben riet, nannte selbst sein Protektor, der Erzherzog-Thronfolger, diese Idee schlicht einen »Wahnsinn«. »Ein Krieg mit Rußland ist unser Ende. Wenn wir gegen Serbien auftreten, so steht Rußland hinter ihm ... Sollen sich der Kaiser von Österreich und der Zar gegenseitig vom Thron stoßen und der Revolution die Bahn freigeben«? Prophetische Worte!

Conrads Haltung basierte auf seiner areligiösen fatalistischen Weltsicht, die zusammen mit dem zeittypischen Sozialdarwinismus eine Stimmung des »Feinde ringsum« pflegte. Vielleicht nicht zu Unrecht sah der General den feindlichen Ring um Österreich sich schließen und glaubte, der Gefahr nur durch kriegerische Ausfallschritte entgegentreten zu können – ohne politische Rücksichten auf die Meinung der verbündeten Deutschen oder der anderen Mächte. Das verlieh den Forderungen Conrads Züge von Irrealismus.

Nach dem Kriege schrieb er: »Österreich-Ungarn hat im Jahre 1908 eine glänzende, im Jahre 1909 eine noch sehr günstige Gelegenheit ungenützte gelassen, mit Serbien abzurechnen. Es hatte im Jahre 1911 eine immerhin noch günstige, im Jahre 1912 eine letzte Gelegenheit gehabt, es nützte auch diese nicht aus.« An anderer Stelle dozierte er: »Einer Gefahr, der man dauernd nicht ausweichen kann, muß man rechtzeitig begegnen. Deutschland und Österreich-Ungarn mußten in diesem Sinn handeln, als es noch Zeit war, oder auf Großmachtansprüche verzichten, ehe es zu spät war. Sie taten weder das eine noch das andere, sondern stürzten in den Weltkrieg.«

Die Vorstöße in den Bereich der Außenpolitik waren begleitet von Conrads persönlichem Hader mit v. Aehrenthal. Der Außenminister war von einem selbstbewußten Optimismus beseelt und glaubte ungebrochen an die politische Realität des Dreibundes. Gegenüber jeder unwillkommenen Einmischung des Generalstabschefs in sein Ressort trat er beinahe als Anwalt der italienischen Sicherheitsinteressen auf. Die rege Spionagetätigkeit und den forcierten Ausbau der italienischen Festungsanlagen hart an der österreichischen Südgrenze und am Tagliamento (1907 gab es ein Panzerfort, 1910 waren es 13, bis 1912 rechnete man mit insgesamt 48 fertiggestellten Werken) entschuldigte er mit der Angst vor einem österreichischen Angriffskrieg. Dagegen warf er Conrad eine unnötige Verunsicherung der Italiener durch den Bau der Sperrgruppen Folgaria und Lavarone sowie minimale Grenzverletzungen vor (so hatten Landesschützen südlich des Suganatals versehentlich auf italienischemTerritorium eine Schutzhütte errichtet). Graf Aehrenthal war der Meinung, außenpolitische Fragen und Informationen gingen den Generalstabschef nichts an, und es sei dessen klare Aufgabe, die Armee auf jeden möglichen Konflikt vorzubereiten. In Anbetracht des begrenzten Potentials der Donaumonarchie war das barer Unsinn – man konnte nicht ins Blaue hinein Maßnahmen für irgendeinen Krieg treffen – und so litt der k.u.k. Generalstab unter ähnlich unzweckmäßigen Vorgaben wie sein italienisches Pendant.

Da die jahrelangen gegenseitigen Beschuldigungen und Beschwerden an Gehässigkeit zunahmen, verlor Franz Joseph, der den Friedenskurs v. Aehrenthals als seine Politik approbierte, die Geduld und entließ Conrad am 30. November 1911 in würdiger Form während einer Privataudienz und ernannte ihn zum Armee-Inspektor (im Kriegsfalle Oberbefehlshaber der 3. Armee). Diese Stellung erlaubte ihm operative und taktische Studien, aber keine militärische Einflußnahme mehr.

Zwei Monate darauf starb v. Aehrenthal. Die Italiener waren in Tripolis gelandet, die Balkankrise verschärfte sich und führte im Oktober 1912 zum Ersten Balkankrieg. Unter diesen Umständen war es kein Wunder, daß der Nachfolger Conrads, der farblose General der Infanterie Blasius v. Schemua, alsbald in der Versenkung verschwand, und es Erzherzog Fanz Ferdinand gelang, zum 12. Dezember 1912 Conrads Wiederberufung als Generalstabschef durchzusetzen. Während sich das Verhältnis zum Obersten Kriegsherrn in den letzten vier Lebensjahren des Kaisers schließlich zu einem ungetrübten Vertrauen seitens des Monarchen entwickelte, verschlechterte sich die Zusammenarbeit mit dem Thronfolger zusehends. Schuld daran war die cholerische und häufig verletzende Art Franz Ferdinands, und da dieser im Jahre 1913 zum »Generalinspekteur der gesamten bewaffneten Macht« ernannt wurde und in Anbetracht des hohen Alters Franz Josephs jederzeit der Thronwechsel eintreten konnte, reichte Conrad im September 1913 um seine Pensionierung ein.

Dies wurde abgelehnt, und im folgenden Jahr überschlugen sich die Ereignisse. Bei Kriegsbeginn trat der Generalstabschef unter den Oberbefehl des Erzherzogs Friedrich, eines gutmütigen und kooperativen Herrn, der Conrad vor allem die lästigen Repräsentationspflichten abnahm, ihn ansonsten aber gewähren ließ. Die Zuständigkeit für den Balkan wurde ihm sogleich entzogen und verblieb dem bosnischen Landeschef, Feldzeugmeister Oskar Potiorek. Ein monatelanges demütigendes Desaster auf dem serbischen Kriegsschauplatz folgte, und unklare militärpolitische und -strategische Vorgaben führten zu einem unzweckmäßigen Aufmarsch, der dann die zeitraubende Umleitung der ganzen 2. Armee (Böhm-Ermolli) von der serbischen zur russischen Grenze nötig machte.

Als Feldherr im Weltkrieg

Hoffnungsvolle Anfangserfolge gegen die Russen in Galizien zogen schwere Rückschläge nach sich, 100 Kilometer Gelände bis zu den Karpaten gingen verloren, damit Lemberg und die Festung Przemysl; und was schlimmer war: das österreichisch-ungarische Heer wurde dezimiert und die Blüte des ausgebildeten Offizierskorps ausgelöscht.

Conrad war ein überzeugter Deutsch-Österreicher, stand loyal zum deutschen Bündnispartner. Kaiser Wilhelm und Generaloberst v. Moltke schätzten ihn kameradschaftlich. Als nach dem raschen Scheiden des letzteren, mit dem ihn ein jahrelanger Gedankenaustausch verbunden hatte, Erich v. Falkenhayn deutscher Generalstabschef wurde, blieb das Verhältnis Conrads zu seinem nördlichen Kollegen kühl, da dieser allzu preußisch auftrat und ein prinzipieller Gegner der »Ostlösung«, d.h. des Vorranges für den russischen Kriegsschauplatz war. Anders sah es mit dem deutschen Oberbefehlshaber Ost aus, der späteren Dritten Obersten Heeresleitung v. Hindenburg/Ludendorff, wenn auch gelegentliche Reibungen nicht ausblieben. General Ludendorff schätzte Conrad sehr und schrieb später mit erstaunlicher Selbstverleugnung, der k.u.k. Generalstabschef hätte zu Anfang des Krieges (als die unterlegene deutsche Deckungsarmee in Ostpreußen ums nackte Überleben kämpfte) »von seinem Standpunkt mit Recht unseren Vormarsch über den Narew« nach Russisch-Polen hinein zu seiner Unterstützung erwarten dürfen. Freilich geizte Conrad in seinen Erinnerungen nicht mit überzogenen Erwartungen und Beschuldigungen an die Adresse der Verbündeten.

Die Kooperation zwischen dem deutschen »OberOst« und dem k.u.k. Armeeoberkommando trug schöne Früchte, als 1915 nach dem Durchbruch von Gorlice-Tarnow (2.–10. Mai) Russisch-Polen und das Baltikum erobert werden konnten. Dem vorausgegangen war u. a. die Abwehrschlacht von Limanova-Lapanov an der Weichsel (2.–14. Dezember 1914), die Conrad als seine stolzeste Führungsleistung beurteilte.

Italien aber war sein Schicksal. Dessen am 23. Mai 1915 erfolgende Kriegserklärung hatte er jahrelang vorhergesagt, und es gelang ihm unter Mühen, eine Abwehrfront aufzubauen. Nach fünf verlustreichen Isonzoschlachten ließ das k.u.k. Armeeoberkommando am 14. Mai 1916 zwei Armeen aus Südtirol in Richtung Venedig angreifen, doch die sich rasch verschärfende Lage in Galizien erzwang den Abbruch dieser vielversprechenden Offensive.

Am 1. November 1908 war Franz Conrad v. Hötzendorf zum Feldzeugmeister befördert worden und am 23. Mai 1915 zum Generalobersten. Zwei Tage nach dem Tode des alten Kaisers am 21. November 1916 erfolgte noch die Erhebung zum Feldmarschall, doch blieb dem allzu jungen Kaiser Karl sein Generalstabschef wesenfremd, ja, er nannte ihn gar »unsympathisch«. Am 27. Februar 1917 ersetzte er ihn durch den willfährigen General Arthur Arz v. Straußenburg, der nach dem Urteil seines Vorgängers vielleicht ein guter Truppenführer, nie aber ein Feldherr war. Am 2. März wurde Conrad gegen seinen Willen zum Befehlshaber in Südtirol ernannt. Die von vornherein zum Scheitern verurteilte Piave-Offensive des Sommers 1918 bot die Gelegenheit, ihn, der mit seiner Heeresgruppe widerwillig teilgenommen hatte, am 15. Juli abzuberufen und statt dessen zum Obersten aller Kaiserlichen Leibgarden zu machen. Dazu erhielt er den Grafentitel, den er Kaiser Franz Joseph gegenüber bereits einmal abgelehnt hatte.

Den Zusammenbruch des Reiches erlebte er in Triest, ehe er mit seiner zweiten Frau Virginia (Gina) nach Wien zog. Es hatte jahrelanger nervenauftreibender Umwege bedurft, ehe der Kaiser am 16. Oktober 1915 die Verehelichung mit dieser außergewöhnlichen, aber geschiedenen Frau genehmigt hatte. Aus seinem weiteren Aufenthaltsort Innsbruck, wo Conrad in beschränkten Verhältnissen, aber inmitten seiner geliebten Berge seine Kriegserinnerungen niederlegte, riß ihn ein schweres Gallenleiden heraus. Mehrmals suchte er Linderung in Bad Mergentheim, wo er auch am 25. November 1925 starb.

Conrads Bewertung
Mit Conrad v. Hötzendorf war vermutlich der fähigste österreichische Offizier an der Spitze des Generalstabes der Monarchie gestanden. Die k.u.k. Armee von 1914 war weitgehend sein Werk. Tapfer und angriffsfreudig war sie in selbst für die Zeitverhältnisse auffallender Überbetonung des Offensivgedankens auf allen Ebenen erzogen worden. Der Vorwurf bleibt Conrad nicht erspart, daß reichlich vorliegende Beobachterberichte der jüngst vergangenen Kriege nicht ausreichend zur Kenntnis genommen worden waren, gerade da, wo es um die praktische Erfahrung mit modernen Waffen und Feldbefestigungen ging. Dies mußte die Armee im Herbst 1914 namentlich in Galizien mit Blut bezahlen, und die Riesenverluste konnten nie mehr ausgeglichen werden. Erich Ludendorff kritisierte, daß der k.u.k. Generalstab »zuviel Theorie« triebe. Gerade nach den Anfangsniederlagen gegen die Russen wirkte sich Conrads hektische Personalpolitik bei der Umbesetzung vieler Führungspositionen ungünstig aus, zumal er ein miserabler Menschenkenner war.

Im exemplarischen Urteil Ludendorffs war Conrad trotz dieser Mängel »ein kluger, geistig besonders elastischer und bedeutender General«, kurz, »ein Feldherr mit seltenem Gedankenreichtum«, der »der k.u.k. Armee stets neuen Impuls« gab. Das reichte nicht aus, um mit den gewaltigen Schwierigkeiten des Habsburgerreiches fertigzuwerden. In Galizien – vier Jahre lang ein Hauptkriegsschauplatz der Monarchie – lernte Ludendorff beispielsweise »das verwahrloseste Land Europas kennen«, dem es an jeder Infrastruktur mangelte. Die Armee wiederum war im Frieden aufgrund der innenpolitischen Differenzen zwischen den Reichshälften allzu kurz gehalten und vernachlässigt worden. Aus all diesen Gründen war sie trotz Conrads unbeirrt nachdrücklichen, oft ungeduldigen Anstrengungen zur Reorganisation »nicht kraftvoll genug, seine kühnen Entwürfe in jedem einzelnen Fall auszuführen«. Schwere Schicksalsschläge im persönlichen Bereich, wie der frühe Tod seiner ersten Frau, der Verlust von zwei Söhnen im Kriege; die zermürbenden Auseinandersetzungen mit Graf Aehrenthal und Kriegsminister v. Schönaich, das vergebliche Ringen mit Falkenhayn; das Ausbleiben jeder Glückssträhne bei der Durchführung seiner zum Teil genialen Operationsentwürfe verbunden mit der Unmöglichkeit, der sich auftürmenden Widerstände Herr zu werden; die mit Recht als kränkend empfundene Behandlung anläßlich seiner endgültigen Entlassung als Chef des Generalstabes und seiner Ablösung als Heeresgruppenkommandant haben von Jahr zu Jahr fortschreitend jeden gesunden Optimismus, ohne den ein Feldherr nicht auskommen kann, abgetötet und der Resignation ... Platz gemacht.« (Hans Jürgen Pantenius)

General Luigi Conte Cadorna

Cadornas Aufstieg
Die Familie Cadorna war mit der Entstehung des jungen Königreichs Italien aufs Engste verbunden. Der piemontesische General Raffaele Cadorna hatte die königlichen Truppen bei der Einnahme Roms im September 1871 befehligt, die den glanzvollen Endpunkt des Risorgimento bildete, und war dafür in den Grafenstand erhoben worden.

Sein Sohn Luigi, geboren am 4. September 1850 in Pallanza am Lago Maggiore, wurde bereits mit zehn Jahren Kadett des Mailänder Militärkollegs und wechselte mit fünzehn auf die Militärakademie in Turin über. Als Lehrgangsbestem stand dem knapp achtzehnjährigen Unterleutnant im Jahre 1868 unmittelbar im Anschluß daran der Besuch der Kriegsakademie offen, die er erfolgreich absolvierte.

An den Unternehmungen seines Vaters gegen das damals noch päpstliche Rom nahm er als Leutnant im 5. Artillerie-Regiment teil.

Schon 1875 zum Hauptmann i.G. befördert, war er anderthalb Jahrzehnte lang in mehreren Stabsverwendungen tätig, bis er als Kommandeur des 10. Bersaglieri-Regiments vier Jahre Truppenpraxis sah. 1896 wurde er Stabschef des VII. Korps in Florenz, und 1898 übernahm er als Brigadegeneral die Brigade »Pistoia«. 1905 befehligte er nacheinander die 13. Division in Ancona und die 20. Division in Neapel. Im Jahre 1910 wurde er zum Kommandierenden General des IV. Korps in Genua ernannt und war für den Kriegsfall als Befehlshaber des albanischen Expeditionskorps und schließlich der 2. Armee vorgesehen.

Luigi Conte Cadorna, Generalstabschef der italienischen Armee (1850–1928).

Bereits 1881 hatte Cadorna die aus Genua stammende Marchesina Balbi geheiratet, in einer Ehe, der drei Töchter und ein Sohn entsprossen. Seine akribische Tüchtigkeit und das militärische Anschen seiner Familie – bereits der Großvater hatte gegen Radetzky gekämpft – ließen Cadorna nach General Salettas Abgang 1908 in die engere Wahl für den Posten des Generalstabschefs aufrücken, doch wurde ihm für diesmal der diplomatischere Alberto Pollio (1852–1914) vorgezogen. 1914 wurde er dann dessen Nachfolger.

Cadorna war ein distanzierter Vorgesetzter und ungefälliger Untergebener. Verhandlungsgeschick und Zusammenarbeit lagen ihm nicht, und bereits in seinen kriegsgeschichtlichen Studien über den Deutsch-Französischen Krieg 1870/71 tadelte er Moltkes Führung »am langen Zügel«. Der autoritäre, überzentralistische Führungsstil kennzeichnete seine späteren Operationen, erklärt sich aber zum guten Teil aus den schlechten Erfahrungen mit der italienischen Generalstabsausbildung. Ähnlich seinem Gegner Conrad beschäftigte er sich vor allem mit Infanterietaktik und veröffentlichte 1905 ein Lehrbuch zu den »Gefechtsformen der Infanterie«, das aber moderne Waffentechnik und den Einfluß der Feldbefestigung zu wenig berücksichtigte.

So ergibt sich ganz das Bild des einsamen, truppenfernen Führers, dessen einzige Erfahrung mit größeren Verbänden die Manöver des Jahres 1911 im Monferrat bildeten. Politischer Ehrgeiz lag dem Nur-Militär Cadorna völlig fern, dabei stand er den aktuellen außenpolitischen Absichten seiner Regierung ebenso loyal wie unwissend gegenüber.

Das italienische Heer

Die Armee, deren Führung der neue Generalstabschef am Vorabend des Weltkrieges übernahm, war nichts weniger als einsatzbereit. Der Italienisch-Türkische Krieg von 1911/12, der sich an der Okkupation von Tripolis entzündet hatte, und der seitdem andauernde Kolonialkrieg, der von dem islamischen Orden der Senussi getragen wurde, hatten das Gefüge des italienischen Heeres erschüttert. Die in der Heimat gebliebenen Verbände mußten infolge eines unzureichenden Militärbudgets als Ersatzkader für das Expeditionskorps herhalten, so daß neben dem fortwährenden Abfluß an Wehrmaterial der Mangel und ständige Wechsel von Offizieren, Unteroffizieren und qualifizierten Fachkräften die Truppenausbildung erschwerten.

Hätte Italien seine Verpflichtungen aus dem Dreibundvertrag erfüllen und drei Armeekorps an die Rheinfront schicken wollen, hätten die übrigen Korps in ihren personellen wie materiellen Beständen ausgeplündert werden müssen. Wie Cadorna es ausdrückte, wäre das ganze Heer für die Mobilmachung dieser einen Hilfsarmee gleichsam das Depot gewesen. Es fehlte nicht nur an Stammpersonal, um Ersatzformationen aufstellen zu können. Nach einem Bericht des Generals vier Wochen nach seiner Amtsübernah-

Ein 30,5-cm-Mörser am Eingang des Museums von Rovereto

Geschütz in der Nähe des Forts Landro am Monte Piano mit Blick auf die Cardin-Gruppe

Denkmal zu Ehren des Ingenieur-Hauptmanns Johann Hermann von Hermannsdorf

Fort Gschwent (Belvedere)

Fort Gschwent (Belvedere)

Fort Plätzwiese (im Hintergrund die Cristallo-Gruppe)

Fort Lusern

Fort Mittenberg

me fehlten im Falle einer allgemeinen Mobilmachung auch 200 000 Bekleidungsgarnituren und 1000 Munitionsfahrzeuge. Das Soll von 96 Feldgeschützen je Armeekorps stünde nur auf dem Papier, weil die dritten Züge der Batterien in Libyien seien. Von den 36 Artillerieregimentern seien fünf noch nicht aufgestellt; bei weiteren fünf fehlten die Magazine für die Mobilmachung. Das 1911 eingeführte neue »Déport«-Geschütz fehle noch bei 96 Batterien, von den 602 MG-Abteilungen seien nur 150 vorhanden. Dazu kam, daß Ausbildungseinrichtungen und Übungsplätze in ganz unzureichender Zahl vorhanden waren. Friktionen zwischen wechselnden Regierungen, deren Stiefkind das Heer geblieben war, dem Kriegsministerium und dem Generalstab lähmten zusätzlich eine gedeihliche Arbeit.

Bis 1914 war kein konkreter Angriffsplan gegen Österreich-Ungarn entwickelt worden, und außer Defensivmaßnahmen waren die Kriegsvorbereitungen über Geländeerkundungen im Bereich des Nordostgrenze nicht hinausgegangen. Kein Truppenteil mit Ausnahme der Alpinibataillone besaß Gebirgsausrüstung, und die Gebirgsartillerie war zahlenmäßig völlig unzureichend. Somit war das italienische Heer vorerst nicht in der Lage, die ehrgeizige imperialistische Außenpolitik seiner Regierung zu untermauern. Wie Cadorna mit dieser undankbaren Aufgabe umging, wird an anderer Stelle zu zeigen sein. Nach der katastrophalen Niederlage von Karfreit (Caporetto) in der 12. Isonzoschlacht wurde er auf Drängen der Alliierten und der öffentlichen Meinung von seinem Posten abberufen. Auch wenn ein Untersuchungsausschuß im Februar 1918 keinen ausdrücklichen Schuldspruch fällte, wurde er mit Erreichen der Altersgrenze im September 1918 zur Disposition gestellt und ein Jahr später in den Ruhestand versetzt.

Cadornas Operationsführung ermangelte des genialen Zuges und der Ausnutzung günstiger Gelegenheiten besonders bei Beginn des Krieges. Vorsichtig und methodisch hatte der »grimmige Abnützungsstratege« (John Keegan) Rücksicht auf die Unzulänglichkeiten seines Instruments zu nehmen, zu denen freilich nicht Mangel an Tapferkeit gehörte. Immer wieder überschätzte er die Möglichkeiten seines Gegners, der an allen Fronten unter Druck stand. Immerhin hat er im Sommer 1917 mit der 11. Isonzoschlacht die österreichische Front nahe an den Zusammenbruch gebracht. Trotz mancher Mängel und Schwächen seiner Führung war Cadorna nach Hans Jürgen Pantenius »wohl Italiens bester Führer im Ersten Weltkrieg«.

Dem trug auch Mussolini Rechnung, indem er ihn am 3. Novemer 1924 rehabilitieren und zusammen mit seinem Nachfolger Armando Diaz zur neugeschaffenen Würde eines Marschalls von Italien erheben ließ. Cadorna starb am 21. Dezember 1928 in Bordighera.

VIII. Erläuterungen von fortifikatorischen Ausdrücken

Armierung:
Bewaffnung, Verpflegungsarmierung, Sanitätsarmierung eines Forts im Gegensatz zur Desarmierung, sie bezeichnet den umgekehrten Vorgang.

Außenwerk:
Vorgelagertes Werk, das nicht direkt in Verbindung mit dem Hauptwerk steht.

Demolitionsmine:
In Befestigungsbauwerken eingebaute Sprengsätze, um die Anlage in die Luft zu sprengen.

Demonstrationsangriff:
Ein Angriff nicht zum Zweck eines Geländegewinns, sondern zur Täuschung des Feindes.

Eskarpe:
Gesichtslinie, feindzugewandte Seite der Befestigung.

Face:
Die der Befestigung anliegende Grabenwand.

Feste (veraltet):
Ein in sich selbständiges Fort.

Flanke:
Die seitliche Begrenzung zwischen Front und Kehle.

Frontgraben:
Der der ganzen Vorderseite vorgelagerte, in den Fels gesprengte Graben, der die infanteristische Einnahme eines Werkes verhindern sollte.

Frontgrabenstreiche:
Flankierende Nahkampfanlage zur Abwehr von Infanterie-Angriffen durch den Frontgraben. Von diesem kann er in seiner ganzen Länge durch Kasemattkanonen und Maschinengewehren unter Feuer genommen werden.

Galerie:
Verbindungswege, – Zwischenstellungen – im Fels, Eis oder Schnee erstellte Stollen mit Ausschußöffnungen für Gewehre, Maschinengewehre oder Geschütze.

Genie:
Spezial-Waffengattung, die im Krieg und Frieden militärbautechnische Arbeiten durchzuführen hatte, wurde speziell im Festungsbau eingestzt.

Kasematte:
Ein Wallgewölbe, bombensicherer Raum.

Kasemattblock:
Vereinigte Kasematten, die zu einem Block zusammengefaßt sind.

Kasemattkanone:
Kanonen mit Fallblockverschluß hinter Stirnpanzer, ähnlich den Traditoren-Geschützen.

Kaverne:
Eine Höhle, die in den Fels gesprengt wurde. Sie diente als Unterkunftsgebäude sowie zur Aufbewahrung von Munition, Geschützen, Scheinwerfern und für diverses Kriegsgerät.

Kehle:
Dem Feind abgekehrte Seite eines Fort.

Kehlgraben:
Rückfront des umlaufenden Grabens.

Kehlkoffer:
Vorspringende Grabenstreiche, von der aus der Kehlgraben in der ganzen Länge unter Maschinengewehrfeuer genommen werden kann.

Kontereskarpe:
Befestigung der gegenüberliegenden äußeren Grabenwand.

Kote:
Ein genau vermessener Geländepunkt, der in der Karte aufgeführt ist.

Minimalscharte:
Zum groben Richten der Geschütze konnten die Panzerkuppeln mit ihrem Drehkreuz aus 24 Zähnen angehoben werden, um dann in die gewünschte Richtung geschwenkt zu werden. Die Panzerkuppel rastete in den Zahnring des Vorpanzers ein. Das große Richten war damit beendet. Somit konnte die Öffnung der Panzerkuppel zum Feinrichten klein gehalten werden. Daher der Ausdruck »Minimalscharte«.

Minimalschartenkanone:
Ein speziell konstruiertes Geschütz für den Gebrauch in Minimalscharten.

Mitrailleuse:
Bei den Soldaten Revolverkanone genannt. Kaliber 47 mm (System Hotchkiss): Mit ihren fünf drehbaren Läufen war sie urspünglich im Jahre 1886 bei der österreichischen Marine eingeführt worden. Wenige ausgebaute Geschütze kamen an der Dolomitenfront zum Einsatz.

Parapet:
Brustwehr.

Patrouille:
Kleine Mannschaft unter Führung einer höheren Charge (Offizier bzw. Feldwebel). Sie hatte Aufklärung, Artilleriefeuerleitung, Sicherung in den Flanken sowie Überwachung toter Räume durchzuführen.

Poterne:
Unterirdischer Verbindungsgang.

Portée:
Nützliche Schußweite, Schußertrag (österreichische Bezeichnung).

Reduit:
Das besonders starke Kernwerk einer Befestigung.

Stirnpanzer:
In Beton eingebaute senkrechte Panzerplatte mit Schießscharte.

Tambour:
Deckungsloser Eingangshof – österreichisch auch »Zwinger« genannt – zum Schutz des Tores.

Traditor, Traditorenbatterie (Verräter):
Eine mit Geschützen armierte unsichtbare Kampfanlage, die zur Bestreichung des Geländes gegen das Nachbarfort angelegt ist.

Trace:
Grundriß einer Festung.

Überhöhung:
Für Geschütze, Maschinengewehre und Revolverkanonen, die aus höher gelegenen Stellungen Geländeteile beherrschen und die eigene Truppe wirksam unterstützen können.

Vedette:
Eine Feldwache, die im Gelände vorgeschoben als Alarmposten diente.

Verdeck:
Sammelbegriff der horizontalen Oberflächen gedeckter bombensicherer Befestigungsanlagen.

Vorgraben:
Österreichisch für Diamant.

Wall:
Erdanschüttung, deren Material durch Ausheben des feindwärts davor liegenden Grabens gewonnen wird.

Wallgang:
Umlaufender Bewegungsraum hinter Brustwehr und Geschützbänken.

Wasserspiel:
Sperranlage, die Wasser als Hindernis verwendet.

Wurffeuer:
Steilfeuer aus Mörsern, das mit einer Elevation nicht unter 45 Grad abgegeben wird, besonders gegen die Abdeckungen von Befestigungen.

IX. Die an der gesamten Südwestfront eingesetzten Truppen:

Österreichische Truppen

1. Kaiserjäger (Elitetruppe):
Gegründet am 17. Mai 1815 von Kaiser Franz I.

2. Landesschützen (später – Kaiserschützen):
Im Jahre 1863 wurde diese Truppe gegründet. 1871 als reguläre Truppe der k.u.k. Landwehr mit zehn Bataillonen und zwei Kompanien zu Pferde aufgestellt. Die Bezeichnung erhielten sie für ihre besonderen Verdienste von Kaiser Karl 1917 verliehen.

3. Landsturm:
Am 1. August 1914 wurde diese Truppe aufgeboten. Sie bestanden aus Schützen zwischen dem 33. und 42. Lebensjahr. Die schrecklichen Verluste, die diese Truppe an der Gebirgsfront erlitt, hatten die Folge, daß sie später nur noch als Landsturmbataillone eingesetzt wurden.

4. Standschützen:
Das letzte Aufgebot, fünfzehnjährige bis achtzigjährige gingen freiwillig an die entblößte Front, um ihr geliebtes Tirol zu verteidigen. Die Tradition dieser Truppe geht bis ins 14. Jahrhundert zurück. Diese Standschützen spielten bereits beim Aufstand gegen Napoleon 1809 eine entscheidende Rolle.

5. Rainer:
Eine Elitetruppe hauptsächlich aus Salzburgern und Oberösterreichern zusammengestellt, benannt nach Erzherzog »Rainer«.

6. Trachomeinheiten:
Die Angehörigen dieser Einheiten litten an der sogenannten ägyptischen Augenkrankheit. Diese Krankheit war äußerst ansteckend und im Ersten Weltkrieg weit verbreitet. Sie konnten deshalb nicht zusammen mit normalen Truppen eingesetzt werden. Ihr Krankenstand war besonders hoch. Der Einsatz dieser Truppe erfolgte an weniger gefährlichen Frontabschnitten.

k.k.: kaiserlich-königlich
Dem Kaiser Österreichs zugehörig, aus dem im Reichsrat vertretenen Königreichen (Böhmen, Galizien und Ladomerien, Dalmatien) und Ländern im Gegensatz zum königlich-ungarischen.

k.u.k.: kaiserlich und königlich
Dem Kaiser von Österreich und gleichzeitig dem König von Ungarn zugehörig, z.B. das gemeinsame Heer Österreich-Ungarns.

Deutsche Truppen

1. Leiber:
Volkstümliche Bezeichnung für die Angehörigen des Königlich-Bayerischen Infanterieleibregiments. Sie waren ein Teil des Deutschen Alpenkorps. In dieser Truppe dienten auch andere deutsche Verbände, wie Württemberger und Sachsen.

2. Batterie Rose:
Benannt wurde diese Einheit nach ihrem Kommandanten, dem Hauptmann Rose. Diese königlich-preußische Batterie war eine wertvolle Hilfe für die österreichischen Truppen. Sie verblüffte die Italiener mit ihrer Feuerkraft. Hauptmann Rose wechselte mit seinen 10,5-cm-Haubitzen des öfteren die Stellungen und täuschte dem Gegner eine Übermacht an Artillerie vor.

Italienische Truppen

1. Alpini:
Eine im Jahre 1872 aus Alpenbewohnern gebildete Elitetruppe. Die Alpini waren die besten italienischen Einheiten.

2. Bergsaglieri:
Wiederum eine Elitetruppe, die sich schon in den italienischen Unabhängigkeitskriegen auszeichnete. Ihre federgeschmückten Hüte und der Parademarsch im Laufschritt macht sie unverwechselbar.

3. Finanzieri:
Eine aus Zoll/Finanzwache gebildete Einheit. Sie hatte die Aufgabe, die Staatsgrenze auch in militärischer Hinsicht zu bewachen. Sie nahm an den Kämpfen der Alpenfront teil.

4. Fanti:
Aus ganz Italien gebildete Infanterie-Einheiten. Sie waren ein großer Bestandteil des italienischen Heeres. Im Gebirgseinsatz wurden sie bei den Witterungsverhältnissen und dem Gelände nicht immer ihrer Aufgabe gerecht. Es fehlte oft an gebirgstauglicher Kleidung, und die Verpflegung ließ sehr zu wünschen übrig. Diese Umstände wirkten sich zum Teil auf ihre Kampfmoral und Motivation aus.

X. Befestigungen

Sieben Gemeinden (Sette Comuni)
Dosso del Sommo (Serrada)
Sommo Alto
San Sebastiano (Cherle)
Gschwent (Belvedere)
Lusern (Luserna)
Verle
Cima di Vezzena (Pizzo di Vezzena)

Dolomiten
Moena (Someda), Val di Fassa
Dossaccio (Val Travignolo)
Albuso (Val Travignolo)
Ruaz
La Corte
Tra i Sassi
Plätzwiese
Landro
Haideck
Mitterberg bei Sexten/St. Veit

Karnische und Julische Alpen
Fort Hensel (Fort Malborgeth)
Batterie Predilsattel
Werk Raibler See und Blockhaus in der Aiblschlucht
Werk Flitscher Klause
Fort Hermann

XI. Danksagung

Für die Mithilfe und Förderung meiner jahrelangen Bemühungen möchte ich mich bei folgenden Personen und Archiven recht herzlich bedanken. Ohne deren Mitwirkung wäre dieses Buch nicht entstanden. Vor allem möchte ich Frau Elfriede Barth, München, für ihre Unterstützung Dank sagen.

Bürger, Gerd, München
Mielke, Hubert Dr., München
Pantenius, Hans-Jürgen, Taufkirchen/München
Fiala, Kurt Alexander, Oberlandesgerichtsrat, Klosterneuburg/Österreich †
Mast, Heinrich von, Bad Hall/Österreich †
Schaumann, Walter Prof., Wien
Stutzenstein, Rudolf, Oberpharmazierat, Wien †
Daldoss, Pasquale, Vermiglio (Val di Sole)/Italien
Gorna, Gianfranco und Sergio, Mezzolombardo/Italien

Bayerische Staatsbibliothek, München
Bayerisches Kriegsarchiv, München
Bibliothek der Pionierkaserne, München
Wehrbereichs-Bibliothek der Universität, München-Neubiberg
Kriegsarchiv, Wien
Nationalbibliothek, Wien
Archiv der Stadt Trient
Berg-Iselmuseum, Innsbruck
Heeresgeschichtliches Museum, Wien (Arsenal)
Fleischmann Heinz, GmbH & Co., Geographischer Verlag, Starnberg
Denzel-Verlag, Innsbruck

Mein besonderer Dank gilt Herrn Jürgen Woltz. Seiner Mitwirkung verdanke ich vor allem die militärhistorische Bewertung der Thematik.

XII. Literaturverzeichnis

1. Ungedruckte Quellen aus dem Kriegsarchiv Wien:
Ausrüstungsgeneralentwürfe der Kärntner Sperren,
Generaldirektion Klagenfurt, o.J.

Denkschrift über die österreichisch-ungarischen Gebirgsbefestigungen.
Verwendet wurden: Österreich-Ungarns letzter Krieg 1914–1918; Pichler, Cletus: Der Krieg in Tirol 1915/16; Ellison, Otto v.: Nochmals: Die Entstehung der Tiroler Widerstandslinie; Feuerstein: Dolomitenkämpfe; Schneider v. Arno, Wolf: Das Fort Hensel im Weltkrieg.

Detailbeschreibung des österreichisch-italienischen Grenzgebietes Plöcken-Isonzo, 1905/09.

Schmid, Julius:
Verteidigungsmaßnahmen vom Kriegsbeginn bis zum Eintritt Italiens in den 1. Weltkrieg am 23. Mai 1915,
(handschriftliche Aufzeichnung), Wien 1930.

Statistischer Bau-Bericht über den Bau des Forts Hensel, 1888.

2. Gedruckte Quellen:
Arno, Wolf-Schneider v.:
Die Rolle der österreichisch-ungarischen und der italienischen Befestigungen bei Kriegsausbruch 1915, in: Militärisches Wochenblatt, Wien o.J.

Assam, Norbert:
Das Infanterieregiment 7 – Ringen und Ende, Graz 1935.

Baxa, Jakob:
Krieg im Gebirge,
Klagenfurt 1932.

Brosch, Theodor:
Die Entwicklung der Feldbefestigung während des Weltkrieges, in: Technische Mitteilungen, Jg. 1920, Wien 1920.

Brunner, Moritz:
Die beständige Befestigung,
Wien 1909.

Burtscher, Guido:
Die Kämpfe in den Felsen der Tofana, Bregenz 1933.

Bürger, Gerd/Nußstein, Wilhelm:
Die schönsten Hüttenwege der Dolomiten,
München 1981.

Butz, Hans:
Das Alpenkorps in Tirol,
Stuttgart 1930.

Contag, Alfred:
Kampf um Tirol,
Berlin 1918.

Czant, Herman:
Alpinismus und die Gebirgsfronten im Weltkrieg, Berlin 1926.

Dultinger, Josef:
Vergessene Vergangenheit,
Innsbruck 1982.

Dwinger, Edwin Erich:
Die Armee hinterm Stacheldraht,
Jena 1929.

Eisterer/Steininger:
Tirol und der Erste Weltkrieg,
Innsbruck-Wien 1995.

Ellison, Otto v.:
Nochmals: Die Entstehung der Tiroler Widerstandslinie, in:
Militärwissenschaftliche Mitteilungen, S. 907, Wien 1933.

Fitzsimons, Bernard:
Artillerie im 1. Weltkrieg,
München 1990.

Forrer, Aldo:
Guida lungo la fronte austro-ungarica e italiana,
Trento 1990.

Fröhlich, Eduard:
Der Kampf um die Berge Tirols,
Bregenz 1932.

Golowitsch, Helmut:
Und kommt der Feind ins Land herein, Nürnberg 1985.

Gundolf, Hubert:
Um Österreich,
Graz 1995.

Hackelsberger, Christoph:
Die k.k. Franzensfeste,
Berlin-München 1986.

Heréus, Fritz:
Die schwere Artillerie im Gebirgskrieg, Berlin 1934.

Hausmann, Friederike:
Garibaldi, Berlin 1985.

Inzinger, Karl:
Fünf Jahre unter Waffen 1914–1919,
Wien 1936.

Jaconcig, Guido:
Tiroler Kaiserjäger im Weltkrieg,
Innsbruck 1931.

Kaiser, Franz Nikolaus:
Das Ehrenbuch der Deutschen Artillerie (Bd.1),
Berlin 1930.

Kaltenboeck, Bodo:
Armee im Schatten,
Innsbruck 1932.

Kaltenegger, Roland:
Deutsche Gebirgstruppen 1915–1918, Graz 1995.

Kiszling, Rudolf:
Österreich-Ungarns letzter Krieg,
Wien 1936.

Klavora, Vasja:
Blaukreuz,
Klagenfurt-Wien 1993.

Krug, Franz:
Alpenkrieg, Graz 1918.

Ladurna-Parthanes, Matthias:
Kriegstagebuch eines Kaiserjägers,
Bozen 1996.

Langer, Albert v.:
Das Österreichisch-Ungarische Geschützmaterial, Wien 1912.

Langes, Gunther:
Die Front in Fels und Eis,
Bozen 1972.

Leipert, Karl:
Feldmarschall Anton Schießer, der Erbauer der Südtiroler Festungsfront, Wien1975.

Liber, T./Leitempergher U.:
1914–1918 – Folgaria-Lavarone-Vezzena-Monte Cimone-Pasubio, attraverso una documentazione storico-fotografica,
Trento 1971.

Lichem, Heinz v.:
Gebirgskrieg 1915–1918. Ortler Adamello – Gardasee, Bd. 1, Bozen 1980,
Die Dolomitenfront,
Bd. 2, Bozen 1985,
Karnische und Julische Alpen - Monte Grappa Piave - Isonzo,
Bd. 3, Bozen 1982.

Mattala, Umberto:
La Guerre dei Forti Sugli Altopiani 1915–1916,
Vicenza 1989.

Militaria Austriaca-Gesellschaft für österreichische Heereskunde 1992, *Folge 8–15,* Wien 1994.

Mörl, Anton:
Die Standschützen im Weltkrieg,
Innsbruck-Wien-München 1934.

Österreich-Ungarns letzter Krieg 1914–1918 (Generalstabswerk),
Hrsg. österreichisches Bundesministerium für Heereswesen und Kriegsarchiv Wien,
Wien 1930–1938.

Pantenius, Hans Jürgen:
Der Angriffsgedanke gegen Italien bei Conrad von Hötzendorf,
Köln-Wien 1984.

Pichler, Cletus:
Der Krieg in Tirol,
Innsbruck 1924.

Pieropan, Gianni:
Führer zu den Festungen der Hochebenen, Vicenza 1989.

Pitrich, Anton:
Der österreichisch-ungarische Bundesgenosse im Sperrfeuer,
Klagenfurt 1930.

Pölzleitner, Josef:
Berge wurden Burgen,
Salzburg 1934.

Pölzleitner, Josef:
Landsturm im Hochgebirge,
Salzburg 1929.

Rauchensteiner, Manfried:
Der Tod des Doppeladlers,
Graz 1994.

Röck, Christian:
Das Fähnlein von Trafoi,
Leipzig 1937.

Rossato, Gino (Hrsg.):
Guido alle Fortezza Austroungariche, 3. Aufl., Vicenza 1996.

Scapinelli, Karl Graf v.:
Von der Adria bis zum Ortler,
München 1916.

Schaumann, Walther:
Süd-West-Front,
Klosterneuburg-Wien 1995.

Schaumann, Walther:
Vom Ortler bis zur Adria,
Wien 1995.

Schaumann/Schubert:
Das Plöckenmuseum,
Bassano del Grappa 1984.

Schaumann/Schubert:
Isonzo 1915–1917. Krieg ohne Wiederkehr,
Wien 1992.

Seidel, L.W. & Sohn:
Schieß- und Wirkungsdaten sämtlicher aufgeführter Feuerwaffen,
Wien 1912.

Springenschmid, Karl:
Helden in Tirol,
Stuttgart 1934.

Schäfer, Hugo:
Schlachtfeldführer für den südwestlichen Kriegsschauplatz im Weltkrieg 1914/18,
Wien 1933.

Steinitz, Eduard:
Die Reichsbefestigung Österreich-Ungarns, in: Militärwissenschaftliche Mitteilungen, S. 850–867,
Wien 1937.

Strobl, Karl Hans: *Der Krieg im Alpenrot,* Berlin-Wien 1916.

Tabarelli, Gian Maria:
I Forti Austriaci nel Trentino e Alto Adige, Trient 1990.

Trenker, Luis:
Sperrfort Rocca Alta, München 1977.

Veltzé, Alois:
Ruhmestage der österreichisch-ungarischen Wehrmacht,
Wien 1916/18.

Weber, Fritz:
Alpenkrieg,
Klagenfurt-Wien 1935.

Weber, Fritz:
Das Ende einer Armee,
Leipzig-Wien-Berlin 1933.

Weber, Fritz:
Feuer auf den Gipfeln – Südtiroler Alpenkrieg,
Regensburg 1932.

Wimmer:
Kaiserlich und königliches Festungsartilleriebataillon,
Linz a. d. D. 1939.

Xylander, Rudolf Ritter v.:
Heerführer des Weltkrieges,
Hrsg. Deutsche Gesellschaft für Wehrpolitik und Wehrwissenschaften, Berlin 1939.

XVI. Register

Personenregister

Ortsregister

SOMMAIRE

Cochez les fiches révisées.

QUELLES ÉPREUVES VOUS ATTENDENT ?

L'examen se divise en deux parties d'1h30 chacune.

Première partie

A Des questions de compréhension sur un texte

- de vocabulaire (sens des mots importants).
- de grammaire (structure des phrases, situation d'énonciation, temps verbaux...).
- de réécriture de phrases du texte, qui entraîne des modifications orthographiques ou grammaticales (transposition au pluriel, au passé...).

B Une dictée

Une courte dictée permet de vérifier que vous connaissez les règles de base (accords, conjugaison...) et que vous savez faire le lien entre l'orthographe d'un texte et son sens.

Deuxième partie : une rédaction

La rédaction prend appui sur le texte fourni pour la première partie.

A Les sujets

- Deux sujets sont proposés. L'un fait appel à l'imagination, l'autre exige une réflexion dans laquelle vous exposerez votre opinion sur un thème en relation avec ce texte. Dans les sujets sont précisés :
  - le thème ;
  - les formes de discours attendues : narration, description, argumentation... ;
  - la situation de communication (→ Fiche 32).
- Le dictionnaire est autorisé.

B L'évaluation

Vous serez évalué sur :
- la présentation ; la lisibilité ; l'orthographe ;
- la correction de votre expression (langue correcte) ;
- le respect des consignes sur les formes de discours et la situation d'énonciation ;
- l'intérêt de votre rédaction, la vivacité de votre imagination ou la force de votre argumentation.

2 COMMENT S'ORGANISER LE JOUR DE L'EXAMEN ?

A Les questions

• Avant de répondre aux questions, lisez plusieurs fois le texte pour bien le comprendre et posez-vous les questions suivantes :
– *Pour un récit :* Qui est le narrateur ? À qui s'adresse-t-il ? Quels sont les personnages ? Où et quand se passe l'action ?
– *Pour un texte d'idées :* Quel est le thème principal du texte ? Quelles sont les idées principales du texte ?

• Lisez toutes les questions et repérez :
– comment elles sont organisées autour des principaux intérêts du texte : elles vous feront mieux comprendre le texte ;
– leur progression : vous ne vous répéterez pas dans vos réponses.

• Au moment de rédiger vos réponses :
– suivez l'ordre des questions, indiquez le numéro des questions avant chaque réponse ;
– veillez à composer des phrases complètes ;
– soignez l'écriture, la présentation : allez à la ligne à chaque changement d'idée, mettez la ponctuation et les majuscules.

• Après avoir rédigé, relisez pour corriger et pour souligner les titres d'œuvre.

B La dictée

• Écoutez attentivement la première lecture du texte pour bien en comprendre le sens global : il vous indique souvent comment écrire certains mots.

• Pendant la dictée, soyez attentif aux groupes de mots et aux liaisons (elles vous indiquent la lettre finale à mettre au premier mot, ou l'absence de certaines lettres, souvent *s* ou *t*).

• Après la dictée, relisez attentivement et plusieurs fois :
– vérifiez les accords majeurs en faisant les flèches d'accord (→ Fiche 42) au crayon à papier (effacez-les ensuite) ;
– si vous avez un doute sur l'orthographe d'usage (vocabulaire), réfléchissez à la famille du mot qui peut vous aider (→ Fiche 4).

C La rédaction (→ Fiches 51 à 58)

LA FORMATION DES MOTS

Les questions types du brevet

- Quel est le radical du mot « ... » ?
- Quel est le sens du préfixe/suffixe dans le mot «...» ?
- Indiquez, dans le mot « ... », le préfixe, le radical et le suffixe.
- Indiquez la formation de ce mot, nommez ses composants.

Les notions que vous devez connaître

A Qu'est-ce que l'origine ou l'étymologie d'un mot ?

• Préciser l'origine ou l'étymologie d'un mot, c'est dire de quel mot il vient.

> *biologie* vient du mot grec *bios* (« vie ») ; *bowling* vient du mot anglais *bowl* (« boule »).

• Cela permet :
– d'expliquer un mot et de mieux en comprendre le sens ;
– de comprendre l'évolution de son sens.

B Qu'est-ce que donner la formation d'un mot ?

Donner la formation d'un mot, c'est décomposer le mot, c'est-à-dire séparer ses divers éléments, dont on donne le sens. Il existe trois éléments principaux :
– le radical (→ § C) ;
– le(s) préfixe(s) (→ § D) ;
– le(s) suffixe(s) (→ § D).

C Qu'est-ce que le radical ?

• C'est la partie essentielle du mot, qui indique à quelle idée il se réfère.

> *Im-buv-able* : le radical est *-buv-* qui indique que le mot a un rapport avec l'idée de boire.

• Un même radical donne en général naissance à plusieurs mots (→ Fiche 4).

> *Aquatique, aquarelle, aqueduc, aqueux, aquarium*... sont tous formés à partir du radical *aqua* (« eau », en latin).

D Qu'est-ce qu'un préfixe ? un suffixe ?

• Le préfixe est un élément qui se place devant un mot ou un radical pour former un nouveau mot et qui en modifie le sens.

vie → sur-vie ; marché → hyper-marché

• Le suffixe est un élément qui se place après un mot ou un radical pour former un nouveau mot et qui en modifie le sens.

blond → blond-asse ; chambre → chambr-ette ; buv → buv-able

Certains suffixes servent à former certaines natures de mots.

Le suffixe *-ment* peut servir à former des adverbes :
furieux → furieusement.

Le suffixe *-iser* peut servir à former des verbes :
ridicule → ridiculiser.

ATTENTION

• Il ne faut pas voir de préfixe là où il n'y en a pas.

Impératrice n'est pas formé de *im- + pératrice* ;
perdu n'est pas formé de *per- + du*.

• Quelques mots formés avec un préfixe prennent un trait d'union.

vice-président ; post-natal

• Beaucoup de mots comportent à la fois un préfixe et un suffixe.

dés-habill-er ; in-termin-able

Quelques mots peuvent même comporter plusieurs préfixes et plusieurs suffixes.

Prenons l'exemple du mot *ininflammabilité*.

in-	-in-	**-flamm-**	-abili-	-té
préf. de sens négatif	préf. = « dans »	radical	suffixe = « que l'on peut »	suff. pour former un nom

LES FAMILLES DE MOTS

Les questions types du brevet

- À quelle famille de mots appartient le mot « ... » ?
- Indiquez un verbe, un adverbe et un adjectif qualificatif de la même famille que le mot « … ». ou : Donnez des mots de la même famille que le mot « … ».
- Quel est le radical du mot « ... » ? Trouvez un autre mot de la même famille.
- Pour justifier l'orthographe du mot « ... », précisez à quelle famille de mots il appartient.

Les notions que vous devez connaître

A Qu'est-ce qu'une famille de mots ?

Une famille de mots rassemble des mots formés sur un même radical.

• La plupart sont des mots dérivés, c'est-à-dire composés du radical auquel s'ajoutent un préfixe et/ou un suffixe (→ Fiche 3).

Famille du mot *venir* : *revenir, prévenir, prévention, préventif, advenir, contrevenir, contravention*, etc.

• Une famille de mots peut aussi comporter des mots composés, c'est-à-dire des mots qui associent :
– deux mots existants ;

chou-fleur ; coupe-faim

– un mot et un radical d'origine grecque ou latine.

chronomètre : *chrono* (en grec, « temps ») + *mètre*

Remarque : Une famille de mots comporte des mots de classes grammaticales variées (→ Fiche 9).

Famille du mot *désert* : *déserter* (verbe), *désertique* (adj.), *désertification* (nom), etc.

B À quoi sert de connaître la famille d'un mot ?

Connaître la famille d'un mot permet :
– d'expliquer un mot, de mieux en comprendre le sens ;

Aquatique veut dire qui a rapport avec l'eau.

– de mieux savoir l'orthographier.

Déshabiller est de la famille d'*habit* ; de là, le *h* muet au milieu du mot.
Démentir est de la famille de *mentir* ; de là, la graphie *en* pour former le son [ã].

ATTENTION

• Un même radical peut présenter différentes formes en fonction de son étymologie (→ Fiche 3).

Dans la famille du mot *homme*, on a : *hommasse* (radical *homm-*), mais aussi *humain, humanité, déshumaniser* (radical *huma[n]-*).
Dans la famille du mot *cou*, on a : *casse-cou* (radical *cou*) mais aussi *collerette* (radical *col*).

• Il ne faut pas confondre synonymes et famille de mots !
Les synonymes ont un sens proche mais n'ont pas, en général, le même radical.

Sévère et *strict* sont synonymes.

Les mots de la même famille ont le même radical, mais n'ont pas, en général, le même sens.

Buvable et *imbuvable* sont de la même famille (radical -*buv*-, boire), mais ont un sens contraire ; ce sont des antonymes (→ Fiche 6).

LE CHAMP LEXICAL

Les questions types du brevet

- Quel est le champ lexical dominant dans le texte ?
- À quel champ lexical appartiennent les mots « ... » ?
- Relevez des mots ou expressions appartenant au champ lexical de « ... ».

Les notions que vous devez connaître

A Qu'est-ce qu'un champ lexical ?

• C'est l'ensemble des mots qui se rapportent à un même thème, un même domaine, une même notion.

Champ lexical de la montagne : *vallée, pic, sommet, col, montée, neige, forêt, torrent,* etc.

• Dans un texte, un champ lexical forme un réseau de mots qui participe à son unité.

« […] la *réserve* prussienne paraît vers Saint-Lambert à six heures du soir ; une nouvelle et furieuse *attaque* est donnée au village de la Haie Sainte ; Blücher survient avec des *troupes* fraîches, et isole du reste de nos *troupes* déjà rompues les *carrés de la garde* impériale. Autour de cette *phalange* immobile, le débordement des *fuyards* entraîne tout parmi des flots de poussière, de fumée ardente et de *mitraille* […] »

(F.-R. de Chateaubriand, *Mémoires d'outre-tombe*)

[Les mots en italique relèvent du champ lexical de la guerre.]

B À quoi sert d'étudier un champ lexical dans un texte ?

• Cela sert :

– à repérer le thème principal ou les thèmes importants du texte ;

Ainsi le texte de Chateaubriand cité ci-dessus a pour thème principal la guerre.

– à mettre en évidence les caractéristiques d'un personnage, d'un lieu ou d'un sentiment décrit ou analysé.

• Dans le cadre d'une rédaction, cela sert à définir précisément le thème du texte sur lequel prend appui le sujet donné.

ATTENTION

- Le mot *champ* s'écrit sans *s* au singulier ! Au pluriel on écrit *des champs lexicaux.*
- Un champ lexical peut comporter des mots de natures grammaticales variées (→ Fiche 9). Ces mots ne sont pas des synonymes (→ Fiche 6).

Champ lexical de l'eau : *mouiller* (verbe), *pluie* (nom), *humide* (adj.), *hydraulique* (adj.), etc.

- Un même texte peut comporter plusieurs champs lexicaux qui se combinent.

C'est un trou de verdure où chante une rivière
Accrochant follement aux herbes des haillons
D'argent ; où le soleil, de la montagne fière,
Luit : c'est un petit val qui mousse de rayons.

Un soldat jeune, bouche ouverte, tête nue,
Et la nuque baignant dans le frais cresson bleu,
Dort ; il est étendu dans l'herbe, sous la nue,
Pâle dans son lit vert où la lumière pleut. [...]

(A. Rimbaud, « Le dormeur du val »)

Champ lexical de la nature
Champ lexical de la lumière
Champ lexical du corps
Champ lexical de la vitalité

- Les quatre champs lexicaux se combinent et donnent l'impression que le jeune soldat est en parfaite harmonie avec une nature généreuse et riante. La fin du poème révèle que le soldat est mort, ce qui donne un tout autre éclairage à ces deux strophes.

C Un conseil pour les travaux d'écriture

Avant de commencer à rédiger, constituez-vous une « réserve » de mots qui tournent autour du thème principal du sujet à traiter : ils vous éviteront des répétitions et enrichiront votre travail d'écriture.

Sujet : *Vous avez eu un jour une très grande peur. Racontez.*
Vous pouvez constituer une réserve de mots qui appartiennent au champ lexical de la peur : *panique, effroi, terrorisé, effrayer, effrayant, terrifiant, anxieusement, s'angoisser, trembler, frissonner, palpitations, sueur froide, tressaillir, être pétrifié...*

SYNONYMES ET ANTONYMES

Les questions types du brevet

- Relevez un (ou plusieurs) synonyme(s) du mot ou de l'expression « ... ».
- Donnez un antonyme du mot « ... ».
- Remplacez le mot « ... » par un synonyme/un antonyme.
- Remplacez le mot « ... » par une périphrase (de même sens).
- Remplacez la périphrase « ... » par un mot synonyme.

Les notions que vous devez connaître

A Qu'est-ce qu'un synonyme ?

• Un synonyme est un mot qui a le même sens qu'un autre mot ou un sens très proche.

Le verbe *souhaiter* a pour synonyme le verbe *espérer.*

• Deux synonymes peuvent se substituer l'un à l'autre dans une même phrase. Quand on vous demande le sens d'un mot, vous pouvez avoir recours à un synonyme.

Doux a pour synonymes, selon le contexte, *suave, agréable, soyeux, tendre*.
Il a une voix *douce*. → Il a une voix *agréable*.
Le poil du chien est *doux*. → Le poil du chien est *soyeux*.

Remarque : Deux synonymes doivent appartenir à la même classe grammaticale (→ Fiche 9), de façon à pouvoir se substituer exactement l'un à l'autre dans une phrase.

Il *craint* l'orage./ Il *redoute* l'orage. → *craindre* et *redouter* sont deux verbes.
La forêt était *obscure*./ La forêt était *sombre*. → *obscure* et *sombre* sont deux adjectifs.

B Qu'est-ce qu'un antonyme ?

• Un antonyme est un mot qui a un sens opposé à un autre.

Bonheur est l'antonyme de *malheur* ; *grand*, l'antonyme de *petit*.

• Deux antonymes ont souvent des racines différentes :

bon ≠ mauvais.

Mais ils peuvent aussi avoir la même racine :

buvable ≠ imbuvable.

Remarque : Pour pouvoir s'opposer, deux antonymes doivent appartenir à la même classe grammaticale.

vrai ≠ faux (adjectifs) ; parler ≠ se taire (verbes)

ATTENTION

• Un même mot a des synonymes et des antonymes différents selon le contexte, c'est-à-dire selon le sens de la phrase dans lequel il se trouve.
Prenons l'exemple de l'adjectif *étroit*.

Phrase (contexte)	Synonyme	Antonyme
Ils entretenaient des relations *étroites*.	intimes	lointaines
Il passa par un couloir *étroit*.	exigu, resserré	spacieux, large
Il a l'esprit *étroit*.	borné, intolérant	ouvert, généreux

• Avant de donner le synonyme d'un mot, analysez le contexte !

C Qu'est-ce qu'une périphrase ?

• Une périphrase est un groupe de mots synonyme d'un seul mot, qui donne une caractéristique de l'élément désigné.

la capitale de la France = Paris

• La périphrase sert à :
– éviter une répétition dans un travail d'écriture ;

Il raconta la vie pénible des *immigrants*. *Ces personnes venues s'établir dans un pays étranger* rencontraient souvent des difficultés.

– donner une définition, expliquer un mot dans un travail d'analyse de texte.

un mousse = un jeune apprenti marin

Source texte (dépliant)
Primo Levi, traduction Martine Schruoffeneger © Éditions Julliard

Crédits iconographiques (dépliant)
Page 1 (recto) : © Mathieu de Muizon
Page 4 (recto) : © Mathieu de Muizon
Page 1 (verso) : © Musée d'Art Moderne / Roger-Viollet
Page 2 (verso) : © FineArtImages / Leemage © ADAGP, Paris 2012
Page 3 (verso) : © Nick Ut / AP / SIPA
Page 4 (verso) : © Musée National Fernand Léger, Biot, France / Giraudon / The Bridgeman Art Libra
Page 5 (verso) : © Pascal GELY Agence Bernand / CDDS
Page 6 (verso) : © Photo Josse / Leemage © Succession Picasso, Paris 2012
© RMN-GP / Béatrice Hatala © Succession Picasso, Paris, 2012

Coordination éditoriale : Claire Dupuis • Édition : Josiane Attucci-Jan
Conception maquette : Anne Gallet • Mise en pages : Nadine Aymard

© HATIER Paris – 2012 – ISBN 978-2-218-96237-0

FICHES BREVET

Français

TROISIÈME

Sylvie Dauvin
Agrégée de lettres classiques
Jacques Dauvin
Agrégé de lettres classiques
Professeurs au lycée international
de Saint-Germain-en-Laye

Hatier

LES PROPOSITIONS SUBORDONNÉES

Les questions types du brevet

- Indiquez la nature et la fonction de la proposition « ... ».
- Relevez une proposition subordonnée relative, ou complétive objet, ou circonstancielle…
- Toutes les consignes comprenant les termes *proposition subordonnée, subordination.*

Les notions que vous devez connaître

A Les deux grandes « familles » de subordonnées

Il existe deux grandes « familles » de subordonnées, elles-mêmes subdivisées en « sous-familles » :
– celles qui donnent un renseignement sur un nom : ce sont les propositions subordonnées relatives ;
– celles qui donnent un renseignement sur un verbe : ces propositions sont elles-mêmes divisées en subordonnées complétives (elles sont COD du verbe) et en subordonnées circonstancielles (elles sont compléments circonstanciels du verbe).

Remarque : Deux natures de propositions ne comportent pas de verbe conjugué et ne sont pas introduites par des mots subordonnants (conjonctions de subordination, pronoms relatifs…) :

1. la proposition infinitive, qui est une subordonnée complétive dont le verbe est à l'infinitif ;

> [J'entends] [les musiciens jouer un air connu.]
> [prop. principale] [prop. subordonnée infinitive, COD du verbe *entendre*]

2. la proposition participiale, qui est une subordonnée circonstancielle dont le verbe est au participe.

> [Son concert achevé], [le chanteur salua le public.]
> [prop. subordonnée participiale CC de temps du verbe *salua*] [prop. principale]

B Comment repérer les différentes propositions subordonnées ?

Suivez pas à pas l'itinéraire précis de la page suivante.

Tableau pour distinguer les différentes propositions subordonnées

	Prop. sub. donnant un renseignement sur un nom	Proposition subordonnée donnant un renseignement sur le verbe principal…				
		… sur l'objet de l'action			… sur une circonstance de l'action	
Fonction	complément de l'antécédent	complément d'objet du verbe principal			complément circonstanciel du verbe principal	
Nature	relative	conjonctive complétive	interrogative indirecte	infinitive	conjonctive circonstancielle	participiale
Comment la repérer ?	Elle est introduite par un pronom relatif (*qui, que, dont, où, lequel*…) et complète un nom ou un pronom.	Elle est introduite par *que* et complète un verbe.	Elle est introduite par un mot interrogatif et complète un verbe impliquant une question.	Elle a pour noyau un verbe à l'infinitif avec un sujet propre. (Pas de mot introducteur.)	Elle est introduite par une conjonction de subordination et exprime selon le cas : le temps, la cause, le but, la conséquence, l'opposition, la condition ou la comparaison.	Elle a pour noyau un verbe au participe avec un sujet propre. (Pas de mot introducteur.)
Exemple	J'ai invité l'ami dont je t'ai parlé.	J'espère qu'il viendra.	Je lui ai demandé s'il pouvait venir.	Je ne vois pas le temps passer.	Quand il sera là, nous déjeunerons.	Son travail terminé,

LES RAPPORTS LOGIQUES

Les questions types du brevet

- Quel mot relie les deux propositions ? Quel rapport logique exprime-t-il ?
- Toutes les consignes comprenant les termes *rapport logique, lien logique, connecteur logique…*

Les notions que vous devez connaître

A Qu'est-ce qu'un rapport logique, un connecteur logique ?

• Un rapport logique est un lien que l'on établit entre deux faits, deux idées, et qui permet de construire et de faire progresser un récit, une explication ou un raisonnement.

> Voici deux faits :
> 1. La tempête a soufflé très fort ; 2. Beaucoup d'arbres sont tombés.
> Vous pouvez établir entre ces deux faits un rapport logique, en écrivant :
> De nombreux arbres sont tombés, *parce que* la tempête a soufflé très fort [rapport de cause] ;
> ou : La tempête a soufflé *si* fort *que* de nombreux arbres sont tombés [rapport de conséquence].

• Un connecteur logique est un mot (ou une locution) qui permet d'établir un rapport logique entre des faits, des idées.

> Il est gentil *mais* maladroit.
> Il a soufflé très fort, *si bien que* le ballon a explosé.

Remarque : Les connecteurs logiques peuvent être :
– des conjonctions de coordination : mais, ou, et, donc, or, ni, car ;
– des adverbes : en effet, aussi, cependant… ;
– des conjonctions de subordination (→ Fiche 9) : parce que, si bien que, bien que…

B Comment reconnaître les principaux rapports logiques ?

Il existe six rapports logiques majeurs. Pour les reconnaître, aidez-vous du tableau ci-après.

Les principaux rapports de logiques

	Signe symbolique	Question ou expression-clé	Exemple
Addition ou adjonction	(fait 1) + (fait 2)	et en plus	La torture est cruelle ; **et** elle avilit l'homme.
Cause	(fait 1) ← (fait 2)	à cause de quoi ?	Il a mal **parce qu**'il s'est blessé.
Conséquence	(fait 1) → (fait 2)	résultat : ...	Il a triché **si bien qu**'il a été puni.
Concession	(fait 1) ≠ (fait 2)	d'accord, mais	**Bien qu'**il soit souvent désagréable, je l'aime bien.
Opposition	(fait 1) ≠ (fait 2)	au contraire	Tu es colérique **alors que** ton frère ne l'est pas.
But	(fait 1) → (fait 2)	dans quel but ?	Il m'a téléphoné **pour que** je ne m'inquiète pas.

CAUSE, CONSÉQUENCE ET BUT

Les questions types du brevet

- Dans la phrase « ... », distinguez la cause et la conséquence.
- Relevez le connecteur logique dans cette phrase et dites s'il exprime un rapport de conséquence ou de but.
- Modifiez la phrase « ... » de façon à exprimer la cause/ la conséquence sous la forme d'une subordonnée.
- Justifiez le mode utilisé dans la subordonnée « … ».

Les notions que vous devez connaître

A Comment distinguer la cause de la conséquence ?

• La **conséquence** est le **résultat réel** d'un autre fait qui est sa **cause**.
Il n'y a donc pas de conséquence sans cause.

• Sur la ligne du temps, la cause précède toujours la conséquence.

Il a beaucoup mangé, si bien qu'il a eu une indigestion.

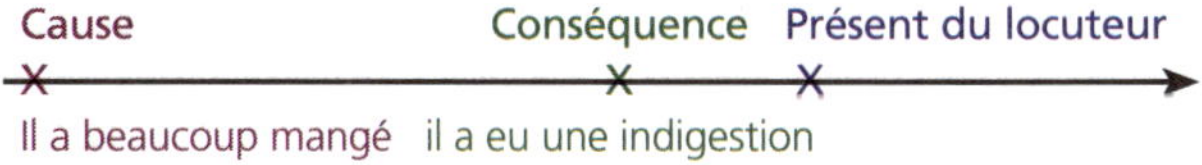

ATTENTION

On peut exprimer le même rapport cause/conséquence de plusieurs façons. Voici les deux plus courantes, qui peuvent donner lieu à des exercices de transformation :

• proposition principale (qui exprime la cause)
+ proposition subordonnée (qui exprime la conséquence)

Il s'est tant entraîné [p. princ. : cause] qu'il a gagné. [sub. de conséquence]

• proposition principale (qui exprime la conséquence)
+ proposition subordonnée (qui exprime la cause)

Il a gagné, [p. princ. : conséquence] parce qu'il s'est beaucoup entraîné. [sub. de cause]

B Comment distinguer le but de la conséquence ?

• La **conséquence** est un **fait réel** qui **résulte d'un** autre **fait réel**.

• Le but exprime un **fait non encore réalisé**, le résultat qu'on cherche à atteindre dans le futur (et qui ne sera peut-être pas atteint). Il exprime une **intention**, un désir, un objectif (on dit aussi une « fin »).
Comme la conséquence, il se situe sur la ligne du temps **après** un autre fait.

> Il fait des tours pour qu'on l'admire.

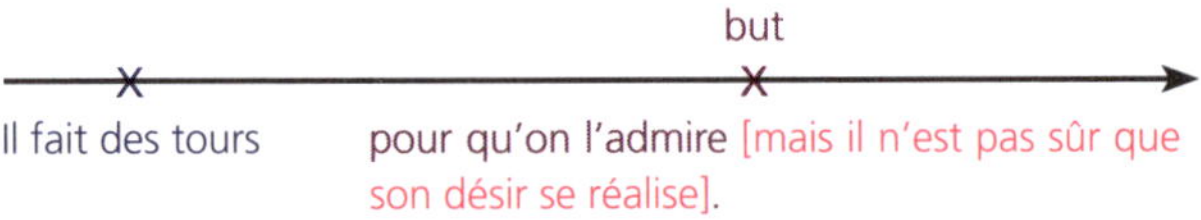

Remarque : Le but s'exprime par un groupe prépositionnel à l'infinitif quand le sujet est le même pour les deux verbes de la phrase.

> *Le professeur* donne un contrôle *pour avoir la paix*.
> [sujet de *donne* et de *avoir*] [but]

C Les modes verbaux dans les subordonnées de conséquence et de but

• Comme la conséquence exprime un **fait réel**, on emploie en général **l'indicatif** dans les subordonnées de conséquence.

> Il a sauté si haut qu'il *a battu* le record mondial.

• Comme le but exprime **un fait non réalisé** qui aura lieu ou non, on emploie le **subjonctif** dans les subordonnées de but.

> L'entraîneur prépare son équipe pour qu'elle *vainque* aux jeux Olympiques.

CONDITION, OPPOSITION ET CONCESSION

Les questions types du brevet

- Trouvez dans le texte une proposition subordonnée de condition, de concession, d'opposition.
- L'expression « … » exprime-t-elle une condition ou une hypothèse ? une concession ou une opposition ?

Les notions que vous devez connaître

A Qu'est-ce que la condition, l'hypothèse ?

La condition et l'hypothèse expriment un fait dont dépend la réalisation d'un autre fait.

• Si les deux faits sont réalisables et vérifiables, on parle de condition.

Si on met de l'engrais, les fleurs poussent mieux.

• Si les deux faits, au moment où l'on parle, n'existent ni dans le passé ni dans le présent, on parle d'hypothèse.

Si les hommes étaient immortels, la terre serait surpeuplée.

B Qu'est-ce que l'opposition, la concession ?

• Exprimer une opposition, c'est montrer que deux faits mis en relation sont contraires ou contradictoires.

Ils se sont baignés, alors que c'était interdit.

• Exprimer une concession, c'est accepter partiellement une affirmation, qu'on ne partage pas, pour la rectifier.

Bien qu'il soit gentil, je ne l'apprécie pas
(= il est gentil, je suis d'accord, *mais* je ne l'apprécie pas).

ATTENTION

• On n'emploie jamais le conditionnel dans la subordonnée de condition introduite par *si* !

• Pour exprimer la concession, on emploie le subjonctif après : bien que, quoique, sans que… Mais on emploie l'indicatif après : même si, alors même que…

16 EXPRIMER UN RAPPORT LOGIQUE DE DIFFÉRENTES FAÇONS

Les questions types du brevet

- Par quel moyen grammatical est exprimé le rapport logique entre les propositions « … » et « … » ?
- Quel rapport logique est exprimé par la juxtaposition, la coordination, la subordination ?

Les notions que vous devez connaître

Il existe plusieurs moyens grammaticaux pour exprimer le même rapport logique (→ Fiche 13).

	Conj. de coord.	Conj. de subord.	Autres moyens pour exprimer ce rapport
Cause	car	parce que, puisque, comme, sous prétexte que…	**Adverbe :** en effet **Subord. participiale** (→ Fiche 12)
Conséquence	donc	de sorte que, si bien que, tellement que, si… que, trop… pour que	**Adverbes :** c'est pourquoi, par conséquent, alors, aussi, ainsi **Verbes :** entraîne, implique, a pour résultat
Concession	mais, or	bien que, quoique, même si, quand bien même, quel[le][s] que soi[en]t…	**Adverbes :** pourtant, cependant, toutefois, néanmoins, malgré tout, en tout cas **Verbes :** avoir beau, il se peut que, j'admets que
Opposition	mais	tandis que, alors que, au lieu que	**Adverbes :** en revanche, au contraire, inversement, en réalité, en fait **Verbes :** il n'empêche, il n'en reste pas moins que
Addition/ Adjonction	et		**Adverbes :** de plus, ainsi que, en outre, aussi, par ailleurs, et même **Verbes :** j'ajoute, s'ajoute à cela que

MODIFIER LE LIEN ENTRE LES PROPOSITIONS

Les questions types du brevet

- Réécrivez la phrase en transformant la coordination en subordination. Quel rapport logique est mis en évidence ?
- Réécrivez les propositions en introduisant un lien de subordination. Quel rapport logique ce lien exprime-t-il ?
- Remplacez les deux points par une conjonction de subordination qui mettra en évidence le rapport logique entre les deux propositions. Quel est ce rapport logique ?

Les notions que vous devez connaître

A Comment passer de la coordination ou de la subordination à la juxtaposition ?

• Il suffit d'enlever la conjonction de coordination ou de subordination (→ Fiche 9) et de la remplacer par un signe de ponctuation : deux-points (:) ou point-virgule (;).

> Il a lu toute la nuit *si bien qu'*il est fatigué.
> [rapport de conséquence].
> Il a lu toute la nuit : il est fatigué.

B Comment passer de la juxtaposition à la coordination ?

• Repérez, à l'aide du contexte, le rapport logique qui unit les deux propositions (→ Fiche 13).

• À la place du signe de ponctuation qui sépare les propositions, introduisez une des sept conjonctions de coordination (→ Fiche 9).

> Je ne ressentais plus de peur *;* je sombrais dans le désespoir.
> [rapport d'opposition].
> Je ne ressentais plus de peur, *mais* je sombrais dans le désespoir.

C Comment passer de la juxtaposition à la subordination ?

• Repérez, à l'aide du contexte, le rapport logique qui unit les deux propositions (→ Fiches 13 et 14).

• À la place du signe de ponctuation qui sépare les propositions, introduisez une des conjonctions de subordination (→ Fiches 13 et 16) qui expriment ce rapport.

Il a un avantage sur vous : il connaît la ville [rapport de cause].
→ Il a un avantage sur vous, *parce qu*'il connaît la ville.

D Comment passer de la coordination à la subordination ?

• Repérez, à l'aide du contexte, le rapport logique qui unit les deux propositions (→ Fiches 13 et 16).

• À la place de la conjonction de coordination qui sépare les propositions, introduisez une des conjonctions de subordination (→ Fiches 9 et 16) qui expriment ce rapport.

Mon frère est d'un tempérament fougueux, *mais* moi, je suis plutôt calme [rapport d'opposition]. → Mon frère est d'un tempérament fougueux, *alors que* moi je suis calme.

• Procédez à la substitution inverse si on vous demande de passer de la subordination à la coordination.

ATTENTION

• Pour toutes ces transformations, prenez soin de relire la phrase obtenue pour vérifier qu'elle est correcte.

• Parfois, il vous faudra modifier :
– l'ordre des propositions ;

Je l'ai puni ; en effet, il avait été impoli.
→ Comme il avait été impoli, je l'ai puni.

– le mode du verbe.

Il *m'avait promis* de venir, mais il ne s'est pas présenté.
→ Bien qu'il *m'ait promis* de venir, il ne s'est pas présenté.

8 CHANGER LA NATURE D'UN GROUPE DE MOTS

Les questions types du brevet

- Remplacez l'adjectif/ le groupe nominal « ... » par une proposition subordonnée dont vous préciserez la nature et la fonction.
- Remplacez la subordonnée « ... » par un adjectif/ un groupe nominal de sens équivalent.
- Transformez la phrase « ... » de façon à faire apparaître une proposition subordonnée.

Les notions que vous devez connaître

A Comment remplacer un adjectif par une proposition subordonnée relative ?

• Un adjectif et une proposition subordonnée relative sont souvent interchangeables parce qu'ils donnent tous les deux un renseignement sur un nom (→ Fiches 9 et 12) : ce sont des expansions du nom.

• Pour remplacer un adjectif par une proposition subordonnée relative, il faut :
– trouver, si c'est possible, le verbe dont le sens correspond à l'adjectif : il pourra être utilisé sous une forme conjuguée (il sera alors le noyau de la subordonnée) ou à l'infinitif ;

impossible → ne pas *pouvoir* ; buvable → *boire*

Remarque : Quelquefois, on ne peut utiliser que le verbe *être*.
– choisir le pronom relatif qui convient (qui, que, quoi, dont, où, lequel, laquelle, auquel, duquel…) ;
– ajouter les mots nécessaires à une compréhension claire de la phrase. La relire pour en vérifier la correction.

Il leur proposa un problème *insoluble*.
→ un problème *qu'ils ne pouvaient pas résoudre*
Il est revenu dans la maison *ancestrale*.
→ la maison *qui avait appartenu à ses ancêtres*

B Comment remplacer un groupe nominal par une proposition subordonnée ?

Pour remplacer un groupe nominal par une proposition subordonnée, il faut :

– introduire un verbe conjugué : souvent le verbe à utiliser appartient à la même famille de mots que le noyau du groupe nominal ;

– trouver la conjonction de subordination qui convient et rend compte du rapport logique (→ Fiche 16) exprimé par le groupe de mots.

> *Par peur des coups*, il se tenait à distance.
> *peur* → redouter, craindre, avoir peur ;
> par → *comme, parce que*
> → *Comme il craignait les coups*, il se tenait à distance.

ATTENTION

Il faut faire attention au temps verbal de la subordonnée.

> Elle me demanda la cause de mon retour.
> *retour* → *revenir* ; la cause → *pourquoi*
> → Elle me demanda *pourquoi je revenais* (ou : *j'étais revenu*).

C Comment remplacer une proposition subordonnée par un groupe de mots ?

Il faut faire les opérations inverses de celles décrites ci-dessus, c'est-à-dire :

– supprimer le mot subordonnant (pronom relatif, conjonction de subordination ou mot interrogatif) ;

– remplacer le verbe conjugué (qui doit disparaître) par un nom, un adjectif ou un verbe à l'infinitif de la même famille.

> Elle a fait des retouches *que l'on ne peut pas voir.* → *invisibles*
> J'ignore *quand il est arrivé.* → J'ignore *son heure d'arrivée.*
> Il a été si malade *qu'il en est mort.* → Il a été malade *à en mourir.*

Remarques :

- Relisez-vous pour vérifier que, à la suite de la transformation, le sens de la phrase n'a pas été modifié.
- Ces transformations entraînent forcément des modifications orthographiques auxquelles vous devez être attentif.

LES VOIX VERBALES, LA VOIX PRONOMINALE

Les questions types du brevet

- À quelle voix est le verbe « ... » ?
- Trouvez un verbe à la voix pronominale. De quel type de verbe pronominal s'agit-il ?
- Les consignes qui comportent l'expression *voix pronominale.*

Les notions que vous devez connaître

A Qu'est-ce que la voix d'un verbe ?

• La voix du verbe traduit les différentes façons de présenter les relations entre le sujet, le verbe et ses compléments.

• Il y a trois voix :
– la voix active (→ Fiche 20) : *Je soigne le malade* ;
– la voix passive (→ Fiche 20) : *Je suis soignée par ma mère* ;
– la voix pronominale : *Je me soigne*.

B Comment reconnaître qu'un verbe est employé à la voix pronominale ?

• On reconnaît qu'un verbe est à la voix pronominale quand son infinitif est précédé du pronom personnel *se*.

Nous nous lavons. Infinitif : *se* laver.

• Quand on le conjugue, il est précédé de deux pronoms personnels : le premier est sujet, le second est complément.

je me lave, *tu te* laves…

Remarque : Tous les verbes pronominaux forment leurs temps composés avec l'auxiliaire *être*.

Je me *suis* aperçue dans le miroir.

C Comment reconnaître les différents types de verbes pronominaux ?

• Tous les verbes qui peuvent avoir un complément d'objet direct peuvent être mis à la voix pronominale.

laver *quelque chose* → se laver
[COD] [COD]

• Quand l'agent et le patient (→ Fiche 20) sont identiques, on parle de verbes réfléchis.

Carine se lave. → *Carine* = agent = *se* (Carine) = patient

• Quand l'agent et le patient agissent l'un sur l'autre de la même manière, on parle de verbes réciproques.

Pierre et Paul se sont regardés.
→ Pierre [agent] a regardé Paul [patient] et Paul [agent] a regardé Pierre [patient].

• Certains verbes ne peuvent être employés qu'à la voix pronominale : on les appelle verbes essentiellement pronominaux.

s'envoler, s'enfuir, s'écrouler, se suicider…

Remarque : Certains verbes pronominaux sont l'équivalent d'un verbe passif.

Le rugby *se pratique* dans le Sud-Ouest.
= Le rugby *est pratiqué* dans le Sud-Ouest.

Cet emploi permet de ne pas mentionner l'agent et d'attirer l'attention sur le sujet.

ATTENTION

Les règles d'accord du participe passé dans la conjugaison des verbes pronominaux sont délicates (→ Fiche 44).

VOIX ACTIVE ET VOIX PASSIVE

Les questions types du brevet

- À quelle voix est le verbe « ... » ?
- Proposez un complément d'agent pour le verbe « ... ».
- Les consignes qui comportent les termes *actif, passif.*

Les notions que vous devez connaître

A Comment reconnaître si un verbe est à l'actif ou au passif ?

Pour faire la différence entre un verbe à l'actif et un verbe au passif, suivez ce parcours.

1. Soulignez le verbe
2. Cherchez le sujet

3. Cherchez quel est l'agent (celui qui agit) en posant la question : *Qui est-ce qui fait l'action exprimée par le verbe de la phrase ?* 4. Si le sujet est aussi l'agent, le verbe est à l'actif. **Le verbe est à l'actif quand son sujet fait l'action.** *L'avion* <u>*transporte*</u> *trois passagers.* Qui est-ce qui transporte des passagers ? *L'avion*, sujet de *transporte*. Qui fait l'action de transporter ? *L'avion*, agent dans la phrase. Le sujet est l'agent. → le verbe est à l'actif.	3. Cherchez quel est le patient (celui qui subit l'action) en posant la question : *Qui est-ce qui subit l'action exprimée par le verbe de la phrase ?* 4. Si le sujet est aussi le patient, le verbe est au passif. **Le verbe est au passif quand son sujet subit l'action.** *L'enfant* <u>*est bousculé*</u> *par son grand frère.* Qui est-ce qui est bousculé ? *L'enfant*, sujet de *est bousculé*. Qui subit l'action ? *L'enfant*, patient dans la phrase. Le sujet est le patient. → le verbe est au passif.

Remarque : Un verbe conjugué avec l'auxiliaire *être* n'est pas nécessairement au passif.

Je suis tombée.
Sujet = *je* ; agent = *je* ; sujet = agent → le verbe est à l'actif.

B Quelle fonction a l'agent dans une phrase au passif ?

• Dans une phrase au passif, l'agent a une fonction de complément (groupe rajouté au noyau « sujet + verbe »). On l'appelle complément d'agent.

L'animal a été capturé par les chasseurs.
On cherche le sujet : qui est-ce qui a été capturé ?
L'animal = sujet.
On cherche le patient : qui subit l'action ?
L'animal = patient.
L'animal est sujet et patient → la phrase est au passif.
On cherche l'agent : qui fait l'action de capturer ?
Les chasseurs = agent.
→ *Les chasseurs* est complément d'agent du verbe *capturer*.

• Le complément d'agent est introduit par les prépositions *par* ou *de*.

Le toit a été réparé *par* le couvreur.
Cette chanson est connue *de* tous.

ATTENTION

• On **ne** peut avoir de COD qu'après un verbe actif.

Le pilote répare sa voiture.
[sujet] [vb actif] [COD]

• On **ne** peut avoir de complément d'agent qu'après un verbe passif.

Le piéton a été renversé par le bus.
[sujet] [vb actif] [compl. d'agent]

• Dans certaines phrases au passif, il n'y a pas de complément d'agent.

Le château a été vendu.
Le château est sujet et patient → la phrase est au passif.
On cherche l'agent : qui fait l'action de vendre ?
Pas de réponse : il n'y a pas de complément d'agent.

PASSER D'UNE VOIX À L'AUTRE

Les questions types du brevet

- Transposez la phrase « ... » au passif (ou à l'actif). Quel effet produit la transformation ?
- Pourquoi l'auteur a-t-il employé la tournure active/ passive dans ce passage ?
- Les consignes qui comportent les termes *transformez, passez de… à…, transposez, actif, passif.*

Les notions que vous devez connaître

A Comment rendre compte d'un même fait par l'actif et par le passif ?

On peut rendre compte d'une même action de deux façons :
– par l'actif : Les policiers ont arrêté les bandits.
– par le passif : Les bandits ont été arrêtés par les policiers.
Les deux phrases renvoient à la même réalité : la relation de sens entre les policiers et les bandits n'a pas changé.

B Comment passer de l'actif au passif ?

Phrase active ▶	sujet agent Les policiers	+	verbe actif arrêtent	+	COD les bandits.
Phrase passive ▶	Les bandits sujet patient	+	sont arrêtés verbe passif	+	par les policiers. compl. d'agent

Dans la phrase passive :
– le sujet est devenu complément mais, du point de vue du sens, il est resté agent ;
– le COD est devenu sujet mais, du point de vue du sens, il est resté patient.

• Le sens de la phrase n'a donc pas fondamentalement changé.

ATTENTION

• Le passage de l'actif au passif ne peut se faire que si la phrase active comporte un COD.

Tous les élèves lisent *ce magazine*.
→ *Ce magazine* est lu par tous les élèves.
Ma mère lit. → pas de COD → substitution impossible

• Inversement, quand une phrase au passif n'a pas de complément d'agent, pour pouvoir la passer à l'actif, on doit avoir recours au pronom personnel indéfini *on*.

Le château a été réparé. → *On* a réparé le château.

C Comment passer un verbe de l'actif au passif en respectant le temps verbal ?

• Le passif se forme avec l'auxiliaire *être* + le participe passé du verbe conjugué.

Actif : Il photographie. Passif : Il *est* photographié.

• Pour savoir quel est le temps d'un verbe au passif, il faut repérer le temps auquel se trouve l'auxiliaire *être* : c'est lui qui indique le temps du verbe passif.

Marc *avait été transporté* d'urgence.
[verbe passif]
Auxiliaire au plus-que-parfait de l'indicatif
→ le temps du verbe est le plus-que-parfait passif.

D Quelle nuance de sens y a-t-il entre actif et passif ?

• Le passif permet de placer le patient (qui subit l'action) en tête de phrase et de le mettre ainsi en évidence : il devient le thème principal de la phrase.

• Le passif permet d'effacer l'agent et de souligner ainsi les faits ; dans un texte explicatif, il permet de mettre au premier plan les phénomènes.

Les montagnes ont été érodées.

• L'actif met en valeur l'action et l'agent.

Les policiers enquêtent.

LES MODES VERBAUX

Les questions types du brevet

- Donnez le mode du verbe conjugué. Quelle valeur a-t-il ?
- Pourquoi le narrateur a-t-il utilisé le subjonctif/le conditionnel/ l'impératif… ?

Les notions que vous devez connaître

A Quels sont les modes verbaux ? Quelles sont leurs principales valeurs ?

Un mode est un groupe de temps verbaux. Il existe sept modes.

	Les modes personnels	
Indicatif	8 temps, 6 personnes	Mode de la réalité : il affirme la réalité du fait qu'il exprime et l'inscrit dans le temps. Il *est parti* hier, il *atterrira* demain.
Subjonctif	4 temps, 6 personnes	Mode du virtuel : il exprime un fait possible, souhaité. Je souhaite qu'il *vienne*.
Conditionnel	2 temps, 6 personnes	Il sert à exprimer une action : – qui se réaliserait si une condition était remplie* ; Si j'avais de l'argent, je *ferais* un grand voyage. – future par rapport à un fait passé : il s'appelle alors conditionnel-temps. Si on transpose le verbe principal au passé, *Il prétend qu'il partira*, devient, → *Il prétendit qu'il partirait*.
Impératif	2 temps, 3 personnes	Il sert à exprimer un ordre, une défense (ordre négatif), un conseil, une prière**.

* Le conditionnel apparaît toujours dans la proposition principale.

** Le subjonctif remplace l'impératif aux 3e pers. du sing. et du plur. qui n'existent pas à l'impératif. Qu'il vienne ! Qu'ils rebroussent chemin !

		Les modes impersonnels
Infinitif	3 temps	Forme nominale du verbe ; il exprime, au présent, l'action elle-même *(mordre)*, et, au passé l'action sous sa forme accomplie *(avoir mordu)*. Il peut parfois être le verbe principal d'une phrase. Que faire ?
Participe	3 temps	Forme adjectivale du verbe ; il est invariable au présent *(chantant)*, variable en genre et nombre au passé passif *(mordu[es])* (→ Fiche 44).
Gérondif	3 temps	Formation : *en* + participe présent → en chantant, en finissant. Il est toujours invariable et complément circonstanciel. Elle s'exprime *en gesticulant*. (CC de manière de *s'exprime*)

B Quel mode utiliser après les verbes de déclaration, de jugement, de sentiment ?

Le mode du verbe de la proposition subordonnée conjonctive complément d'objet (→ Fiche 12) varie selon le sens du verbe principal.

Verbe principal	Verbe de la subordonnée	Exemple
Affirmation, déclaration	Indicatif	J'affirme, je dis qu'il *est* malade.
Opinion, jugement	Indicatif	Je crois, je juge qu'il *est* fou.
Volonté, souhait	Subjonctif	Je veux, j'exige qu'il *vienne*. Je souhaite qu'il *guérisse*.
Sentiment	Subjonctif	Je crains qu'il ne *soit* malade. Je me réjouis qu'il *soit* guéri.

ATTENTION

Souhaiter + subjonctif, mais *espérer* + indicatif futur.

Je souhaite qu'il guérisse.
J'espère qu'il guérira.

LES TEMPS SIMPLES

Les questions types du brevet

- Quel est le temps verbal dominant ?
- À quel temps, à quel mode et à quelle personne est le verbe « ... » ?
- Identifiez les temps du passé utilisés dans le passage.

Les notions que vous devez connaître

Les temps simples se forment sans auxiliaire.

A Comment former les temps simples de l'indicatif ?

Pour le présent (→ Fiche 46).

Futur simple	Pour la plupart des verbes	Infinitif + *ai, as, a, ons, ez, ont*	je chanterai je finirai
	Verbes en *-eler*, *-eter*	Doublent le *l* ou le *t* ou prennent un accent	je jetterai je gèlerai
	Verbes du 3e groupe se terminant en *-e* (prendre, résoudre) ou en *-ire*	Perdent le *e*	je prendrai je craindrai je résoudrai je rirai
	Les verbes cueillir, offrir, ouvrir (et leurs dérivés)	Changent le *-ir* de l'infinitif en *-er*	je cueillerai
Imparfait	Pour la plupart des verbes	Radical du verbe + *ais, ais, ait, ions, iez, aient*	je chantais je jetais
	Verbes en *-ger*	Gardent le *e* devant *a*	je mangeais
	Verbes en *-cer*	Prennent une cédille devant *a*	je balançais
	Verbes en *-yer*	1re pers. plur. → *yions* 2e pers. plur. → *yiez*	nous employions vous employiez

Passé simple	1er groupe	Radical du verbe + *ai, as, a, âmes, âtes, èrent*	je chantai, tu chantas…
	2e groupe	Radical du verbe + *is, is, it, îmes, îtes, irent*	je finis, tu finis…
	Autres	Terminaison en : *-i-*, *-u-* ou *-in-*	il partit je courus nous vînmes

ATTENTION

Il ne faut pas oublier l'accent circonflexe aux 1re et 2e personnes du pluriel du passé simple.

B Comment former les temps simples du subjonctif des verbes réguliers ?

• Le présent du subjonctif est formé sur :

le radical du présent de l'indicatif + *-e, -es, -e, -ions, -iez, -ent.*

ATTENTION

• Verbes en *-eler* et *-eter* du 1er groupe devant un *e* muet : ils doublent le *l* ou le *t* ou prennent un accent.

que je jette ; que j'appelle ; que je gèle

• Verbes des 2e et 3e groupes : pour trouver le radical du présent du subjonctif, il faut utiliser la 3e personne du pluriel du présent de l'indicatif.

– Radical de la 3e pers. du pluriel de *finir* : *ils finissent*
→ présent du subjonctif : *que je finisse…*
– Radical de la 3e pers. du pluriel de *prendre* : *ils prennent*
→ présent du subjonctif : *que je prenne…*
(Attention ! *que nous prenions, que vous preniez.*)

• L'imparfait du subjonctif est formé sur :

le radical du passé simple de l'indicatif + *-sse, -sses, -^t, -ssions, -ssiez, -ssent.*

Radical du passé simple de *aimer* : *il aima*
→ imparfait du subjonctif : *que j'aimasse, qu'il aimât…*

Radical du passé simple de *prendre* : *je pris*
→ imparfait du subjonctif : *que je prisse*…

Remarque : À la troisième personne du singulier, la voyelle de la terminaison porte toujours un accent circonflexe.

qu'il portât ; qu'il finît ; qu'il vînt.

C Comment former le présent de l'impératif ?

Verbes du 1er groupe Verbes du 3e groupe comme ouvrir, offrir	*-e, -ons, -ez*	chante, ouvre, chantons…
Autres verbes	*-s, -ons, -ez*	cours, prends, courons…

Remarques :

• Pour des questions d'euphonie, on ajoute parfois un *s* à un verbe du 1er groupe au présent de l'impératif, par exemple quand il est suivi de *y* ou de *en*.

Manges-*en*. Jettes-*y* une pierre.

• Lorsqu'un impératif est suivi d'un ou plusieurs pronoms personnels, on met toujours un trait d'union.

Donne-le-moi.

D Comment former le présent du conditionnel ?

Pour tous les verbes :

radical du futur + *-ais, -ais, -ait, -ions, -iez, -aient*

chanter → futur : *je chanterai* → présent du conditionnel :
je chanterais, tu chanterais, il chanterait…
courir → futur : *je courrai* → présent du conditionnel : *je courrais*…
savoir → futur : *je saurai* → présent du conditionnel : *je saurais*…

Remarques :

Comme pour le futur de l'indicatif (→ § A) :
– les verbes en *-eler* et *-eter* doublent le *l* ou le *t* ou prennent un accent : je jetterais, je gèlerais ;
– les verbes 3e groupe se terminant en *-e* (prendre, résoudre) perdent le *-e* : je prendrais, je résoudrais.

LES TEMPS COMPOSÉS

Les questions types du brevet

- À quels temps, mode et personne est le verbe « ... » ?
- Identifiez les temps du passé utilisés dans le passage.

Les notions que vous devez connaître

A Comment forme-t-on les temps composés ?

Les temps composés se forment avec : l'auxiliaire *être* ou *avoir* + le participe passé du verbe principal.

Modes	Temps	Temps de l'auxiliaire	Exemple
Indicatif	Passé composé	Présent	j'ai chanté, je suis né
	Plus-que-parfait	Imparfait	j'avais chanté, j'étais né
	Passé antérieur	Passé composé	j'eus chanté, je fus né
	Futur antérieur	Futur	j'aurai chanté, je serai né
Conditionnel	Conditionnel passé	Conditionnel présent	j'aurais chanté, je serais né
Subjonctif	Passé	Subjonctif présent	que j'aie chanté, que je sois né
	Plus-que-parfait	Subjonctif imparfait	que j'eusse chanté, qu'il fût né

B Quel auxiliaire utiliser ?

- *Avoir* est utilisé pour la plupart des verbes.
- *Être* est utilisé :

– pour les verbes de mouvement comme *aller*, *partir*, *venir*, *revenir*, *tomber*, *descendre*, *monter* ;
– pour *devenir*, *naître* et *mourir* (passage d'un état à un autre) ;
– pour les verbes pronominaux (→ Fiche 19).

Remarque : Quand *monter* et *descendre* ont un COD, on utilise *avoir* : Elle *est* descendue mais : Elle *a* descendu l'escalier.

LES VALEURS DU PRÉSENT ET DU FUTUR

Les questions types du brevet

- Quel est le temps verbal dominant ? Justifiez son emploi.
- Quelle est la valeur du présent dans la phrase « … » ?
- Comment expliquez-vous l'emploi du présent dans ce récit au passé ?

Les notions que vous devez connaître

A Quelles sont les valeurs du présent ?

• Le présent d'énonciation :

– se réfère au moment où le locuteur (ou le narrateur) parle (→ Fiche 32) ;

> J'avais sept ou huit ans quand un camarade m'offrit une boîte de fer que j'ai perdue depuis. Je *vois* encore [maintenant où je parle] cette boîte… mais je ne *sais* plus où je l'ai mise.

– permet de mesurer le temps qui s'est écoulé entre les événements et le moment où le narrateur raconte ;

– permet d'introduire une réflexion du narrateur au moment même où il est en train d'écrire. C'est pour cela qu'il est fréquent dans l'autobiographie (récit de sa propre vie).

> J'étais jeune quand je pris le commandement de ce régiment. Maintenant, je *suis* vieux et je n'*ai* plus ma force d'autrefois.

• Le présent de narration :

– sert, dans un récit au passé, à mettre en relief certains événements importants ; il donne de la vivacité au récit, crée une impression d'actualité, un effet de direct, « comme si on y était ».

> On annonça l'arrivée du maître de maison ; il salua tout le monde, adressa un sourire à madame Smith. Tout à coup, un inconnu *l'empoigne et le ceinture* violemment. Il tenta de résister.

– peut être employé pour raconter tous les événements ;

> On *annonce* l'arrivée du maître de maison ; il *salue* tout le monde, *adresse* un sourire à madame Smith. Tout à coup, un inconnu l'*empoigne* et le *ceinture* violemment. Il *tente* de résister.

Remarque : Quand il s'agit du récit d'événements historiques, on parle de **présent historique**.

Napoléon *décide* alors de faire un coup d'État.

• **Le présent de vérité générale** sert à exprimer une **idée** qui est **toujours vraie**, quels que soient l'époque et le lieu (son sujet est alors souvent : on, l'homme, les hommes).

Il n'eut aucune pitié pour ces malheureux… Les hommes *sont* en effet souvent cruels et impitoyables.

• **Le présent qui exprime le passé récent et le futur proche** se trouve surtout dans le **langage parlé**.

Tu peux voir ton père : il *rentre* juste du bureau [passé récent]. Le train *arrive* dans une heure [futur proche].

B Quelles sont les valeurs du futur ?

• Le futur exprime une action ou un fait **postérieur** (qui se situe après) **au présent** de celui qui parle.

Je ne me fais pas d'illusion ; il ne *viendra* pas.

• Il exprime quelquefois un événement dans un récit au passé.

Napoléon fait un coup d'État ; plus tard, il *se sacrera* lui-même empereur.

C Quelles sont les valeurs du futur antérieur ?

• Le futur antérieur exprime une action **postérieure** (qui se passe après) **au présent** de celui qui parle et **antérieure** (qui se situe avant) à **une autre action future**.

Je sais que, quand tu *auras réussi* ton examen, tu te réjouiras.

Je sais [présent d'énonciation] — **tu auras réussi** [futur antérieur] — **tu te réjouiras** [futur simple]

• Il peut aussi exprimer une supposition.

J'entends un bruit bizarre : le chien *aura* encore *fait* une bêtise (je suppose que le chien a fait une bêtise).

LES VALEURS DES TEMPS DU PASSÉ

Les questions types du brevet

- Quel est le temps verbal dominant ? Justifiez son emploi.
- Quelle est la valeur de l'imparfait dans la phrase « … » ?
- Relevez les verbes à l'imparfait puis ceux au passé simple : quelles valeurs prennent ces différents temps ?

Les notions que vous devez connaître

A Quels sont les temps d'un récit au passé ?

Dans un récit, il y a :

- les actions, faits ou péripéties qui font avancer l'histoire, ce qui est au premier plan de l'histoire. Pour ces faits, on utilise le passé simple, le passé composé, le présent parfois (→ Fiche 25) ;
- les informations sur le cadre de l'histoire (lieu, époque…), les personnages (situation, sentiments, caractère…), ce qui est en arrière-plan du récit, en toile de fond, et qui fait qu'on y croit. Pour cela, on utilise l'imparfait.

B Dans un récit, quelles sont les valeurs de l'imparfait ?

- Décrire le cadre, les personnages (portrait) dans un récit au passé.

> Il arriva sans crier gare. Il *avait* l'air farouche et sauvage ; sa chevelure *flottait* au vent.

- Exprimer la durée (par opposition au passé simple qui exprime une action soudaine et de courte durée).

> Il *travaillait* depuis trois jours quand un événement étrange se produisit.

- Exprimer la répétition, l'habitude.

> Chaque soir, il *fermait* la porte avec précaution.

C Dans un récit, quelle est la valeur du plus-que-parfait ?

Le plus-que-parfait exprime une action antérieure à un fait passé exprimé à l'imparfait, avec l'idée d'une répétition de cette séquence.

Quand il avait travaillé, il se détendait.

il avait travaillé — il se détendait — Présent du locuteur

D Quelle différence y a-t-il entre le passé simple et le passé composé ?

Le passé simple et le passé composé ne sont pas exactement équivalents. Le tableau ci-dessous vous permettra de distinguer les nuances entre ces deux temps.

Les événements racontés au…	
… passé simple	… passé composé
1. semblent être éloignés du moment où on les raconte, complètement rejetés dans le passé. Je *volai* alors une pomme : ce *fut* là mon premier péché.	**1.** semblent être plus récents, car ce temps comporte une partie passée (le participe passé) et une partie présente (l'auxiliaire) ; il exprime souvent le résultat présent d'une action passée. J'ai *appris* alors à connaître les hommes (et je le sais encore).
2. traduisent le recul du narrateur qui semble s'en détacher.	**2.** traduisent l'implication du narrateur qui semble les ressentir plus vivement.
3. Le passé simple est surtout utilisé à l'écrit, il donne au récit une tournure littéraire.	**3.** Le passé composé, très utilisé à l'oral, donne au récit une tournure familière.

E Dans un récit, quelle est la valeur du passé antérieur ?

Le passé antérieur exprime une action antérieure à un fait passé exprimé au passé simple.

Quand il eut reconstruit le château, il s'y installa.

il eut reconstruit — il s'installa — Présent du locuteur

LE GENRE D'UN TEXTE

Les questions types du brevet

- À quel genre (littéraire) appartient le texte ?
- De nombreux sujets de rédaction, dans lesquels la consigne précise le genre de texte à produire (lettre, article, poème…).

Les notions que vous devez connaître

A Quels sont les principaux genres ?

• Les textes et œuvres littéraires sont classés en genres, qui sont de grandes catégories.

• Voici les principaux genres littéraires et leurs « sous-genres ».
– Roman : d'aventures, d'amour, d'apprentissage, de science-fiction, policier…
– Nouvelle : réaliste, fantastique…
– Théâtre : comédie, tragédie, drame…
– Poésie : en vers réguliers, en vers libres, en prose…
– Autres genres en prose : le conte, l'autobiographie (récit de sa propre vie), la lettre…

B Qu'est-ce que la poésie ?

La poésie est un genre qui se caractérise par :

• une façon différente de sentir, de voir, de réagir devant le monde ;

• une façon inhabituelle de s'exprimer, qui se traduit selon le cas par :
– l'emploi d'images et d'autres de figures de style (→ Fiche 40) ;
– l'emploi de vers, de même longueur dans les poèmes réguliers, de longueur inégale dans les poèmes irréguliers ou en vers libres ;
– la présence de rimes, sonorités identiques à la fin des vers ;
– la disposition en strophes, groupes de vers séparés par des blancs.

Remarque : La poésie moderne se dégage des contraintes de forme ; souvent elle est en vers libres ou en prose et supprime la ponctuation.

C Qu'est-ce que le théâtre ?

• Un texte de théâtre est fait pour être joué. Il comporte :
– des paroles destinées à être dites par les personnages (les répliques) ;
– des indications destinées au lecteur, au metteur en scène, aux acteurs : le nom des personnages, les didascalies qui renseignent sur le lieu, le temps, les jeux de scène, les intonations…

• Une pièce de théâtre est traditionnellement divisée en actes (qui marquent en général un changement dans le lieu, le décor ou le temps). Les actes sont eux-mêmes divisés en scènes (délimitées par l'entrée ou la sortie d'un ou plusieurs personnages).

D Qu'est-ce que le roman ?

Un roman est une œuvre narrative d'imagination, assez longue, qui comporte :
– un narrateur (→ Fiche 38) ;
– une histoire (ou intrigue) qui s'étale dans le temps, avec des péripéties ;
– des personnages (principaux et secondaires).

E Qu'est-ce que la lettre ?

Une lettre est un message écrit envoyé par un expéditeur à un destinataire. Elle comporte des éléments indispensables :
• en haut à gauche : le nom, le prénom, l'adresse de l'émetteur ;
• en haut à droite : l'indication du lieu (où se trouve l'expéditeur), la date (à laquelle il écrit).
• une formule d'appel (Cher Pierre) ;
• le texte (ou corps) de la lettre ;
• une formule finale (amicalement) ;
• en bas de la lettre, la signature de l'expéditeur.

F Qu'est-ce que l'autobiographie ?

Une autobiographie est le récit par l'auteur de sa propre vie. Elle peut prendre la forme d'un récit rétrospectif à la 1re personne du singulier, d'un journal, de mémoires ou d'un roman autobiographique.

LES TYPES DE TEXTES

Les questions types du brevet

- Quel est le type du texte ? Quels indices vous ont permis de répondre ?
- Repérez un passage de type narratif/ descriptif/ explicatif/ argumentatif… Quels indices grammaticaux vous ont permis de l'identifier ?
- Quelle est, dans ce texte, l'intention de celui qui écrit (du narrateur, du locuteur…) ?

Les notions que vous devez connaître

A Quels sont les différents types de textes ?

• On en distingue six : narratif, descriptif, argumentatif, informatif, explicatif, injonctif.

• On définit le type d'un texte selon l'intention de celui qui parle ou écrit.

Intention de celui qui parle ou écrit	Type de texte	Principales caractéristiques
Raconter une histoire	**Narratif**	Un narrateur, des personnages ; une action située dans le temps ; un point de vue. Indices : temps verbaux (passé simple) ; CC de temps ; connecteurs de temps (alors, puis, tout à coup…).
Décrire des lieux, des objets, des personnages	**Descriptif**	Des repères spatiaux ; un point de vue. Indices : CC de lieu ; temps verbaux (imparfait) ; adjectifs.
Transmettre des informations, des connaissances	**Informatif**	Faits, dates, chiffres ; paragraphes avec des titres ; objectivité dans l'énonciation. Indices : termes techniques ; vocabulaire spécialisé.

Donner des explications, faire comprendre	**Explicatif**	Explications, conseils. Indices : mots exprimant la succession (d'abord, puis, enfin…) ; mots introduisant une explication (en effet, c'est pourquoi…).
Convaincre, persuader	**Argumentatif**	Une thèse (idée soutenue) ; des arguments/des exemples ; subjectivité : engagement du locuteur. Indices : connecteurs logiques (en effet, mais, bien que…) ; mots exprimant une opinion (penser que, croire…) ; mots exprimant l'appréciation, le jugement ; fausses questions.
Ordonner, conseiller, prier	**Injonctif**	Conseils/ordres/prières. Indices : Modes verbaux : impératif, subjonctif ; mots exprimant l'ordre, le conseil, la prière.

ATTENTION

- On peut combiner dans un récit plusieurs types de textes :
– des passages narratifs : des actions, des événements sont racontés ;
– des passages descriptifs : on fait une pause dans le récit pour faire imaginer un lieu, un objet, un personnage ;
– des passages argumentatifs : il y a une ou plusieurs opinions exprimées (parfois par des personnages).
- À l'examen, les sujets de rédaction amènent le plus souvent à produire un texte combinant plusieurs types de textes.

LE REGISTRE (OU LA TONALITÉ) D'UN TEXTE

Les questions types du brevet

- Quel est le registre (ou la tonalité ou le ton) du passage « … » ?
- Qualifiez (par des adjectifs) le ton du passage « … ».
- Les questions d'analyse de texte, qui comportent les mots *qualifier, définir (le ton), impression produite, effet produit…*

Les notions que vous devez connaître

A Comment analyser le registre d'un texte ?

• Le registre d'un texte se définit par l'effet qu'il produit sur le lecteur : rire, sourire, tristesse, peur, pitié…

• Analyser la tonalité d'un texte, c'est mieux définir ce texte en donnant son avis de lecteur.

Un texte qui…	est…
fait rire	comique
fait sourire	humoristique
émeut, fait peur, surprend	dramatique
inspire la pitié	pathétique
inspire la terreur, le désespoir sur le destin de l'homme	tragique
fait partager des sentiments intimes	lyrique

• Exemple de texte comique :

On a volé au vieil Harpagon son trésor…

« Au voleur ! au voleur ! à l'assassin ! au meurtrier ! Justice, juste Ciel ! je suis perdu, je suis assassiné, on m'a coupé la gorge, on m'a dérobé mon argent. Qui peut-ce être ? Qu'est-il devenu ? Où est-il ? Où se cache-t-il ? Que ferai-je pour le trouver ? Où courir ? Où ne pas courir ? N'est-il point là ? N'est-il point ici ? Qui est-ce ? Arrête. Rends-moi mon argent, coquin… *(Il se prend lui-même par le bras.)* (Molière, *L'Avare*)

[Indices : répétition mécanique de mots ; situation absurde ; effets de rupture et de décalage ; traits de caractère ridicules du personnage.]

- **Exemple de texte tragique :**

« Quand tu sauras mon crime et le sort qui m'accable,
Je n'en mourrai pas moins, j'en mourrai plus coupable. [...]
Ô haine de Vénus ! Ô fatale colère !
Dans quels égarements l'amour jeta ma mère ! »

(J. Racine, *Phèdre*, I, 3)

[Indices : niveau de langue élevé ; champs lexicaux de la fatalité, du désespoir et de la mort ; exclamations et interjections ; antithèses et figures d'insistance.]

- **Exemple de texte lyrique :**

« Mon bel amour mon cher amour ma déchirure
Je te porte dans moi comme un oiseau blessé

(L. Aragon, « Il n'y a pas d'amour heureux »)

[Indices : marques de la 1re personne (forte implication de celui qui parle) ; marques d'expressivité (phrases exclamatives, interrogatives, apostrophes) ; images poétiques ; musique de la phrase (harmonie rythmique et sonore).]

B Comment qualifier plus précisément la tonalité d'un texte ?

- Il existe des nuances dans ces registres. Vous pouvez qualifier plus précisément la tonalité d'un texte en cherchant, d'après les impressions qu'il a produites sur vous, des adjectifs qui le caractérisent.

- En voici quelques-uns :
– violent, choquant, révoltant, effrayant ;
– poétique, surréaliste (étrange, illogique) ;
– émouvant, triste ;
– cocasse, burlesque ;
– ironique (qui se moque en disant le contraire de ce qu'il pense).

C Comment classer et qualifier un texte ?

Si vous le classez selon…	vous trouvez…	Exemple
ses caractéristiques de forme	son **genre**	roman, théâtre, poésie…
l'intention de celui qui parle ou écrit	son **type**	narratif, argumentatif…
l'effet qu'il produit sur le destinataire	son **registre**	comique, pathétique…

LE REGISTRE COMIQUE

Les questions types du brevet

- Quels procédés comiques l'auteur utilise-t-il ?
- D'où vient le comique du texte ?
- Dans le portrait de « … », quelles expressions présentent le personnage sous un aspect caricatural ?
- D'où vient l'ironie des lignes « … » ?

Les notions que vous devez connaître

A Quels sont les principaux procédés comiques ?

On peut faire rire par :
– des gestes et des mimiques (au théâtre surtout) ;
– des mots : jeux sur les sonorités et sur les mots, injures… ;
– des situations : situations absurdes (il n'y a pas de logique entre les événements ou les faits), quiproquos… ;
– la répétition (elle donne l'impression d'une mécanique, comme si les hommes étaient des marionnettes) ;
– la caricature (l'exagération de traits) ;
– l'imitation et la déformation.

B Qu'est-ce que l'humour ?

- L'humour est une façon de présenter la réalité (personnes ou situations…) qui fait sourire ;
- Il enlève à une personne ou à une situation son sérieux.

> « Si vous voulez aller sur la mer sans aucun risque de chavirer, alors, n'achetez pas un bateau, achetez une île ! » (M. Pagnol, *Fanny*)

C Qu'est-ce que la caricature ? Quel est son but ?

- La caricature consiste à grossir, à exagérer certains traits (physiques ou psychologiques) d'une personne ou certaines caractéristiques d'une situation. Elle sert à en souligner les ridicules.
- Dans une caricature, on utilise souvent :

– le procédé de l'hyperbole (→ Fiche 40) ;

> « Gargantua avait une bonne trogne, avec *ses dix-huit doubles mentons.* » (F. Rabelais, *Gargantua*)

– les comparaisons ou les métaphores amusantes (par exemple avec un animal ou un objet).

> Le premier délégué de Suède s'inclinait tristement, *haute grue mécanique*…

D Qu'est-ce que l'ironie ? Quel est son but ?

- L'ironie consiste à dire le contraire de ce que l'on pense pour faire comprendre son opinion.

> Travailler jour et nuit, quelle joie !
> (= Je déteste travailler tout le temps.)

- Elle sert à critiquer des personnes, à dénoncer des idées en en soulignant l'absurdité.
- Elle est chargée d'implicite et établit une complicité avec le lecteur (→ Fiche 37).

E Qu'est-ce que la parodie ? Quel est son but ?

La parodie consiste à imiter un texte, une œuvre littéraire ou une situation, mais de façon caricaturale, pour s'en moquer. Par exemple, l'émission « Les Guignols de l'Info » est une parodie de la politique et du spectacle.

F Qu'est-ce qu'un quiproquo ?

- Le quiproquo (du latin *quid pro quod*) est une erreur qui consiste à prendre une personne, un objet pour un autre.
- Il donne lieu à des malentendus, à un dialogue de sourds.

> *Harpagon accuse Valère, son intendant, de lui avoir dérobé la cassette où il gardait son trésor et Valère, lui, croit qu'Harpagon l'accuse d'avoir enlevé sa fille, Élise, dont il est amoureux.*
> « VALÈRE : Nous nous sommes promis une foi mutuelle, et avons fait serment de ne nous point abandonner.
> HARPAGON : Le serment est admirable, et la promesse plaisante!
> VALÈRE : Oui, nous nous sommes engagés d'être l'un à l'autre à jamais.
> HARPAGON : Je vous en empêcherai bien, je vous assure.
> VALÈRE : Rien que la mort ne nous peut séparer.
> HARPAGON : C'est être bien endiablé après mon argent.
> VALÈRE : Je vous ai déjà dit, Monsieur, que ce n'était point l'intérêt qui m'avait poussé à faire ce que j'ai fait. Mon cœur n'a point agi par les ressorts que vous pensez, et un motif plus noble m'a inspiré cette résolution. »
> (Molière, *L'Avare*)

LES NIVEAUX DE LANGUE

Les questions types du brevet

- À quel niveau de langue appartient le mot (ou l'expression) « … » ?
- Quel est le niveau de langue dominant dans le texte ? Quels indices vous ont permis de répondre ?
- À quels indices voit-on que c'est un paysan, un ouvrier, un enfant, un gamin des rues, une personne d'une condition sociale modeste, un personnage officiel… qui parle ?

Les notions que vous devez connaître

A Qu'est-ce qu'un niveau de langue ?

• Il existe plusieurs façons d'exprimer une même idée, qui varient selon la situation d'énonciation (→ Fiche 32), c'est-à-dire selon la personne qui parle ou la personne à qui l'on parle. C'est ce que l'on appelle les niveaux de langue.

• On en distingue trois principaux : familier, courant, soutenu.

« Dis donc, tata Marceline, dit Zazie, tu te fous de moi ou bien t'es vraiment sourdingue ? On entend très bien ce qu'ils se racontent. » [familier]

(R. Queneau, *Zazie dans le métro*)

Dis-moi, tante Marceline, dit Zazie, est-ce que tu te moques de moi ou es-tu sourde ? On entend très bien ce qu'ils disent. [courant]

Dites-moi, tante Marceline, s'enquit Zazie, essaieriez-vous de me tromper ou seriez-vous atteinte de surdité ? Nous pouvons parfaitement ouïr leurs propos. [soutenu]

B Comment repérer un niveau de langue ?

• On repère un niveau de langue par :
– la prononciation ;
– le vocabulaire (ou lexique) ;
– la grammaire (voir tableau page suivante).

Niveaux de langue	Vocabulaire Images	Forme des verbes	Forme des phrases
Soutenu	Mots précis, rares. Images recherchées. *s'éteindre* pour mourir	Variée. Concordance des temps au subjonctif. Il fallait *que je vinsse.*	Phrases correctes, souvent complexes. Négations respectées. *Nous ne savions pas ce qu'il ferait.*
Courant	Mots courants.	Courante, correcte.	Phrases simples.
Familier	Mots familiers, abrégés. Images frappantes. *crever* pour mourir	Incorrecte. *j'avons* pour j'ai	Phrases souvent elliptiques ou incorrectes. Négations supprimées. Mots omis. *Nous, on sait pas.*

Remarque : Il existe aussi la langue *populaire* ou *vulgaire*. La langue la plus vulgaire s'appelle *l'argot*.

> « Maître Corbeau sur un chêne mastard
> Tenait un from'ton dans le clapoir.
> Maître Renard reniflant qu'au balcon
> Quelque sombre zonard débouchait les flacons […] »

(P. Perret, « Le Corbeau et le Renard »)

C À quoi sert de repérer un niveau de langue ?

- Le niveau de langue donne le ton du texte.
- Il peut renseigner sur le personnage, le narrateur en indiquant :

– son niveau social et culturel ;
– son origine géographique ;
– son âge ;
– son caractère et sa personnalité.

LA SITUATION D'ÉNONCIATION

Les questions types du brevet

- Beaucoup de consignes qui comportent les mots *énonciation, situation d'énonciation, énoncé, locuteur, narrateur, destinataire.*
- Tous les sujets de rédaction.

Les notions que vous devez connaître

A Qu'est-ce que la situation de communication ?

• La situation de communication est la situation dans laquelle on communique avec quelqu'un d'autre.

• Pour définir cette situation, on étudie plusieurs éléments : qui communique avec qui ? dans quel but ? par quel moyen ? dans quelles circonstances (où ? quand ?) ?

• On peut communiquer par : les gestes, les attitudes, les images, le langage et les paroles.

B Qu'est-ce que la situation d'énonciation ?

La situation d'énonciation est une situation de communication (→ § A) dans laquelle des interlocuteurs produisent un message oral ou écrit par le langage.

> Le président de la République adresse un discours aux députés de l'Assemblée nationale.

C Quels sont les éléments de la situation d'énonciation ?

Éléments	Questions à se poser - Indices à rechercher
Le locuteur ou émetteur = celui qui produit le message	**Qui parle ?** Indices : Pronoms, déterminants de la 1re personne. Marques de jugement du locuteur (→ Fiche 35) : mots positifs ou négatifs. Marques de ses sentiments (→ Fiche 35). Niveau de langue (→ Fiche 31).
Le destinataire ou récepteur = celui à qui est destiné le message	**À qui ?** Indices : Nom en apostrophe. Pronoms, déterminants de la 2e personne.

L'énoncé ou message = la phrase ou le texte produit	**Quoi ? À quel sujet ?** Indice : Champ lexical dominant.
Le but du message = ce que l'on veut transmettre	**Dans quel but : émouvoir ? informer ? convaincre ?** Indices : Registre du texte (→ Fiche 29). Forme des phrases.
Le contexte ou les circonstances = le lieu et le temps de l'énoncé	**Où et quand est produit l'énoncé ?** Indices : Marques de l'espace ou du temps. Certains CC de lieu (ici, à ma gauche). Certains CC de temps (maintenant). Temps des verbes (présent d'énonciation, passé composé, futur…).

D Comment savoir si un texte porte les marques de la situation d'énonciation ?

• Un texte porte les marques de la situation d'énonciation si on peut repérer dans le texte :
– des indices de présence du locuteur (1) (→ Fiche 35) ;
– des indices de présence du récepteur (2) ;
– des indices sur le lieu et le temps où a été prononcé ou écrit le texte (3).

> Chère amie (2), je (1) vous (2) écris en ce jour de l'an (3) de ma retraite genevoise (3), moi (1) votre ami de toujours…

• On dit alors que le texte est relié à la situation d'énonciation.

E Comment respecter la situation d'énonciation dans les rédactions ?

Le sujet de rédaction indique les éléments de la situation d'énonciation à respecter. Avant d'y répondre, vous devez donc être très attentif aux mots qui indiquent quelle est cette situation d'énonciation.

> Un de vos amis [locuteur] vient de visiter un pays du tiers-monde. À son retour [circonstances], il écrit un article dans le journal du collège [destinataire] pour raconter son voyage [message] et créer un élan de solidarité pour les plus pauvres [but]. Écrivez cet article.

LES PAROLES RAPPORTÉES

Les questions types du brevet

- Qui prononce la phrase « ... » ? Comment nomme-t-on ce procédé/ ce type de discours/ cette façon de rapporter les paroles ?
- L'auteur a préféré pour ce passage utiliser le discours indirect : quel est l'effet produit ?
- Relevez deux phrases traduisant la pensée de... grâce à l'emploi du discours indirect libre.
- Beaucoup de rédactions (paroles rapportées).

Les notions que vous devez connaître

A Qu'est-ce que des paroles rapportées ?

• Quand quelqu'un parle ou écrit, il peut rapporter les paroles que lui-même ou une autre personne a prononcées. Cela s'appelle les paroles rapportées.

> Je lui ai alors proposé : « *Accompagne-nous* ». Mais il a prétendu *qu'il était trop fatigué*.

• Il y a trois façons de rapporter des paroles : le discours direct, le discours indirect, le discours indirect libre.

B Qu'est-ce que le discours direct ?

• Quand des paroles sont transcrites telles qu'elles ont été prononcées, on parle de dialogue ou de discours direct.

• Pour indiquer qu'il s'agit de discours direct, on utilise :
- une ponctuation spéciale (→ Fiche 34) ;
- des verbes introducteurs du dialogue.

> Elle les rassura et leur *dit* : « Vos parents reviendront sûrement demain ! »

• Le discours direct :
- donne de la vivacité à un texte et donne l'impression qu'on assiste à la scène ;
- a aussi une valeur de témoignage authentique.

C Qu'est-ce que le discours indirect ?

• Quand les paroles ne sont pas rapportées comme elles ont été prononcées, mais sous forme de **subordonnées dépendant d'un verbe principal** (→ Fiche 12) ou d'un **groupe prépositionnel à l'infinitif**, on parle de discours indirect.

> Elle les rassura et leur dit *que leurs parents reviendraient sûrement le lendemain* [subordonnée].
> Il leur ordonne *de partir* [groupe prépositionnel à l'infinitif].

• Le discours indirect permet :
- de **raccourcir** les passages moins importants du dialogue ;
- de **reformuler** les paroles.

• Il est aussi utile quand on ne se rappelle pas exactement les paroles prononcées.

D Qu'est-ce que le discours indirect libre ?

• Quand les paroles sont rapportées **comme au discours indirect** (→ § C) mais que le **verbe principal introducteur et le mot subordonnant ont été supprimés**, on parle de discours indirect libre.

> Elle les rassura : *leurs* parents *reviendraient* sûrement *le lendemain !*

• C'est un système mixte, qui comporte des caractéristiques à la fois du discours direct et du discours indirect.

• Le discours indirect libre permet :
- de ne pas couper brusquement la narration ;
- de garder une **vivacité proche du discours direct** ;
- de retranscrire les **pensées intimes** d'un personnage.

CHANGER LA FAÇON DE RAPPORTER LES PAROLES

Les questions types du brevet

- Transposez le passage au discours direct en respectant le ton.
- Transposez les lignes … au discours indirect en opérant les modifications nécessaires.
- Beaucoup de rédactions (paroles rapportées).

Les notions que vous devez connaître

A Comment passer du discours direct au discours indirect ?

Vous devez effectuer des modifications :
– dans la ponctuation : pas de guillemets, de points d'exclamation, d'interrogation ;
– dans les pronoms personnels parfois ;
– dans les temps verbaux parfois : il faut respecter la concordance des temps ;
– dans les indications de temps et de lieu parfois.

• Si le verbe introducteur est au présent :

Il déclare : « *Je* gagnerai le championnat *demain* ! »
→ Il déclare qu'*il* gagnera le championnat demain
[modification du pronom personnel].

• Si le verbe introducteur est au passé :

Il déclara : « *Je gagnerai* le championnat *demain* ! »
→ Il déclara qu'*il gagnerait* le championnat *le lendemain*
[modifications du pronom personnel, du temps verbal, de l'indication de temps].

B Comment respecter la concordance des temps ?

Si le verbe introducteur est au passé, vous devez respecter la concordance des temps suivante :

Si dans les paroles prononcées, il y a…	Dans la subordonnée du discours indirect, utilisez…	Exemple
le présent	l'imparfait	Il affirma : « Je ne renonce pas. » Il affirma qu'il ne *renonçait* pas.
le passé composé	le plus-que-parfait	Il affirma : « J'ai tout perdu. » Il affirma qu'il *avait* tout *perdu*.
le futur	le conditionnel présent (→ Fiche 23).	Il affirma : « Je reviendrai. » Il affirma qu'il *reviendrait*.

C Comment modifier les indications de temps et de lieu ?

Si le verbe introducteur est au passé, vous devez aussi modifier les indications de temps et de lieu :

- ici devient là ;
- hier devient la veille ;
- avant-hier devient l'avant-veille, le jour précédent ;
- demain devient le lendemain ;
- la semaine dernière devient la semaine précédente ;
- la semaine prochaine devient la semaine suivante…

Il affirma : « Je reste *ici*. »
→ Il *affirma* qu'il restait *là*.
Il déclara : « J'ai tout perdu *hier*. »
→ Il *déclara* qu'il avait tout perdu *la veille*.

D Comment passer du discours indirect au discours direct ?

Pour restituer les paroles telles qu'elles ont été prononcées par le locuteur (celui qui parle), vous devez effectuer des modifications :

- dans la ponctuation (→ Fiche 56) ;
- dans les pronoms personnels parfois ;
- dans les temps verbaux parfois ;
- dans les indications de temps et de lieu parfois.

Ils jurèrent de me rendre mon argent deux semaines plus tard.
→ Ils jurèrent : « *Nous te rendrons ton* argent *dans deux semaines* ».

LA PRÉSENCE DU LOCUTEUR

Les questions types du brevet

- Relevez les marques de la présence du locuteur dans le texte.
- Relevez les termes qui traduisent le jugement/ les sentiments du locuteur.
- Relevez les termes appréciatifs (mélioratifs, positifs)/ dépréciatifs (péjoratifs, négatifs) qui indiquent le jugement ou les sentiments du locuteur.

Les notions que vous devez connaître

A Quels sont les indices de la présence du locuteur ?

Ce sont les indices personnels de la 1re personne – pronoms personnels et pronoms ou déterminants possessifs (→ Fiche 36) –, qui indiquent la présence du locuteur ou du narrateur dans un texte.

> *J'*ai pris l'habitude de voyager sans *me* préoccuper de *mon* avenir.
> [pron. pers.] [pron. pers.] [dét. poss.]

B Quels sont les indices du degré de certitude du locuteur ?

- Selon le cas, le locuteur affirme, nuance ou met à distance son propos de façon explicite. Il exprime alors son degré de certitude sur ce qu'il dit.
- Il a recours pour cela à plusieurs moyens :

– mots ou expressions appelés modalisateurs : peut-être, sans doute, à mon avis, assurément… ;
– certains verbes : il me semble, je pense, je crois, pouvoir, devoir (*il a dû nous oublier*) ;
– modes verbaux : conditionnel pour une information qu'on ne prend pas à son compte (il y aurait *eu* une avalanche), indicatif pour ce que l'on présente comme certain (il *est* le meilleur).

C Quels sont les indices de jugement du locuteur ?

Pour exprimer un jugement, le locuteur utilise :
– des verbes de déclaration ou d'opinion tels que : je pense que, je juge que… ;

– des **mots appréciatifs** comme : bon/mauvais, juste/injuste, améliorer/détériorer… ;
– des **mots mélioratifs** : ce sont des mots élogieux, valorisants, qui donnent une idée ou une vision très positive ;

Cet élève est un *génie*. Elle avait une *chevelure* dorée.

– des mots **péjoratifs** : ce sont des mots dévalorisants, qui donnent une idée ou une vision très négative.

Ce commerçant est un *truand*.

ATTENTION

• Certains **suffixes** donnent à un mot une **nuance péjorative** :

– âtre : jaune → jaunâtre
– asse(r) : blond → blondasse ; traîner → traînasser

• À une **même réalité** peuvent correspondre **trois** types de **qualifications** :

Neutre	Mélioratives	Péjorative
maison	palace	taudis
cheveux	chevelure	tignasse

D Quels sont les indices des sentiments du locuteur ?

Pour exprimer ses sentiments dans un texte, le locuteur utilise :

• un **vocabulaire affectif** :
– des verbes de sentiment : je me réjouis que, je crains/redoute que, je déteste que, j'aime que… ;
– les champs lexicaux de la joie, la haine, l'amour, la crainte…

• des **formes de phrase** spécifiques (→ Fiche 10).

E Qu'est-ce que l'objectivité, la subjectivité ?

• Quand les **émotions** ou les **sentiments du locuteur** sont **absents** d'un texte, on parle d'**objectivité** du texte.

Il y a eu un accident sur la route nationale ce matin.

• Quand le locuteur **exprime ses émotions, ses sentiments**, ou ceux d'un personnage, on parle de **subjectivité** du texte.

J'ai vu un accident *épouvantable* : *cela m'a bouleversé.*

LES VALEURS DU PRONOM PERSONNEL

Les questions types du brevet

- Qui est désigné par le pronom personnel « … » ?
- Dans la phrase « … », à qui renvoie « on » ? Quelle est la classe grammaticale de ce terme ? Déduisez-en l'effet produit.

Les notions que vous devez connaître

A Qu'est-ce qu'un pronom personnel ?

• Les pronoms personnels de la 3e personne remplacent des noms ; ils représentent toujours un élément (personne ou chose) déjà cité, mais sans ajouter de précisions supplémentaires, à la différence des pronoms possessifs ou démonstratifs.

J'avais un ami ; *il* est parti, je ne *l'*ai jamais revu.

• Les pronoms de la 1re et de la 2e personne représentent des personnes qui font partie de la situation d'énonciation (→ Fiche 32).

C'est *moi* qui parle ! *Toi, tu* n'as qu'à écouter !

• Les pronoms personnels changent de forme selon leur fonction.

tu lis → sujet ; Paul *t'*appelle → COD ;
il va près de *toi* → CC de lieu…

Remarque : Dans les rédactions, les pronoms personnels évitent les répétitions, toujours déconseillées.

D'Artagnan choisit alors son cheval le plus rapide, *le* sella et *l'*enfourcha. *Il* devait se rendre à Calais.

B Qui les différents pronoms personnels désignent-ils ?

• *Je* = le locuteur (celui qui parle ou écrit).

• *Tu* = le destinataire (celui à qui parle le locuteur).

• *Nous* = je + tu ; je + il(s)/elle(s) ; je + tu + il(s)/elle(s).

• *Vous* = tu + il(s)/elle(s)…

• *Il(s)/elle(s)* = des personnes ou des choses dont parle le locuteur, mais qui ne sont ni le locuteur ni le destinataire, absentes de la situation d'énonciation (→ Fiche 32).

C Que désigne le pronom personnel *le, la, l'* ?

• Une personne, une chose : Je *le* vois.

• Une idée, un énoncé entier : J'ai tout vendu : je *le* regrette (*le* = j'ai tout vendu).

• Une caractéristique, une qualité, un défaut : Est-il gentil ? Oh oui, il *l'*est (*l'* = gentil).

D Qui désigne le pronom personnel *vous* ?

• Plusieurs personnes à qui le locuteur s'adresse : Vous me paraissez tous géniaux !

• Une seule personne à qui l'on s'adresse avec respect (pluriel de politesse) : Vous êtes mon supérieur.

Remarque : Les mots qui s'accordent alors avec « vous » (sauf le verbe) sont au singulier.

> Monsieur, *vous* êtes *génial* !

E Qui désigne le pronom personnel *on* ?

• Une personne, dont on ne connaît pas l'identité ;

• Un groupe de personnes dont le locuteur fait partie : il équivaut alors à *nous* ;

• Un groupe de personnes dont celui qui parle ne fait pas forcément partie. Le contexte permet alors parfois de préciser qui désigne *on* ;

> Dans un petit hôpital, *on* est mieux traité que dans un grand (*on* = les malades).

• Les hommes en général, tout le monde ; on l'utilise alors dans les proverbes ;

> On a toujours besoin d'un plus petit que soi.

• Quelqu'un qu'on ne veut pas nommer parce qu'on a peur, qu'on le méprise ou parce qu'on veut attirer l'attention sur le fait, non sur l'agent (→ Fiches 20 et 21).

> On nous a encore augmenté les impôts (*on* = le gouvernement).
> Alors, on ne dit plus bonjour ? (*on* = mépris).
> On bat ensuite les œufs (recette de cuisine).

EXPLICITE ET IMPLICITE

Les questions types du brevet

- Que veut faire comprendre l'auteur dans la phrase « … » ?
- Quelle est la valeur de la question « … ? » ? Est-ce une vraie interrogation ?
- À quoi tient l'ironie de ce paragraphe ? Que pense vraiment l'auteur/ le narrateur/ le personnage… ?

Les notions que vous devez connaître

A Que signifie « explicite », « implicite » ?

• Une phrase comporte un certain nombre d'informations explicites, c'est-à-dire clairement exprimées.

> Les chiens ont quatre pattes.

• Très souvent, une phrase apporte aussi des informations implicites, qui ne sont pas exprimées clairement, mais sous-entendues. Un message peut donc en cacher un autre.

B Repérer l'implicite

• Pour repérer les informations implicites et comprendre tout le sens d'un énoncé, il faut l'interpréter, deviner ce qui y est caché.

> Il est dix heures : je n'ai pas vu passer l'heure !
> [Message implicite : je dois me dépêcher ou : c'était passionnant.]

• C'est souvent le contexte qui permet de comprendre le message implicite d'un énoncé.

> « On est bien à la maison. »
> Si cette phrase est la réponse à la question : « Tu sors avec nous ? », il faut la comprendre ainsi : « Non, je n'ai pas très envie de sortir. »

C Quand utiliser l'implicite ?

L'implicite dans un énoncé peut servir à :

• transmettre un message à quelqu'un, par un sous-entendu, sans que les autres interlocuteurs le comprennent : il crée alors une complicité entre deux personnes ;

> « Ça doit te rappeler quelque chose… »

• atténuer une affirmation qui serait trop brutale, ménager l'interlocuteur par une litote ou un euphémisme ;

« Tu sors avec nous ?
– On est bien à la maison » [moins brutal que « non »].

• se protéger quand on veut critiquer quelqu'un ;

• attirer l'attention en posant une énigme : c'est souvent le cas dans les publicités ;

• convaincre un interlocuteur : c'est le cas des fausses questions (ou questions rhétoriques) (→ Fiche 10), par exemple ;

Dépenser sans compter, cela te paraît raisonnable ? (Non, bien sûr.)

• se moquer en utilisant l'ironie.

Remarque : L'ironie consiste à dire le contraire de ce que l'on pense pour faire comprendre son opinion : l'interlocuteur doit donc déchiffrer le véritable message, sous peine de faire un contresens grave (→ Fiche 30).

Travailler jour et nuit, quelle joie ! (= Je déteste travailler tout le temps.)

LE STATUT DU NARRATEUR

Les questions types du brevet

- Qui raconte la scène ? Justifiez votre réponse en citant des mots du texte.
- Quel est le statut du narrateur ?
- Relevez un passage où le pronom « je » représente le narrateur.
- À quels endroits le narrateur intervient-il dans son récit ? Quel est son rôle dans l'histoire ?
- Le narrateur est-il un des personnages de l'histoire ?
- Relevez les indices grammaticaux qui montrent la présence du narrateur dans le récit.
- Toutes les consignes qui comportent le mot *narrateur*.

Les notions que vous devez connaître

A Qu'est-ce que le narrateur ?

• Le narrateur est celui qui raconte une histoire, une suite d'événements et met en scène les personnages de cette histoire.

• Il ne faut pas le confondre avec l'auteur (personne réelle qui a inventé et écrit le texte).

B Qu'est-ce que le statut du narrateur ?

• Le statut du narrateur est la place qu'il occupe par rapport à l'histoire racontée.

• Le narrateur peut avoir plusieurs statuts. Il peut se situer :
– dans l'histoire (→ § C) ;
– en dehors de l'histoire (→ § D).

C Quelles sont les diverses caractéristiques du narrateur qui se situe dans l'histoire ?

• Le narrateur qui se situe dans l'histoire peut :

– participer aux événements et raconter sa propre histoire : on l'appelle alors narrateur-personnage. Le lecteur a l'impression d'entrer dans l'histoire et de la vivre de très près ;

Je suis né dans un petit village de Normandie.

– raconter des événements auxquels il n'a pas participé, mais dont il a été seulement témoin.

Je vis alors les marins s'accrocher aux cordages.

- Il utilise les pronoms et déterminants de la 1re personne.

Sur les bancs du lycée où *j*'ai usé *mes* premiers jeans, *j*'ai côtoyé un long garçon rougeaud nommé Olivier qui excellait à mentir. Avec lui, inutile d'aller au cinéma. *Nous* y étions en permanence !

D Quelles sont les diverses caractéristiques du narrateur qui se situe hors de l'histoire ?

- Le narrateur qui se situe en dehors de l'histoire ne participe pas aux événements. Il peut :

– s'effacer complètement de l'histoire et raconter de façon impartiale, comme si les événements se racontaient d'eux-mêmes ;

Les astronautes partirent très tôt le matin de la base spatiale.

– apparaître par endroits, à travers des commentaires, des jugements ou s'adresser au lecteur.

Paul, *qui était un jeune homme au grand cœur qui aurait forcé votre admiration,* se jeta au secours des naufragés.

- Il utilise les pronoms et déterminants de la 3e personne.

« Dans la rue, on *le* prenait pour un pauvre. Il arrivait quelquefois que des bonnes femmes se retournaient et *lui* donnaient un sou. Jean Valjean *les* saluait profondément. » (V. Hugo, *Les Misérables*)

LE POINT DE VUE

Les questions types du brevet

- Quel est le point de vue adopté dans le récit ? dans la description ?
- À travers le regard de qui sont racontés les événements ?
- Quel est le point de vue de l'auteur (du narrateur, du personnage…) sur la famille, la torture,… ?
- Tous les sujets de rédaction.

Les notions que vous devez connaître

L'expression *point de vue* a trois sens, selon le type de texte (→ Fiche 28) dont on parle.

A Que signifie *point de vue* dans un texte narratif ?

C'est la position qu'adopte le narrateur quand il raconte. Il existe trois sortes de points de vue possibles :
– le point de vue omniscient : le narrateur voit et sait tout. Il est partout à la fois, dans l'espace et dans le temps ;
– le point de vue interne : le narrateur voit et sait uniquement ce que perçoit subjectivement un personnage ;
– le point de vue externe : le narrateur voit et sait ce que verrait objectivement une caméra. Il ne raconte que ce qu'il voit de l'extérieur.

Remarque : Dans un même récit, le point de vue peut changer.

> L'homme portait un petit baluchon de toile beige et une pioche. Il se dirigea vers la grange, puis y pénétra [point de vue externe]. Il reconnut alors une odeur qui lui était familière : elle lui rappelait son enfance et lui donnait envie de pleurer [point de vue interne]. Tous ses ancêtres qui, depuis plusieurs siècles, avaient cultivé le tabac, y avaient été sensibles [point de vue omniscient].

B Que signifie *point de vue* dans un texte descriptif ?

- C'est l'angle de vue adopté par celui qui décrit.
- Définir le point de vue dans un texte descriptif, c'est répondre aux questions suivantes :
– qui voit ? le héros, un personnage, un personnage extérieur à l'action ?

– d'où voit-il ?
– communique-t-il ses émotions, ses sentiments ou non (description subjective/objective) ?

« D'où j'étais, la vue est admirable. On a Strasbourg sous ses pieds… L'Ill et le Rhin, deux jolies rivières, égaient ce sombre amas d'édifices… » (V. Hugo, *Le Rhin*)
Point de vue : qui voit ? le narrateur ; d'où ? d'en haut ; description subjective : le narrateur aime cette ville.

C Que signifie *point de vue* dans un texte argumentatif ?

• Le point de vue de quelqu'un sur un sujet (ou un thème) précis, c'est sa façon de l'aborder, son opinion, sa thèse (→ Fiche 55).

• Définir le point de vue dans un texte argumentatif, c'est répondre aux questions suivantes :
– quelle est la thèse (ou l'opinion) défendue ?
– sur quels arguments s'appuie cette opinion ?

Quel est le point de vue de l'auteur sur le tabac ?
Son point de vue est que le tabac est nocif [thèse] ; en effet, il nuit à la santé [argument 1] et coûte aussi assez cher [argument 2].

• Quand deux personnes discutent, elles confrontent leurs points de vue.

Sujet de rédaction. *Un ami vous téléphone pour vous proposer de partir avec lui dans une contrée sauvage et lointaine. Racontez votre conversation qui mettra en évidence le point de vue et les arguments de chacun.*
Point de vue de votre ami : il est intéressant de tenter une aventure lointaine.
Votre point de vue : il n'est pas raisonnable de tenter une aventure lointaine.

LES FIGURES DE STYLE

Les questions types du brevet

- Quel procédé/ Quelle figure de style l'auteur utilise-t-il ? Quel est l'effet produit ?
- Quelle est la particularité syntaxique et stylistique de la phrase « … » ?
- Relevez une comparaison/ métaphore/ personnification/ énumération/ accumulation…

Les notions que vous devez connaître

A Qu'est-ce qu'une figure de style ?

Une figure de style est un moyen d'expression particulier, peu ordinaire, que l'auteur utilise pour produire un effet.

> *Hugo se rend sur la tombe de sa fille et écrit :*
> « Demain dès l'aube, à l'heure où blanchit la campagne […]
> J'irai par la forêt, j'irai par la montagne. »
> [La répétition en début de proposition de *j'irai* est une figure de style, *l'anaphore* : par là, le poète insiste sur sa détermination.]

B Qu'est-ce qu'une comparaison, une métaphore ?

- La comparaison rapproche un élément (le comparé) d'un autre élément (le comparant) par un point commun, à l'aide d'un mot-outil de comparaison (comme, tel…).
- La métaphore fait de même mais sans mot-outil.
- La comparaison et la métaphore créent une image en rapprochant deux réalités. Elles ont un pouvoir de suggestion poétique.

> des cheveux blonds *comme* les blés [comparaison]
> l'or de sa chevelure [métaphore]

Remarque : Une métaphore qui s'étend sur plusieurs mots ou phrases est une métaphore filée.

- La métaphore repose sur divers moyens grammaticaux :
– un complément de nom : une chevelure d'or ;
– un attribut : les yeux sont le miroir de l'âme ;
– une apposition : soleil, roi de l'univers.

Remarque : Un cliché est une comparaison ou une métaphore tellement utilisée que son pouvoir poétique s'est usé.

> le blanc manteau de la neige ; le chemin de la vie

C Qu'est-ce qu'une personnification ?

• La personnification représente une chose ou un animal sous les traits d'une personne. C'est un cas particulier de la métaphore.

> « Le piano solitaire se plaignit [...] ; le violon l'entendit, lui répondit. »
> (M. Proust, *À la recherche du temps perdu*)

• La personnification donne à un texte une tonalité poétique (→ Fiche 27) ou comique (→ Fiche 30).

D Qu'est-ce qu'une énumération, une accumulation ?

• L'énumération juxtapose, à l'aide de virgules, plusieurs mots de même fonction pour former une liste.

> « Adieu veau, vache, cochon, couvée… » (J. de La Fontaine, *Fables*)

• L'accumulation est une énumération très longue.

> « Frère Jean aux uns écrabouillait la cervelle, aux autres rompait bras et jambes, aux autres démettait les vertèbres du cou, aux autres disloquait les reins [...] » (F. Rabelais, *Gargantua*)

• L'énumération et l'accumulation créent un effet d'insistance.

E Qu'est-ce qu'une hyperbole ?

• L'hyperbole est une exagération qui dépasse la réalité et met en valeur une idée, une émotion.

> Il a écrit des milliers et des milliers de lettres.

• L'hyperbole frappe l'imagination, peut donner une tonalité fantastique.

F Qu'est-ce qu'une litote ?

Utiliser une litote, c'est dire le moins pour faire comprendre le plus.

> Elle n'est pas mal ! (= Elle très belle !)
> Je ne te hais point. (= Je t'aime.)

1

RÉPONDRE AUX QUESTIONS D'ANALYSE

Les questions types du brevet

- Quel est le caractère du personnage ?
- Expliquez les réactions de « … ». Justifiez votre réponse en vous appuyant sur le texte.
- Quel est le registre du texte ? Expliquez.
- Quelle impression produit sur vous le texte/ le personnage ? Justifiez votre réponse.

Les notions que vous devez connaître

Pour ces questions d'analyse et de compréhension d'un texte, vous devez suivre des étapes bien précises :
– travail préliminaire sur le texte (→ § A) ;
– organisation de votre réponse (plan) (→ § B) ;
– rédaction (→ § C).

A Que faire en premier ?

• Analysez bien la consigne : relevez et définissez pour vous-même les mots importants de la question pour bien la comprendre.

• Appuyez-vous sur le texte : soulignez en couleur les mots, les expressions du texte qui permettent de répondre. Ils vous serviront de preuves de ce que vous affirmez (*cf.* la consigne « justifiez »).

ATTENTION

• Ne soulignez pas des lignes entières, mais exactement *le* mot ou *l'*expression utile.

• Organisez : classez et groupez les mots relevés par ressemblance.

– Dans l'étude du caractère d'un personnage tous les mots et procédés ou figures de style qui expriment, par exemple : 1. sa patience, 2. sa générosité, 3. son courage…
– Dans l'étude d'une description tous les mots qui désignent : 1. des couleurs, 2. des lumières, 3. des formes…

• Caractérisez : qualifiez les expressions que vous avez relevées pour montrer leur originalité.

– Si vous avez relevé : « flamboiement, éclair, étincelle, lueurs, s'empourprer », vous pouvez parler de *champ lexical de la lumière vive* (→ Fiche 5).
– Si vous avez relevé : « la nuit, voleuse de parfum, fille aux cheveux d'écume » (C. Roy), vous pouvez parler de *personnification de la nuit* (→ Fiche 40).

B Comment construire votre réponse ?

Il faut ensuite faire le plan de votre réponse. Pour cela :
– tirez des idées et des remarques à partir des relevés et classements que vous avez faits ;
– classez ces idées (vous ne devez pas exprimer vos idées sans ordre ni revenir sur la même idée).

Pour l'étude d'un personnage, parler, par exemple, de : 1. sa maladresse ; 2. sa stupidité ; 3. son manque de calme ; 4. son orgueil…

C Comment rédiger ?

• Utilisez une langue correcte : vos phrases doivent être complètes, avec un verbe.

• Faites des paragraphes : allez à la ligne à chaque changement d'idée.

• Commencez votre réponse par une phrase d'introduction (elle indique de quoi vous allez parler).

• Terminez par une phrase de conclusion (elle résume ce que vous avez expliqué dans votre réponse).

• Insérez des citations : intégrez, entre guillemets, à vos propres phrases les mots que vous aurez repérés (ne faites pas de liste), sans oublier de les accompagner de la « qualification », que vous aurez trouvée.

Extrait d'une réponse à une question sur le caractère d'un personnage :
L'oncle Podger a beaucoup de mal à garder son calme [idée] : il « ronchonne » [citation], il jure et devient « enragé » [citation] : sa façon de parler, surtout avec des phrases exclamatives [qualification], montre son caractère colérique et emporté [idée].

LES ACCORDS MAJEURS

Il existe trois types d'accords majeurs. Pour éviter les étourderies, vous pouvez matérialiser les accords par des flèches :
1. du sujet à la partie conjuguée du verbe (→ Fiche 43) ;
2. du déterminant au nom commun ;
3. du nom (ou du pronom) à l'adjectif qualificatif (ou au participe employé comme adjectif) qui le qualifie.
Il y a une quatrième sorte d'accord, plus complexe : celui du participe passé (→ Fiche 44).

A Règles de base à retenir pour l'accord sujet-verbe

• La partie conjuguée du verbe change quand vous faites varier le sujet.

ils crient, nous crions ; ils avaient crié, nous avons crié.

• Un sujet singulier + un sujet singulier = un verbe au pluriel.

Pierre et Patrick courent → pluriel.

B Règles de base à retenir pour l'accord déterminant-nom

• Considérez toutes les sortes de déterminants : articles, déterminants possessifs, démonstratifs, indéfinis, numéraux…

des vêtements ; une cabane Certains êtres sont malveillants.

Un jour compte vingt-quatre heures.

• S'il n'y a pas de déterminant, mais les tournures *pas de* ou *sans*, demandez-vous : s'il y en avait, y en aurait-il plusieurs ou un(e) seul(e) ? Accordez en conséquence.

Il est venu *sans* bonne**t** (s'il en avait, il n'en aurait qu'un).
C'est un vieillard *sans* cheveu**x** (s'il en avait, il en aurait plusieurs).

C Règles de base à retenir pour l'accord nom-adjectif

• Un adjectif, quelle que soit sa fonction (attribut du sujet, attribut du COD ; épithète ; apposé), s'accorde toujours avec le nom qu'il qualifie (→ Fiche 9).

des vêtements jaunes ; une jolie robe. Sa sœur me semble hautaine.

• Un adjectif peut aussi s'accorder avec un pronom (→ Fiche 9) qui remplace un nom.

Tu as de nouvelles chaussures. Je les trouve belles.

• Un participe passé employé comme adjectif s'accorde avec le nom qu'il qualifie.

Ma petite sœur, élevée à Madrid, parle parfaitement espagnol.

Remarque : Le participe passé employé dans une forme verbale composée suit des règles spéciales (→ Fiche 44).

ATTENTION

Certains mots variables – noms, déterminants, adjectifs ou pronoms – présentent la même forme au masculin et au féminin ou au singulier et au pluriel. Ils s'accordent mais pas de manière apparente !

un garçon *souple*, une fille *souple*.

Ces châteaux, je *les* trouve admirables.

Ces églises, je *les* trouve admirables

D Quels mots restent toujours invariables ?

• Certains mots, du fait de leur nature, restent toujours invariables : les prépositions ; les adverbes ; les conjonctions (→ Fiche 9).

Remarques :

• *Debout* et *ensemble* sont des adverbes et sont donc invariables.

Ils marchent ensemble. Ils sont debout, elles sont debout.

• Les adjectifs employés comme adverbes restent invariables.

Ces articles coûtent trop *cher* ; elles crient *fort*.

• Les verbes à certains modes ne varient ni en personne ni en nombre : c'est le cas à l'infinitif, au participe présent, au gérondif.

À RETENIR

Flèches d'accord :
1. du sujet à la partie conjuguée du verbe
2. du déterminant au nom commun
3. du nom (ou du pronom) à l'adjectif qualificatif

L'ACCORD DU VERBE AVEC LE SUJET

Le verbe s'accorde en personne et en nombre avec son sujet. Cette règle générale présente quelques particularités, liées à des problèmes de personne (→ § B) ou de nombre (→ § C).

A Comment trouver le sujet d'un verbe conjugué ?

- Il faut poser la question :

Qui est-ce qui ? Qu'est-ce qui ?	+ verbe à la 3e personne du singulier

Ma mère et moi vivions très chichement.
Qui est-ce qui vivait chichement ? Ma mère et moi.

Remarque : La question « Qui ? » est déconseillée.

- En général, le sujet est placé avant le verbe. Mais il peut être placé après (inversé).

En contrebas s'étendaient *des champs* à perte de vue.

- Quand le sujet est un groupe nominal avec des expansions, prenez garde d'accorder le verbe avec le nom noyau du groupe.

Les élèves qui ont coché la bonne réponse *espèrent* avoir une bonne note.
[*espèrent* s'accordent à la 3e personne du pluriel avec *élèves*, le nom noyau du groupe sujet.]

B Quelles sont les particularités de l'accord sujet-verbe liées à la personne ?

Règle	Exemples
sujet *qui* → verbe à la personne de l'antécédent	C'est toi qui *as* mal. Ce sont eux qui *arrivent*.
je + *x* *x* + *je* } → 1re personne du pluriel	Mon frère et moi *(nous)* *sommes* vieux.
tu + *x* *x* + *tu* } → 2e personne du pluriel	Ton fils et toi *(vous) avez* perdu.

C Quelles sont les particularités de l'accord sujet-verbe liées au nombre ?

Règle	Exemples
c'étaient + nom ou pronom de 3ᵉ personne au pluriel **c'était** dans les autres cas	C'étaient des comètes. C'était lui. C'était vous.
Il sujet grammatical → verbe au singulier	Il arrive des gens.
on → verbe au singulier	On court.
aucun → verbe au singulier	Aucun des élèves ne comprend.
Nom collectif + nom au pluriel → singulier / pluriel (accord selon le sens) Idem pour **la plupart**	Une foule de gens arrive / arrivent La plupart des gens arrive / arrivent
Adverbe collectif (beaucoup de/peu de) + nom pluriel → verbe au pluriel	Beaucoup de gens arrivent.
Sujet singulier + **comme/ainsi que** + sujet singulier → verbe au singulier ou au pluriel selon le sens de la phrase	Mon chat, comme mon chien, (= de la même façon que) monte aux rideaux Mon frère comme (= et) mon cousin jouent

COMMENT ÉCRIRE LE PARTICIPE PASSÉ ?

Pour écrire correctement un participe passé, il faut : connaître son féminin (→ § C) ; repérer s'il est employé comme adjectif (→ § D) ou s'il sert à former une forme verbale (→ § D) ; repérer l'auxiliaire avec lequel il est employé (→ § D).

A Quels problèmes pose le participe passé ?

Il se prononce parfois comme d'autres temps ou modes, mais ne s'écrit pas de la même façon.

Il a *mangé*./ Il va manger. [part. passé] [infinitif] Il est *parti*./ Il partit. [part. passé] [passé simple]

B Comment repérer le participe passé ?

Remplacez-le par un verbe dont l'infinitif et le participe passé (p.p.) se prononcent bien différemment, comme répondre (répondre, répondu par exemple).

Il a mangé (= il a répondu). → il s'agit bien d'un p.p. et vous devez appliquer les règles d'accord (→ § C).
Il va manger (= il va répondre). → *manger* n'est pas un p.p. mais un infinitif invariable.

Remarque : Le verbe *prendre* est déconseillé (il a la même terminaison au part. passé et au passé simple) (→ Fiche 50).

C Comment connaître la terminaison du participe passé au masculin singulier ?

Avant tout, cherchez le féminin ; vous trouverez, en enlevant le *e* final, comment s'écrit le p.p. au masculin singulier.

Le château a été détruit. → (une maison) détruite → détrui**t**.
L'enfant a été puni. → (une fille) punie → pun**i**.

D Comment accorder un participe passé ?

Il faut suivre étape par étape « l'itinéraire » suivant :

- **1.** Repérez comment il s'écrit au masculin singulier (→ § C).
- **2.** Regardez s'il y a un auxiliaire :

– s'il n'y a pas d'auxiliaire, le p.p. réagit comme un adjectif et s'accorde avec le nom qu'il qualifie (→ Fiche 42) ;

Je photographie les châteaux construits sur la colline.

– s'il y a un auxiliaire, passez à l'étape suivante.

• **3.** Regardez quel est l'auxiliaire utilisé :
– s'il y a l'auxiliaire *être*, le p.p. s'accorde avec le sujet du verbe ;

Les châteaux sont construits sur la colline.

– s'il y a l'auxiliaire *avoir*, il ne s'accorde pas avec le sujet ; passez à l'étape suivante.

• **4.** Cherchez s'il y a un COD.
– s'il n'y a pas de COD, le p.p. ne s'accorde pas ;

Ils ont marché sur la plage.

– s'il y a un COD, passez à l'étape suivante.

• **5.** Regardez où est placé le COD :
– si le COD est placé après le verbe, le p.p. ne s'accorde pas ;

Ils ont mangé la glace.
[COD]

– si le COD est placé avant le verbe, le p.p. s'accorde avec le COD.

Les crêpes, ils les ont mangées aussi.
[COD]

ATTENTION

• Le p.p. de *être* (*été*) est invariable.

• Pour les verbes pronominaux (→ Fiche 19) :
– si le verbe est essentiellement pronominal, le p.p. s'accorde avec le sujet : Elle s'est enfui**e**.
– si le verbe n'est pas essentiellement pronominal, le p.p. suit les règles d'accord du p.p. avec *avoir* (→ § C).

Elles se sont donn**é** des conseils ; Les revues, ils se les ont échangé**es**.
[COD] [COD]

• Si le p.p. est suivi d'un infinitif :
– si le mot auquel se rapporte le p.p. fait l'action du verbe à l'infinitif → accord avec ce mot ;

Les acteurs que j'ai vu**s** jouer étaient excellents (accord avec *que* = les *acteurs* qui font l'action de jouer).

– si le mot auquel se rapporte le p.p. ne fait pas l'action du verbe à l'infinitif → pas d'accord.

La musique que j'ai entend**u** jouer était du Mozart (*la musique* ne fait pas l'action).

VARIABLE OU INVARIABLE ?

- Certains mots sont tantôt variables, tantôt invariables.
- Certains mots invariables suivent des règles d'orthographe qui permettent de limiter les fautes d'usage.

A Comment s'écrivent les nombres ?

- Les numéraux cardinaux sont invariables : un, deux, trois, quatre, cinq…, les huit (hommes)…
- Les numéraux ordinaux (qui indiquent le rang) sont variables et s'accordent avec le déterminant ou avec le nom qu'ils accompagnent : les premiers, le dixième tour…

ATTENTION

- Vingt et cent :
  – prennent la marque du pluriel s'ils sont multipliés et qu'ils ne sont pas suivis d'un autre numéral : quatre-vingts, cinq cents ;
  – restent invariables s'ils ne sont pas multipliés : cent euros, vingt euros ou s'ils sont multipliés et suivis d'un autre numéral : quatre cent trois euros.
- Mille numéral est invariable : deux mille soldats.
  Ne pas le confondre avec la mesure de longueur marine : le mille marin, qui, lui est variable : Le bateau avait parcouru dix milles.

B Comment s'écrivent les mots *tout*, *même* et *chaque* ?

- *Tout* peut être :
  – un déterminant s'il accompagne un nom ou un pronom ;
  Il est alors variable :
  tout le village, tous les élèves, tous ceux qui lisent.
  – un adverbe s'il accompagne un adjectif et équivaut à « tout à fait » ;
  Il est alors invariable : des livres tout neufs ; Elle est tout abasourdie. Sauf devant un adjectif féminin qui commence par une consonne ou un *h* aspiré : Elle est toute contente.
  [adj. féminin commençant par une consonne]

– un pronom ou nom.
Il est alors toujours au singulier : Tout va bien ; Je prends le tout.

- *Même* peut être :

– un déterminant s'il accompagne un nom ou un pronom ;
Il est alors variable : les mêmes refrains.

– un adverbe dans les autres cas. Il est alors invariable : Même les philosophes peuvent se tromper.

- *Chaque* est toujours singulier : chaque animal, chaque nuit.

C Comment s'écrivent les adjectifs et les noms de couleur ?

Pour exprimer la couleur, si l'on utilise :
– un seul adjectif, il s'accorde avec le nom qu'il qualifie ;
des vases bleus ;

– plusieurs adjectifs, ils ne s'accordent pas ;
des peignoirs bleu clair ;

– un nom, il ne s'accorde pas.
des chaussures marron.

D Comment s'écrivent les mots composés ?

- Dans les noms composés, seul le nom et l'adjectif peuvent prendre la marque du pluriel *si le sens le permet*.

un chou-fleur, des choux-fleurs ; une pomme de terre, des pommes de terre ; un couvre-lit, des couvre-lits ; un gratte-ciel, des gratte-ciel

- Dans un adjectif composé seul l'adjectif s'accorde, en général : des paroles aigres-douces ; des relations franco-suisses

E Comment s'écrivent les adverbes de manière en *-ment* ?

- D'ordinaire, les adverbes de manière en *-ment* dérivent d'un adjectif et s'écrivent : féminin de l'adjectif + *-ment*.
- S'ils dérivent d'un adjectif en *-ant* ou *-ent* ou d'un participe présent, ils gardent la voyelle de l'adjectif, doublent le *m* :

– -amment s'ils sont formés sur un adjectif en *-ant* ;
bruy**a**nt → bruya**mm**ent ; cour**a**nt → coura**mm**ent.

– -emment s'ils sont formés sur un adjectif en *-ent*.
consci**e**nt → conscie**mm**ent.

LE PRÉSENT DE L'INDICATIF

A Quelles sont les terminaisons du présent de l'indicatif ?

• Aux personnes du pluriel, les verbes – quel que soit leur groupe – prennent les terminaisons : *-ons, -ez, -(e)nt*.

nous aimons, vous aimez, ils aiment
nous partons, vous partez, ils partent

ATTENTION

Les verbes *être*, *faire* et *dire* prennent la terminaison *-tes* à la 2e personne du pluriel.

vous êtes, vous faites, vous dites

• Aux personnes du singulier, il existe deux systèmes de terminaisons : *-e, -es, -e* ou *-s, -s, -t*. Voici les verbes concernés dans chaque cas.

-e, -es, -e	les verbes du 1er groupe	j'aime, tu aimes, il aime
	les verbes *cueillir, offrir, ouvrir* et leurs dérivés	j'offre, tu offres, il offre
-s, -s, -t (parfois *-d*)	pratiquement tous les autres verbes	je finis, tu finis, il finit je pars, tu pars, il part

• Parmi les verbes du 3e groupe qui se terminent par *-dre*, distinguez deux cas :

– les verbes qui gardent le *d* du radical et se terminent par *-ds, -ds, -d* ;

je prends, tu prends, il prend

– les verbes en *-indre* ou *-soudre* qui prennent les terminaisons *-s, -s, -t* ajoutées à un radical sans *d*.

je résous, tu résous, il résout

ATTENTION

Quelques verbes présentent des terminaisons qui leur sont propres.

-x, -x, -t	*pouvoir, valoir, vouloir*	je peux, tu peux, il peut je veux, tu veux, il veut
-cs, -cs, -c	*vaincre* et ses dérivés	je vaincs, tu vaincs, il vainc

À RETENIR

- Avec le sujet *je* : jamais de terminaison en *-t*.
- Avec le sujet *tu* : toujours un *s* (ou un *x*) final.
- Avec un sujet de 3e personne : jamais de terminaison en *-s*.

B Quand et comment le radical d'un verbe au présent de l'indicatif varie-t-il ?

La réponse dépend du groupe du verbe.

• La conjugaison au présent de l'indicatif des verbes du 1er groupe est bâtie sur un même radical : celui de l'infinitif.

Pour le verbe *aimer*, ce radical est *aim-*.

Certains verbes de ce groupe présentent, cependant, de légères variations de radical. Voici les principaux cas à retenir :

Catégorie	Règle	Exemple
verbes en *-yer*	Le *y* se change en *i* devant *-e, -es, -ent.*	j'essuie, tu essuies, il essuie, ils essuient
verbes en *e_er*	Le *e* du radical devient è devant *-e, -es, -ent.*	je gèle, tu gèles… j'achète, tu achètes…
appeler, *jeter* et leurs dérivés	Le *l* ou le *t* est doublé devant *-e, -es, -ent.*	j'appelle, tu appelles… je jette, tu jettes

• La conjugaison des verbes du 2e groupe présente deux radicaux, le second se distinguant du premier par l'ajout des lettres *-iss-*.

Pour le verbe *finir*, ces deux radicaux sont :
– *fin-* pour les personnes du singulier ;
– *finiss-* pour les personnes du pluriel.

• La plupart des verbes du 3e groupe se conjuguent sur plusieurs radicaux, sans qu'il soit possible de dégager une règle unique.
On peut cependant citer :
– les verbes en *-tre* comme *battre* qui perdent un *t* du radical aux trois premières personnes ;
– les verbes en *-tir* comme *mentir* qui perdent le *t* du radical aux trois premières personnes ;
– les verbes en *-aître/ -oître* dont le radical se termine en *î* devant un *t* et en *i* sans accent devant les autres consonnes.

7

PRÉSENT DE L'INDICATIF OU DU SUBJONCTIF ?

Il faut savoir distinguer les personnes du singulier du présent de l'indicatif et celles du présent du subjonctif qui parfois se prononcent de la même façon mais s'écrivent différemment.

A Où est le piège ?

• Au présent de l'indicatif et du subjonctif, les verbes du 1er groupe (ainsi que les verbes *cueillir, ouvrir, offrir*) prennent les mêmes terminaisons *-e, -es, -e*.

j'aime, tu aimes, il aime
que j'aime, que tu aimes, qu'il aime

Mais cela ne pose pas de problème orthographique.

• Ce sont les verbes du 3e groupe qui présentent une difficulté orthographique : le présent de l'indicatif et le présent du subjonctif de ces verbes ont des terminaisons différentes *-s, -s, -t* (parfois *-d*) (à l'indicatif) et *-e, -es, -e* (au subjonctif) mais se prononcent parfois de la même manière.

Je vois, tu vois, il voit
que je voie, que tu voies, qu'il voie

Ces formes homophones sont sources d'erreurs.

B Comment déjouer le piège ?

• Pour distinguer deux formes homophones, remplacez le verbe par un autre dont la prononciation est différente au présent de l'indicatif et au présent du subjonctif (*répondre*, par exemple).

Tu vois bien que tu es malade.
→ Tu réponds bien… [→ *vois* est à l'indicatif]
Il faut que tu voies un médecin.
→ Il faut que tu répondes… [→ *voies* est au subjonctif]

• N'oubliez pas aussi que :
– l'indicatif est le mode des faits présentés comme réels,
– le subjonctif, celui des faits virtuels, possibles, souhaités (→ Fiche 22).

Il faut que tu voies un médecin.
[l'action de voir le médecin est ordonnée mais non encore réalisée]

48

FUTUR DE L'INDICATIF OU PRÉSENT DU CONDITIONNEL ?

Il faut savoir distinguer les terminaisons du futur de l'indicatif (je verrai) et du présent du conditionnel à la 1re personne du singulier (je verrais).

A Où est le piège ?

À la 1re personne du singulier, la terminaison de l'indicatif futur (*-rai*) et celle du conditionnel présent (*-rais*) se prononcent de la même manière.

Je gagnerai ma vie en m'occupant d'animaux.
[indicatif futur]

Si je pouvais, je gagnerais ma vie en m'occupant d'animaux.
[conditionnel présent]

Vous devez savoir les distinguer pour pouvoir les écrire correctement.

B Comment déjouer le piège ?

• Pour distinguer les deux terminaisons homophones, remplacez la 1re personne par la 2e personne du singulier. Vous devez entendre :
– *-ras*, si le verbe est à l'indicatif futur,
– *-rais*, si le verbe est au conditionnel présent.

Je gagnerai ma vie en m'occupant d'animaux.
→ Tu gagneras ta vie… [*gagnerai* est à l'indicatif futur]
Si je pouvais, je gagnerais ma vie en m'occupant d'animaux.
→ Si tu pouvais, tu gagnerais ta vie…
[*gagnerais* est au conditionnel présent]

• N'oubliez pas aussi que :
– l'indicatif futur exprime un fait à venir de manière certaine,
– le conditionnel présent exprime un fait soumis à une hypothèse ou un futur du passé (→ Fiche 22).

Si je gagnais ma vie en m'occupant d'animaux, je serais heureux.
[fait soumis à une hypothèse]

Je lui expliquais que je m'occuperais d'animaux plus tard.
[futur dans le passé]

LES SONS [e] OU [ɛ] À LA FIN D'UN VERBE

Les sons [e] et [ɛ] à la fin d'un verbe sont très fréquents et correspondent à différentes graphies : *-é, -er, -ez ; -ai, -ais, -ait, -aient*.

A Comment orthographier le son [e] à la fin d'un verbe ?

• Quand on entend le son [e] à la fin d'un verbe, on peut avoir affaire selon le cas :
– 1. à l'infinitif d'un verbe du 1er groupe (*aimer*),
– 2. au participe passé d'un verbe du 1er groupe (*aimé*),
– 3. à un verbe conjugué à la deuxième personne du pluriel (*vous aimez, vous finissiez, vous partirez*).

• Dans le 3e cas, le verbe est accompagné (sauf à l'impératif) du pronom *vous*.

Pensez-*vous* que *vous* aurez le temps ? Partez vite.

• Pour distinguer les cas 1 et 2, remplacez le verbe par un autre dont l'infinitif et le participe passé sont distincts (par exemple, le verbe du 3e groupe *répondre*).

Je n'ai jamais aimé les fêtes foraines.
→ Je n'ai jamais répondu… [*aimé* est un participe passé]
Je n'ai pas envie de vous accompagner.
→ Je n'ai pas envie de vous répondre…
[*accompagner* est un infinitif]

ATTENTION

Si la forme verbale peut être remplacée par *répondu(es)* il s'agit d'un participe passé et il faut alors appliquer les règles d'accord du participe passé (→ Fiche 44).

La pièce était éclairée (→ répondue) par un grand soleil.
[*éclairée* est employé avec l'auxiliaire *être* : il s'accorde avec le sujet *la pièce*]

Les roses qu'il a apportées (→ répondues) sentent très bon.
[*apportées* est employé avec l'auxiliaire *avoir* : il s'accorde avec le pronom COD *que* (= *les roses*) placé avant le verbe]

B Comment orthographier le son [ɛ] à la fin d'un verbe ?

• Quand on entend le son [ɛ] à la fin d'un verbe, on peut avoir affaire selon le cas :
– à un verbe du 1er groupe conjugué à la 1re personne du singulier du passé simple (*j'aimai*)*,
– à un verbe conjugué à l'imparfait à une personne du singulier ou à la 3e personne du pluriel (*j'aimais, tu finissais, il partait, ils savaient*).

* Notez que le *-ai* du passé simple devrait se prononcer [e] mais qu'il est le plus souvent prononcé [ɛ].

• Le risque de confusion existe surtout quand le verbe est du 1er groupe et à la 1re personne. Dans ce cas, remplacez le verbe par un autre dont le passé simple et l'imparfait sont distincts à la 1re personne (par exemple, le verbe du 3e groupe *répondre*).

Je m'approchai de lui.
→ Je répondis… [→ *approchai* s'écrit donc avec *-ai*]
J'espérais pouvoir le convaincre.
→ Je répondais… [→ *espérais* s'écrit donc avec *-ais*]

• N'oubliez pas aussi que :
– le passé simple est le temps par excellence du récit, qui permet de rapporter les faits de premier plan ;
– l'imparfait est le temps de la description, qui permet d'évoquer des faits ou des actions de second plan ou des faits habituels (→ Fiche 26).

Je le visai et le blessai alors mortellement. [Les verbes au passé simple rapportent deux actions au premier plan du récit.]
Je travaillais tranquillement quand j'entendis un craquement sinistre. [Le verbe à l'imparfait décrit le second plan du récit.]

ATTENTION

Si on entend [ɛ] à la fin d'un verbe et que celui-ci est à l'imparfait, il faut repérer son sujet, vérifier ainsi la personne à laquelle il est conjugué et choisir la terminaison en conséquence.

Il envisageait de faire le tour du monde.

Ses amis l'encourageaient.

LES SONS [i] ET [y] À LA FIN D'UN VERBE

Beaucoup de formes verbales se terminent par les sons [i] ou [y] mais s'orthographient différemment (→ § A). Il faut savoir les distinguer afin de les écrire correctement (→ § B).

A Quels problèmes posent les formes verbales qui se terminent par les sons [i] et [y] ?

Les formes verbales qui se terminent par les sons [i] et [y] peuvent correspondre à des temps très divers et s'orthographier de très nombreuses façons.

> j'ai fin**i**
> tu fin**is**
> il cr**ie**
> tu suppl**ies**
> un château constru**it**
> des immeubles constru**its**
> elles pr**ient**
> j'ai vend**u**
> tu cr**us**
> il m**ue**
> il cru**t**
> des maisons vend**ues**
> ils t**uent**

B Comment orthographier les formes verbales qui se terminent par les sons [i] et [y] ?

- Pour les orthographier correctement, demandez-vous en premier lieu si vous avez affaire à une forme personnelle ou à un participe passé. Pour cela, essayez de mettre le verbe à l'imparfait.

- Puis, selon que c'est possible ou non, suivez l'itinéraire indiqué à la page suivante.

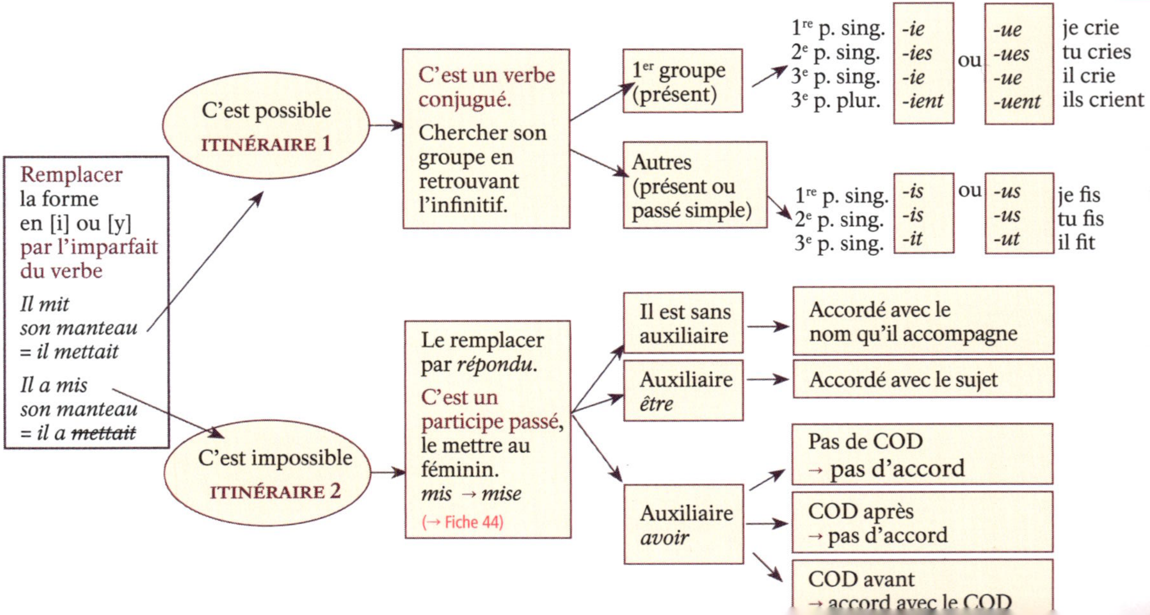
Remplacer la forme en [i] ou [y] par l'imparfait du verbe
Il mit son manteau = il mettait
Il a mis son manteau = il a ~~mettait~~
C'est possible
ITINÉRAIRE 1
C'est un verbe conjugué.
Chercher son groupe en retrouvant l'infinitif.
1er groupe (présent)
1re p. sing. / 2e p. sing. / 3e p. sing. / 3e p. plur.
-ie / *-ies* / *-ie* / *-ient*
ou
-ue / *-ues* / *-ue* / *-uent*
je crie / tu cries / il crie / ils crient
Autres (présent ou passé simple)
1re p. sing. / 2e p. sing. / 3e p. sing.
-is / *-is* / *-it*
ou
-us / *-us* / *-ut*
je fis / tu fis / il fit
C'est impossible
ITINÉRAIRE 2
Le remplacer par *répondu*.
C'est un participe passé, le mettre au féminin.
mis → mise
(→ Fiche 44)
Il est sans auxiliaire
Accordé avec le nom qu'il accompagne
Auxiliaire *être*
Accordé avec le sujet
Auxiliaire *avoir*
Pas de COD → pas d'accord
COD après → pas d'accord
COD avant → accord avec le COD

41

ANALYSER LE SUJET DE RÉDACTION

On vous propose deux sujets, l'un d'imagination, l'autre de réflexion dans lequel vous devez formuler votre opinion.

• Avant de vous lancer, il faut **analyser** soigneusement **la consigne** du sujet de rédaction.

• Après avoir trouvé les idées et fait votre **plan**, il faut soigner le style.

A Comment analyser le sujet ?

• Vous ne pouvez pas faire une bonne rédaction si vous n'avez pas **analysé avec précision les consignes** et renseignements qui vous sont donnés dans le sujet.

• Vous devez **souligner de couleurs différentes les mots-clés** du sujet selon les renseignements qu'ils vous fournissent :
– **en rouge** les mots qui vous indiquent le **thème**, ce dont vous devez parler ;
– **en vert** les mots qui vous indiquent la **forme** que doit prendre votre texte, c'est-à-dire qui déterminent les types de textes à combiner : narratif, argumentatif, descriptif, dialogue... (→ Fiche 28).
– **en bleu** les mots qui vous indiquent les éléments de la **situation de communication ou d'énonciation** : Qui parle à qui ? Où ? Quand ? Objectivement ou non ? (→ Fiches 32 et 35) ;
– **en jaune** les mots qui vous précisent toutes les **autres contraintes**, même très précises : utilisation d'un temps spécial (récit au passé, par exemple) ; utilisation des pronoms personnels ; registre à donner au texte (comique, pathétique...).

• Voici un exemple de **sujet d'imagination** et son analyse.

> *Un héros de livre ou de film vous fascine mais votre meilleur ami ne le connaît pas. Vous lui en faites le portrait. Vous lui racontez ensuite brièvement ses aventures. Vous lui expliquez enfin les raisons de votre intérêt.*
>
> – En rouge : héros de livre ou de film.
> – En vert : portrait → description ; racontez → discours narratif, récit ; expliquez, raisons → discours argumentatif.
> – En bleu : qui ? vous, votre → locuteur ; à qui ? votre meilleur ami, lui (3 fois) → destinataire.
> – En jaune : ensuite, enfin → indications sur la structure, le plan, la progression du devoir.

• Voici un exemple de **sujet de réflexion** et son analyse.

« *Voyager, voyager, qu'est-ce que cela fait ? » se demande le personnage de J-M Le Clézio Jemia dans* Gens des nuages. *Écrivez une lettre à un ami dans laquelle vous répondez de façon argumentée à cette interrogation. Vous illustrerez votre réflexion d'exemples précis tirés de votre expérience personnelle de voyageur que vous pourrez raconter et de vos lectures. Votre lettre devra être persuasive.*

– Voyager indique le thème du devoir.

– Réflexion, répondez, interrogation, exemples, argumentée indiquent que vous devez composer un texte argumentatif.

– Raconter, expérience personnelle de voyageur indiquent que vous pouvez insérer des passages narratifs.

– Vous et À un ami indiquent la situation d'énonciation.

– Persuasive suggère d'adopter un ton enthousiaste ou polémique.

B Que faire avant de rédiger ?

• **Collectez, en vrac**, sous forme de phrases télégraphiques (non rédigées), **toutes les idées** qui vous viennent à l'esprit.

• **Ordonnez vos idées**, faites **le plan** de votre devoir.

• Constituez **une réserve de mots** qui ont rapport avec les mots importants du sujet. Cela vous **évitera les répétitions**.

Voici un exemple de réserve de mots en lien avec les mots, *fasciner /intérêt* du sujet d'imagination cité :

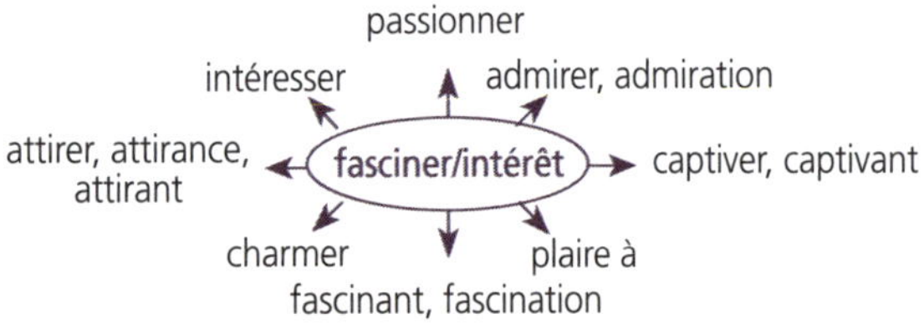

ATTENTION

Quelles sont les « règles d'or » au moment de rédiger ?

1. Une idée = une phrase.
2. Faire des phrases complètes (ne pas oublier le verbe) : pas de proposition subordonnée sans proposition principale.
3. Pas de phrase de plus de deux lignes.

2 CHANGER DE POINT DE VUE

A Comment changer le point de vue d'un texte narratif ?

• Transposer un texte narratif en changeant de point de vue (→ Fiche 39), c'est raconter la même histoire, mais vue par une autre personne.

• Vous devez alors :

– respecter les temps et les lieux ; les événements (même s'ils sont perçus différemment) ; l'identité et le rôle des personnages ;

– apporter des modifications sur l'angle de vue, sur l'importance accordée aux événements, sur les émotions et les sentiments des personnages.

La victime d'une avalanche raconte :

À la tombée de la nuit, j'ai vu une énorme masse blanche descendre de la crête nord et dévaler la pente : on aurait dit une vague venue du ciel ; j'avais l'impression que la montagne allait m'engloutir. Effrayée, j'ai cru que ma dernière heure était arrivée. Un grondement sourd…, la lueur d'une lampe torche…, puis plus rien… Je me suis réveillée sur un brancard.

Le sauveteur raconte :

À la tombée de la nuit, nous avons senti venir l'avalanche de poudreuse qui menaçait depuis quelques heures. Nous savions qu'il y avait des alpinistes en danger. Avant même que la montagne se mette à gronder, j'ai saisi ma lampe torche et me suis élancé à ski vers la piste qui descend de la crête nord. J'ai très vite vu où était la cordée et, au moment même où la neige allait les engloutir, j'ai agrippé la jeune femme et l'ai couchée sur un brancard : elle était évanouie, mais vivante !

B Comment changer le point de vue d'un texte descriptif ?

• Changer le point de vue d'une description (→ Fiches 39 et 54), c'est décrire le même lieu, le même personnage, le même objet, mais d'un autre angle de vue (placé différemment), parfois en exprimant d'autres émotions, d'autres sentiments.

• Vous devez :

– respecter les éléments ou composantes du lieu, de la personne, de l'objet ;

– apporter des modifications sur l'angle de vue, sur les émotions et les sentiments provoqués (ou les supprimer pour prendre un ton objectif).

La ville de New York vue par un touriste du haut d'un gratte-ciel :
Le quadrillage des rues tout en bas donnait le vertige et semblait un jeu de l'oie gigantesque où s'agitaient des fourmis microscopiques. Les taxis sillonnaient les artères comme d'intrépides insectes. J'avais la sensation que l'homme était bien peu de chose, écrasé sous la menace de ces gratte-ciel gigantesques.

La ville de New York vue par un New-Yorkais dans la rue :
Comme à l'habitude, la rue grouillait de monde qui se bousculait : les uns se hâtaient l'air préoccupé, vers la gare centrale, d'autres parlaient tout seuls, d'autres flânaient. Les taxis jaunes se faufilaient sans crier gare… Je me sentais protégé par l'ombre familière des buildings qui semblaient s'élancer vers le ciel. Je sentais ma ville vivre autour de moi…

C Comment exposer un point de vue différent dans un texte argumentatif ?

- Adopter un autre point de vue dans un texte argumentatif (→ Fiche 39), c'est soutenir une opinion différente de celle qui est exposée dans le texte.

- Vous devez alors clairement :

– formuler votre opinion ;
– trouver des arguments pour la soutenir (→ Fiche 55).
– éventuellement, trouver des contre-arguments pour réfuter la thèse adverse.

RÉDIGER UN RÉCIT OU LA SUITE D'UN RÉCIT

A Comment préparer et construire un récit ?

• Identifiez le narrateur : l'énoncé du sujet vous indique en général « qui raconte » (→ Fiche 38). Ainsi, vous saurez quels pronoms personnels et pronoms/ déterminants possessifs utiliser.

• Choisissez le point de vue (→ Fiche 39).

• Identifiez, si nécessaire, le destinataire (→ Fiche 32). L'énoncé du sujet vous indique parfois « celui à qui on raconte ».

> Il *vous* [narrateur] est certainement arrivé de raconter *à des camarades* [destinataire] des événements que vous avez imaginés.
> Évoquez l'un de ces récits inventés.

• Imaginez et construisez l'action, la succession des événements, les différentes étapes de l'histoire, en distinguant :
– la situation initiale (qui ? où ? quand ?) ;
– les péripéties (les événements) ;
– la situation finale (comment se termine l'histoire).
Cela entraîne l'utilisation d'indications de temps, de mots qui permettent de se repérer dans la succession des événements : d'abord, ensuite, soudain…

• Prévoyez des passages :
– de description (→ Fiche 54) pour faire imaginer et comprendre (cadre, personnages) ;
– de dialogues pour rendre l'histoire plus vivante (→ Fiche 56) ;
– de suspense pour maintenir l'intérêt.

B Comment rédiger un récit ?

• Choisissez le temps verbal dominant (alternance passé simple/passé composé et imparfait ou présent de narration) (→ Fiches 23, 24, 25, 26).

• Veillez à composer des phrases complètes (avec un verbe conjugué).

• Allez à la ligne pour faire des paragraphes, à chaque nouvel événement, à chaque passage de la narration à la description, par exemple.

• Utilisez bien la ponctuation dans le dialogue (→ Fiche 56).

C Comment composer une suite de texte ?

La composition d'une suite de texte est un cas particulier de construction de récit. Elle vous laisse moins libre que la composition d'un récit indépendant. Vous devez être attentif à deux points :

• Analysez le texte de départ qui vous est donné pour respecter :
– le type de texte (→ Fiche 28) ;
– le statut du narrateur (→ Fiche 38) ;
– le thème, le cadre et l'époque (évitez les anachronismes, les avions au Moyen Âge… ou les absurdités) ;
– l'identité et le caractère des personnages, leur niveau de langue (→ Fiche 31) ;
– les temps verbaux utilisés (→ Fiches 23, 24, 25, 26).

• Inventez et imaginez une suite :
– en reprenant la ou les dernières phrases du texte et des éléments du texte qui annonçaient la suite ;
– en respectant les principales caractéristiques de style ;
– en développant les caractéristiques des personnages ;
– en les faisant évoluer ;
– en ajoutant des péripéties qui s'enchaînent ;
– en concluant le récit (penser à une fin).

COMPOSER UNE DESCRIPTION, UN PORTRAIT

A Comment préparer et construire une description ?

La description s'intègre dans un récit : c'est une pause pour faire voir au lecteur les lieux, les personnages, les objets.

- Identifiez le sujet de la description : qui ou quoi décrire ?
- Choisissez le passage du récit où placer la description.
- Choisissez, comme un photographe ou un cinéaste, le point de vue : qui voit et d'où ? (→ Fiche 39).
- Organisez la description en suivant un ordre, c'est-à-dire la succession des plans :
  - rapprochement, éloignement ;
  - de l'intérieur vers l'extérieur (ou l'inverse) ;
  - du premier plan à l'arrière-plan (ou l'inverse).

Cela entraîne l'utilisation d'indications de lieu, de mots qui permettent de se repérer dans l'espace :
- adverbes ou locutions adverbiales de lieu : plus loin, en bas, tout près…
- groupes nominaux prépositionnels : au premier plan, à droite de…, au-dessous de…

- Choisissez entre une description objective (neutre) ou subjective (marquée par les émotions où les sentiments de celui qui voit) (→ Fiche 35).
- N'oubliez pas les différents éléments d'une description : formes, couleurs, lumière, mouvements, sons, odeurs, parfums… pour créer une impression sur le lecteur (dégoût, admiration, angoisse…).
- Donnez un registre (une tonalité) (→ Fiche 29) à la description en accord avec le récit dans lequel elle s'insère (comique, dramatique, pathétique…).
- Choisissez le temps verbal qui convient (→ Fiches 23, 24, 25, 26). Ainsi dans un récit au passé, vous devez opter pour l'imparfait.

B Comment composer un portrait ?

• La composition d'un portrait est un cas particulier de description.

• Faire un portrait, c'est décrire une personne :
- physiquement ou moralement : à l'arrêt (c'est l'équivalent d'une photographie) ou en mouvement (c'est l'équivalent d'un film) ;
- par ses actions ou les situations auxquelles elle fait face ;
- par ses paroles : le niveau de langue (→ Fiche 31) donne des renseignements sur l'origine sociale, le caractère... ;
- par des images (comparaisons ou métaphores) (→ Fiche 40).

> « Des épaules de lutteur, une voix de cuivre, des dents de chien, la peau olivâtre, les mains comme du citron, et les cheveux comme du bitume.
> Avec cette tournure de sauvage, une timidité terrible, qui me rend malheureux et gauche. Chaque fois que je suis regardé en face par qui est plus vieux, plus riche ou plus faible que moi ; quand les gens qui me parlent ne sont pas de ceux avec qui je puis me battre et dont je boucherais l'ironie à coups de poing, j'ai des peurs d'enfant et des embarras de jeunes filles.
>
> (J. Vallès, *Le Bachelier*)

[Le niveau de langue du narrateur qui fait son autoportrait est soutenu : c'est sans doute quelqu'un de cultivé.]

DÉFENDRE UNE IDÉE, UNE THÈSE

A Qu'est-ce qu'une argumentation ?

• Une argumentation, c'est une forme de discours (→ Fiche 28) dans laquelle on essaie de convaincre, de persuader celui à qui l'on s'adresse.
Argumenter, c'est essayer de faire partager au lecteur (ou l'auditeur) une idée que vous croyez juste.

B Qu'est-ce qu'une thèse ?

• Une thèse, c'est une opinion, un avis que vous considérez comme juste. On peut aussi dire que c'est l'idée directrice que l'on veut soutenir.

• Pour vérifier que c'est bien une thèse que vous formulez, faites-la précéder de l'expression : *Je veux montrer que…*

C Qu'est-ce qu'un argument ?

• Un argument, c'est une preuve qui sert à démontrer qu'une opinion est juste dans un raisonnement. Il est obligatoirement au service d'une thèse qu'il vient confirmer.

• Vous pouvez tirer vos arguments de votre expérience personnelle, de lectures, de films, de la presse…

• Pour vérifier que c'est bien un argument que vous formulez, après avoir formulé la thèse, faites-le précéder de : *La preuve en est que…*

D Qu'est-ce qu'un exemple ?

• Un exemple, c'est un fait concret qui vient appuyer et illustrer un argument. Un exemple est en général plus concret, plus précis qu'un argument et lui donne un caractère vivant.

• Vous pouvez tirer des exemples de votre expérience personnelle, de lectures…

• Pour vérifier que c'est bien un exemple que vous présentez, faites-le précéder de : *Ainsi, par exemple…*

Thèse : *Je veux montrer que* la lecture est utile.
Argument : *La preuve en est qu'*elle permet de se cultiver.
Exemple : *Ainsi, par exemple*, les romans de Zola nous informent sur la vie des ouvriers au XIXe siècle.

E Comment construire un développement ou un paragraphe argumentatif ?

• Un développement (ou un paragraphe) argumentatif comporte des étapes précises qui lui donnent sa cohérence, son unité et sa force. Vous devez formuler clairement :
– la thèse en début du développement ;
– les arguments ;
– les exemples ;
– parfois, une conclusion partielle.

• Vous devez construire une chaîne d'arguments, donc choisir un ordre logique pour exposer ces arguments : par exemple, du plus simple au plus complexe ; du plus évident au plus inattendu…

• Dans le cas d'un développement qui s'étend sur plusieurs paragraphes, vous devez aller à la ligne à chaque changement d'argument.

1 paragraphe = 1 argument + ses exemples

Retenez la formule de tout paragraphe argumentatif :

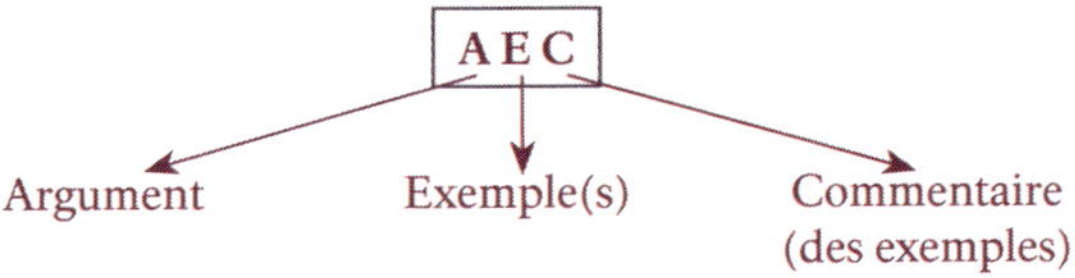

F Comment rédiger un développement argumentatif ?

Quand vous rédigez, vous devez :

• faire des phrases complètes ;

• utiliser, pour marquer la suite logique de l'argumentation :
– des mots de liaison qui marquent les différentes étapes : d'abord, en premier lieu, ensuite, enfin… ;
– des connecteurs logiques qui marquent les liens entre les idées : donc, par conséquent… (→ Fiche 13).

COMPOSER UN DIALOGUE

A Comment construire un dialogue ?

Quand vous composez un dialogue, vous devez :
– préciser clairement l'identité des interlocuteurs ;
– veiller à ce que le lecteur comprenne qui parle ;
– suivre une progression pour que le dialogue fonctionne : par exemple, à une question succède une réponse… ;
– choisir un niveau de langue correspondant à l'identité des interlocuteurs (→ Fiche 31) ;
– choisir des verbes introducteurs des paroles (→ § B).

B Comment ponctuer un dialogue ?

• Le dialogue au discours (ou style) direct (→ Fiches 33 et 34) est signalé par deux-points et par un passage à la ligne.

• La première réplique est précédée de guillemets.

• Tout changement d'interlocuteur est indiqué par un passage à la ligne et un tiret.

• Les précisions ponctuelles (verbes de parole au milieu ou en fin de réplique) s'intègrent en incises entre deux signes de ponctuation : « Cet homme, *dit-il*, est très pauvre. »

• La dernière réplique est suivie de guillemets qui marquent la fin du dialogue.

• La reprise du récit est marquée par un passage à la ligne.

Remarque : La ponctuation du dialogue peut en changer totalement le sens. Comparez : « Les garçons, disent les filles, sont bêtes. » et : Les garçons disent : « Les filles sont bêtes. »

C Comment donner son registre (sa tonalité) à un dialogue ?

Pour donner son registre (→ Fiche 29) à un dialogue, vous devez :

• choisir avec soin les verbes introducteurs qui indiquent :
– s'il s'agit d'une affirmation, d'une question, d'une réponse : affirmer, réclamer, rétorquer… ;
– le timbre, le débit, le ton et le volume de la voix : confier, hurler, geindre, bougonner… ;
– le sentiment qui accompagne les paroles : gémir, riposter, confesser, s'exclamer… ;

• choisir le type et la modalité des phrases (nominales ou exclamatives pour l'émotion…).

SOIGNER SON EXPRESSION

A Comment avoir une expression correcte et claire ?

• Utilisez une langue correcte. Veillez à ce que : vos phrases soient complètes, avec au moins un verbe conjugué ; chaque proposition subordonnée soit accompagnée d'une proposition principale (→ Fiche 12) ; vos négations soient complètes (n'oubliez pas la négation ne avec pas, rien, point, aucun, personne, que…).

• Ne vous trompez pas de mode verbal (→ Fiche 22), surtout avec : après que + indicatif ; avant que + subjonctif ; si (de condition) + indicatif.

• Ne faites pas de phrases trop longues (deux à trois lignes).

• Vérifiez que le lecteur comprenne à la première lecture à qui ou à quoi renvoient les pronoms personnels (il, elle…). Si c'est ambigu, répétez le nom auquel ils renvoient.
Ne mêlez pas la 1re pers. du pluriel (nous) et le pronom on.

• N'inventez pas de mots. Évitez la familiarité.

• Faites des paragraphes.

B Comment avoir une expression élégante ?

• Évitez les mots plats, passe-partout (faire, dire, il y a, chose, être, avoir…). Pour les supprimer, vous pouvez :
– les remplacer par des synonymes plus expressifs ;

> *faire* une rédaction → *composer* une rédaction ; *faire* un tableau → *peindre* un tableau ; *faire* la tête → *bouder* ; *faire* un spectacle → *participer à/monter* un spectacle…

– transformer une phrase passive en phrase active ;
– bouleverser complètement la phrase.

• Évitez les répétitions. Vous pouvez remplacer le mot répété : par un pronom ; par un synonyme ; en bouleversant la phrase. Constituez-vous une « banque de mots » – en variant la nature de ces mots (→ Fiche 9) – autour des notions qui reviennent souvent dans votre travail et « puisez » dedans au moment de rédiger.

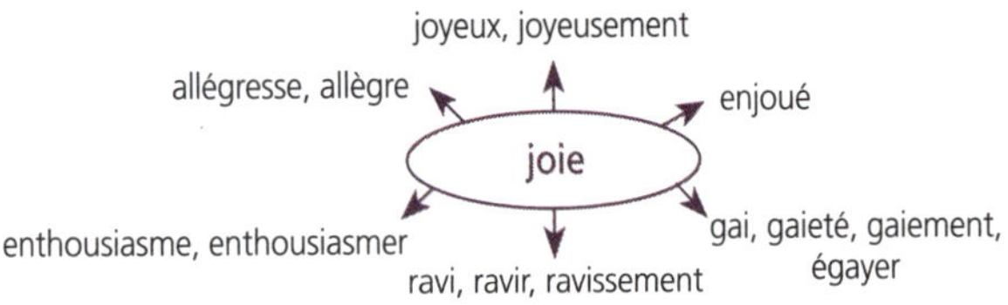

SAVOIR RELIRE

A Comment vérifier la lisibilité de votre travail ?

Vérifiez :

- la présentation, la mise en page : allez à la ligne, décalez les débuts de paragraphe ;
- la ponctuation (notamment dans le dialogue) (→ Fiche 56) ;
- la correction grammaticale des phrases (faites des phrases complètes) ;
- la précision du vocabulaire ;
- l'orthographe, notamment les accords majeurs (→ Fiche 42).

B Comment vérifier la structure et la cohérence du devoir ?

Vérifiez :

- qu'il y a une introduction ;
- qu'il y a une conclusion ;
- que vous avez respecté les passages à la ligne aux changements d'idées ou de péripéties ;
- que vous avez mis des liens (temporels dans le récit, logiques dans l'argumentation) entre les paragraphes ;
- que vous avez supprimé les répétitions et les mots plats comme faire, dire, voir, demander, répondre, entendre, être, avoir, il y a, chose, quelque chose, certains… (→ Fiche 57) ;

C Comment relire un texte argumentatif ?

Vérifiez que :

- les arguments se suivent logiquement (→ Fiche 55),
- sont illustrés d'exemples (→ Fiche 55).

D Comment relire un dialogue ?

Vérifiez que :

- l'identité des interlocuteurs est précisée ;
- les changements d'interlocuteurs sont clairs (grâce à une bonne ponctuation) ;
- les répliques se suivent logiquement.

E Comment relire un récit ?

Vérifiez que :

- l'emploi des **temps** (→ Fiches 23, 24, 25, 26) est cohérent :
– si vous choisissez de raconter au présent, gardez le présent ;
– si vous avez choisi le passé, gardez le passé (→ Fiche 26) ;
- que la **situation d'énonciation** (→ Fiche 32) ne change pas illogiquement.

F Comment relire une lettre ?

Vérifiez que :

- **lieu et date** sont précisés ;
- la lettre commence par une **adresse au destinataire** (« Mon cher Pierre ») ;
- la **mise en page** est respectée ;
- il y a une **formule de conclusion** et une signature.

ATTENTION

Faites plusieurs **relectures de votre travail**, avec des **objectifs différents** et spécifiques :
– une relecture pour la clarté et la correction des phrases ;
– une relecture pour l'orthographe ;
– une relecture pour éviter les répétitions et les mots plats.

Achevé d'imprimer en France par Loire Offset Titoulet à Saint-Etienr
Dépôt légal : 96237-0/02 - Mars 2013